MÉMOIRES DE L'ACADÉMIE
DES
SCIENCES, BELLES-LETTRES ET ARTS DE CLERMONT-FERRAND

Deuxième Série

FASCICULE HUITIÈME

LE

CONCILE DE CLERMONT

EN 1095

ET LA PREMIÈRE CROISADE

PAR

L'Abbé G.-Régis CREGUT

CLERMONT-FERRAND

LIBRAIRIE CATHOLIQUE

LOUIS BELLET, ÉDITEUR

Avenue Centrale, 4.

1895

MÉMOIRES DE L'ACADÉMIE

DES

SCIENCES, BELLES-LETTRES ET ARTS

DE

CLERMONT-FERRAND

DEUXIÈME SÉRIE

Fascicule huitième

LE

CONCILE DE CLERMONT

EN 1095

ET LA PREMIÈRE CROISADE

PAR

L'Abbé G.-Régis CRÉGUT

CLERMONT-FERRAND

LOUIS BELLET, IMPRIMEUR-ÉDITEUR

Avenue Centrale, 4.

1895

LE CONCILE DE CLERMONT

En 1095

ET LA PREMIÈRE CROISADE

INTRODUCTION ET INDICATION DES SOURCES

Durant la seconde moitié du xviiie siècle, et la première partie du nôtre, on ne parle des Croisades qu'à voix basse. Les préjugés sont tels qu'amis et adversaires étendent volontiers un voile épais sur le récit de ces célèbres expéditions militaires. Maury, prêchant le panégyrique de saint Louis, dans la chapelle du Louvre, devant les membres de l'Académie française, fait appel aux plus habiles ressources de sa rhétorique, pour mentionner, en passant, l'héroïsme de Damiette et de Tunis.

Aujourd'hui, nous sommes plus francs, et, sur une foule de points, plus équitables. Les détracteurs des Croisades sont encore nombreux ; mais déjà ils n'osent guère appuyer leur dédain ou leur hostilité sur les documents originaux. Mieux étudiée, et partant mieux comprise, cette héroïque phase de nos annales chrétiennes commence à reconquérir son auréole. Les persiflages démodés ne nous suffisent plus. Nos exigences ne sauraient accepter sans contrôle les assertions de l'école encyclopédique, trop intéressée à falsifier les faits pour en déduire des conséquences erronées.

Au dire d'Henri Martin, les Croisades ont été le plus grand

événement de l'ère chrétienne ; elles ont été en outre le triomphe de la puissance morale, parvenant à soulever l'Europe et à l'entraîner au nom d'une idée. Pour la première fois, on sentit palpiter une âme sous ces gigantesques déplacements de nations. L'empire romain s'était annexé le monde, en vue d'un intérêt matériel ; Fustel de Coulange a démontré cette vérité. Les barbares envahirent à leur tour l'empire romain, pour assurer l'existence physique de leurs tribus. Il était réservé à la chevalerie chrétienne d'opérer une invasion, sous l'impulsion exclusive d'une croyance, la plus sublime qui fut jamais, suivant le mot de Voltaire.

Or, c'est en Auvergne, c'est à Clermont qu'a pris naissance le mouvement des Croisades. A ce titre, la réputation de notre cité est immortelle ; son nom est désormais impérissable.

Jusque-là son histoire avait été modeste. Sans doute, en comptant parmi ses enfants, de naissance ou d'adoption, deux écrivains qui sont parmi les sommets lumineux de la chronique : Sidoine Apollinaire et Grégoire de Tours, elle devait à juste titre attirer l'attention des érudits ; mais perdue dans l'unité administrative de la Gaule et victime des dissensions franques, la ville arverne dissimulait son existence dans une pénombre discrète.

Tout à coup elle émerge avec éclat.

1095 est une de ces dates qui fixent l'illustration. Rappeler ce fait, dans l'année du huitième centenaire, n'est-ce pas obéir à un sentiment de piété filiale ?

Nous assistons d'ailleurs à une série d'évocations :

Hier, c'était Jeanne d'Arc éclairant, de sa virginale physionomie, le ciel de la France ;

Aujourd'hui, c'est Urbain, c'est Godefroy de Bouillon, surgissant d'un injuste oubli et dessinant sur l'horizon leur héroïque stature.

Ce huitième centenaire sera le premier que le pays pourra célébrer en toute quiétude.

En 1795, la France est aux prises avec les luttes intestines et les guerres extérieures ;

En 1695, Louis XIV se débat contre la 2ᵉ coalition ;

En 1595, la Ligue tente un dernier effort ;

En 1495, Charles VII envahit l'Italie ;

En 1395, la Guerre de cent ans couvre le sol de ruines ;

En 1295, Philippe-le-Bel est en querelles ouvertes avec le roi d'Angleterre, le comte de Flandre et Boniface VIII.

En 1195, Philippe-Auguste cherche à surprendre et à dominer son adversaire, Richard-Cœur-de-Lion.

En cette année, soyons plus heureux. La paix est au dehors entre les peuples chrétiens. Elle est au dedans ; puisse-t-elle fleurir, conformément aux aspirations larges et sincères de tous les enfants de la patrie française.

En ce qui concerne le Concile de Clermont, nous emprunterons les éléments de notre travail aux grandes collections des Mabillon, Labbe, Mansi, Bouquet, Martène, etc., aux Bollandistes, à la diplomatique pontificale et aux savantes recherches de Dom Ruinart.

Relativement à la Croisade, nous nous ferons une obligation stricte de puiser directement aux sources, c'est-à-dire de recourir toujours aux principaux chroniqueurs, contemporains des événements, ou voisins du siècle qui les a vus se dérouler.

Voici leurs noms et le titre de leurs ouvrages :

Anonyme de la suite de Bohémond : *Gesta Francorum et aliorum Hierosolymitanorum;*

Raymond d'Agiles, chanoine du Puy, de l'entourage de Raymond, comte de Toulouse : *Historia Francorum qui ceperunt Jerusalem;*

Foucher de Chartres, de l'escorte de Beaudoin : *Historia Hierosolymitana;*

Robert-le-Moine, un des membres du Concile : *Historia Hierosolymitana ;*

Anne Comnène, fille de l'empereur de Constantinople, Alexis Comnène : *Alexiades.*

A ces cinq témoins, il faut ajouter les historiens suivants qui n'assistèrent pas à la Croisade, mais qui en recueillirent le récit de la bouche même des témoins :

Raoul de Caen, ami de Tancrède : *Gesta Tancredi in expeditione Hierosolymitana;*

Baudric, abbé de Bourgueuil, membre du Concile : *Historia Hierosolymitana ;*

Guibert, abbé de Nogent, membre du Concile : *Gesta Dei per Francos;*

Pierre Tudebode, né à Civray en Poitou, xie s. : *Historia de Hierosolymæ itinere;*

Hugues de Flavigny, moine de Saint-Vannes, à Verdun, et ensuite abbé de Flavigny en Bourgogne, xie s. : *Chronicon Verdunense;*

Ordéric Vital, moine de Saint-Evroul, en Ouche, xie s. : *Historia Ecclesiastica;*

Ekkéhard, abbé d'Urauge, xie s. : *Libellus Hierosolymita ; Chronicon universale ;*

Raoul Glaber, moine de Cluny, xie s. : *Chronicon;*

Berthold ou Bernold, prêtre de Constance, xie s. : *Chronicon;*

Albert d'Aix, chanoine d'Aix-la-Chapelle, xiie s. : *Historia Hierosolymitanæ expeditionis;*

Guillaume de Tyr, archevêque de Tyr, xiie s. : *Historia rerum in partibus transmarinis gestarum.*

Parmi les éditeurs français qui ont publié ou qui publient en collections la plus grande partie des récits de ces chroniqueurs, nous remarquons, aux siècles passés, Bongars, conseiller d'Henri IV (1611) et Duchesne (1618-1620), et, de nos jours, Migne et les membres de l'Académie des Inscriptions.

Nos citations seront extraites, habituellement, de l'œuvre de Bongars : *Gesta Dei per Francos.*

Nous tenons, au seuil de cette étude, à saluer la mémoire de M. l'abbé Randanne, supérieur de la Mission diocésaine de Clermont.

Erudit, orateur et écrivain, M. l'abbé Randanne avait eu l'espoir d'écrire ce livre que nous offrons aujourd'hui au lecteur ; il s'occupait, dans ce but, de colliger des notes. La mort ne lui a pas permis de réaliser ce rêve.

Héritier, sur ce point, de la pensée de notre ami, nous avons voulu, en reprenant le sillon a peine commencé et en le poursuivant jusqu'au terme, déposer sur la tombe trop tôt ouverte de cet ouvrier de la première heure, un témoignage de suprême affection.

CHAPITRE I

Le monde chrétien et le monde musulman à la fin du XIe siècle.

Au sortir du xe siècle, l'Europe a perdu son unité politique par suite du démembrement de l'empire de Charlemagne; à la place, elle a trouvé l'unité religieuse. Tous ses peuples se sont convertis à l'évangile.

Aussi le siècle qui suivit, fut-il un siècle de foi et d'enthousiasme. A peine les populations avaient-elles échappé aux terreurs de l'an 1000, où l'on croyait que le monde allait finir qu'on les vit, heureuses de survivre à la date fatidique, témoigner de leur gratitude par un redoublement d'activité religieuse. « Les basiliques, dit le chroniqueur de Cluny, Raoul Glaber, furent renouvelées dans presque tout l'univers, et les peuples semblaient rivaliser entre eux de magnificence; on aurait dit que le monde entier avait secoué les haillons du vieil âge pour se revêtir de la blanche robe des églises (1). » Les anciens centres de dévotion, Saint-Martin de Tours en France, Saint-Jacques de Compostelle en Galice, le tombeau de saint Boniface en Allemagne, celui de saint Benoît au mont Cassin et des saints apôtres à Rome, reçurent, dans des proportions jusque-là inconnues, des foules de visiteurs. Les monastères déjà existants refleurissaient, tandis qu'à côté de nouveaux se fondaient et jaillissaient du sol comme par enchantement. Une sève abondante circulait partout, un besoin intense de vie

---

(1) « *Erat enim instar ac si mundus ipse excutiendo semet, rejecta vetustate, passim candidam ecclesiarum vestem indueret.* »

et d'expansion se manifestait dans les membres du corps social. Ainsi, le monde chrétien s'arrachait enfin à l'immobilité où il avait vécu durant le siècle précédent, pour se remettre de lui-même en mouvement, et, une fois en marche, rien ne fut capable de l'arrêter dans son élan, ni les divisions suscitées, en Orient, par le schisme grec, ni les luttes du sacerdoce et de l'empire qui devaient périodiquement agiter l'Italie et l'Allemagne pendant près de deux siècles, ni la faiblesse et l'inconduite des premiers Capétiens, encore à leurs débuts sur le trône de France, ni les troubles qui suivirent la conquête de l'Angleterre par les Normands, ni les combats incessants engagés contre les Maures, par les rois de Castille et d'Aragon, dans le champ-clos de l'Espagne, ni les guerres locales que se livraient entre eux, en ces temps de féodalité, de seigneurs à seigneurs, de vassaux à suzerains, les grands et les petits feudataires des divers Etats.

Aucun de ces obstacles n'était assez puissant pour détourner de sa voie l'Europe chrétienne qui venait de se ressaisir.

Bien que déchiré par le schisme, l'empire grec d'Orient restait chrétien, et c'était toujours vers les fidèles d'Occident qu'il tournait ses regards, de préférence contre l'islamisme menaçant. Depuis la dynastie des Héraclides qui avait succédé à celle de Justinien, au VIIe siècle, trois autres dynasties, l'Isaurienne, la Phygienne et la Macédonienne, avaient passé sur le trône de Byzance, et, sous chacune d'elles, se répétèrent les mêmes alternatives de disputes théologiques, d'intrigues de palais, de meurtres de familles et de guerres tour-à-tour heureuses ou malheureuses soit contre les barbares du Nord, Russes et Bulgares, soit contre ceux du Midi, Arabes ou Sarrasins.

La scission religieuse, commencée avec les iconoclastes, s'était continuée par l'intrusion du patriarche schismatique Photius, sur le siège de Constantinople, et avait été couronnée par celle de Michel Cérulaire, après que les légats du pape Léon IX eurent déposé sur l'autel de Sainte-Sophie l'anathème qui flétrissait les sept hérésies grecques.

Toutefois la dynastie des empereurs macédoniens avait produit trois hommes remarquables et rendu ainsi quelque lustre à l'empire défaillant. Ces trois hommes furent Nicéphore Phocas, qui ramena les armées impériales dans des provinces depuis longtemps perdues; Jean Zimiscès qui alla jeter la terreur jusque dans Bagdad; Basile II dont les victoires eurent pour résultat l'anéantissement du royaume bulgare. La ville de Constantinople avait d'ailleurs pour elle ses hautes murailles et son feu grégois (1). Malgré leurs divisions et leurs faiblesses, les Grecs montrèrent encore de la vitalité. Il est dans la destinée des peuples qui habitent les rives du Bosphore d'être toujours mourants et de ne jamais mourir. Il arriva pourtant un moment où, se sentant sérieusement menacé par ses adversaires, l'empereur Alexis Comnène implora le secours des chrétiens d'Europe.

En Allemagne et en Italie, les princes et les seigneurs ecclésiastiques ou laïques prenaient parti soit pour le Pape contre l'empereur, soit pour l'empereur contre le Pape, dans la querelle des investitures, mais les peuples, attachés à la chaire de Pierre, savaient discerner le vrai successeur du chef des apôtres des antipapes que lui opposaient les Césars allemands, et les évêques fidèles des prélats simoniaques.

En France, les Capétiens, malgré les déportements de leurs mœurs, sentaient le besoin de s'appuyer sur l'Eglise. L'un d'eux, Robert-le-Pieux, fut un moine plutôt qu'un roi; son occupation était l'aumône et le chant d'église (2). Excommu-

---

(1) Le feu grégeois, *ignis græcus*, fut inventé au vɪᵉ siècle par des moines byzantins. L'eau augmentait son intensité au lieu de l'éteindre. Les empereurs de Constantinople en firent usage pour brûler les flottes qui venaient assiéger la ville. Les Sarrasins s'en procurèrent le secret et l'employèrent à leur tour contre les Croisés. On a prétendu que ce feu était produit par un mélange où entraient, comme ingrédients prépondérants, le salpêtre et le bitume. Des recherches faites, en 1845, par MM. Lalanne et Favé, il résulte qu'on ignore encore sa composition, malgré que les inventeurs aient cru, à diverses époques, l'avoir découverte. On le jetait sur l'ennemi au moyen de tubes métalliques ou d'arbalète.

(2) Voir le chroniqueur Helgaud, *Vita Roberti regis*.

nié par le Pape pour avoir épousé Berthe, sa parente, il se soumit, contracta mariage avec Constance, fille du comte de Toulouse, et répara par une vieillesse digne les fautes de sa jeunesse. Son petit-fils, Philippe 1er, renouvellera le crime et l'expiation de son aïeul. Sans doute, les vices du prince n'étaient point de nature à rehausser le pouvoir royal, mais si le monarque s'endormait indolent sur son trône, la nation se conservait ardente, généreuse; elle débordait du pays par toutes les frontières à la fois. L'esprit d'aventure, si cher aux Gaulois, paraissait se réveiller avec une fièvre que la foi religieuse rendait plus vive. Un membre de la maison capétienne allait fonder au delà des Pyrénées, et au dépens des infidèles, le royaume de Portugal; des chevaliers normands descendaient en Italie pour se tailler un autre royaume, celui des Deux-Siciles; enfin Guillaume-le-Conquérant passait la Manche et s'emparait de l'Angleterre.

Dans cette Angleterre récemment conquise, des évêques tels que Lanfranc et saint Anselme de Cantorbéry tenaient en échec le fils de Guillaume-le-Conquérant, Guillaume-le-Roux, et déjouaient par leur résistance, ferme autant que douce, les caprices de sa tyrannie.

En Espagne, chaque victoire remportée par les princes chrétiens sur les Maures était un acheminement au triomphe définitif de la civilisation dans ces contrées.

Commencée au ixe siècle par saint Anschaire, Français de nation, la conversion du Danemark s'était achevée au xe siècle sous les règnes de Canut-le-Grand et de Canut IV; celle de la Norwège s'était accomplie au xe siècle, et celle de la Suède au ixe, sous Olaf 1er.

Les Etats slaves, la Pologne, la Bohême, avaient pris rang dans le giron catholique au ixe et au xe siècle; la Hongrie, amenée à la foi, dès le xe siècle, par son roi saint Etienne 1er, possédait encore pour roi, au ixe siècle, un saint, Ladislas.

Dans cette Europe, chrétienne sur toute sa surface, deux institutions récemment établies et universellement acceptées étaient venues, à leur heure, prédisposer merveilleusement les esprits aux entreprises extérieures et en favoriser l'exécution. Nous voulons parler de la *Trêve de Dieu* et de la *Chevalerie*.

Sous la poussée d'un sang bouillant, les sociétés, en leur jeunesse, sont d'humeur batailleuse. Né à la suite des conquêtes de l'ère romaine et des violences des invasions barbares, le moyen-âge héritait de trop d'ardeur pour ne pas aimer la guerre. Les lois de l'atavisme faisaient de nos pères des soldats. Le morcellement féodal constituait une source de luttes acharnées entre les seigneurs désireux d'agrandir leurs possessions; l'absence de lois capables de protéger les individus et de punir le crime, la faiblesse des rois en présence des grands feudataires, souverains dans leurs domaines, engendraient des querelles et des démêlés qui ensanglantaient l'Europe. Charlemagne rendit un décret contre les guerres privées; ce fut sans résultat. Une fois écoutée, l'Eglise essaya de calmer les combattants, d'adoucir leurs mœurs, et, dans l'impossibité de détruire le fléau, de circonscrire et de restreindre son champ d'action, elle créa la Trêve de Dieu. Le premier réglement faisait défense à qui ce soit, sous peine d'excommunication, d'attaquer son ennemi, depuis none du samedi jusqu'au lundi à l'heure de prime. Etaient considérés comme personnes sacrées, couvertes par l'immunité, les clercs, les femmes et les fidèles se rendant à une église ou en revenant. Les femmes conféraient leur privilège à tout homme marchant à côté d'elles. La protection s'étendait non seulement sur les édifices du culte, mais encore sur les maisons qui s'abritaient à l'ombre de leurs murs, jusqu'à une distance de trente pas. Plus tard, un nouveau règlement interdit toute agression, depuis le mercredi jusqu'au lundi matin. Pendant cet intervalle, on ne pouvait rien prendre par la force ni tirer vengeance d'aucune injure. Enfin la prohibition comprit près des deux tiers de l'année (1). Encore un peu, les

---

(1) Dominicy : *De treuga et pace ejusque origine et usu in bellis privatis*. Paris, 1649.

guerroyeurs n'auraient eu que quelques jours pour satisfaire leurs instincts. Dirigée d'abord contre les attaques de particulier à particulier, la Trève de Dieu était forcément appelée à interposer ses censures entre les guerres de province à province. Quel bienfait pour l'humanité si elle était parvenue, au moment de sa plus haute influence, à se faire respecter par les chefs mêmes des nations !

Mais il faut bien reconnaître que si une censure suffit pour empêcher l'acte extérieur d'une passion, elle est presque sans force sur la passion elle-même. Inquiets, remuants, débordant de sève, les peuples du xie siècle subissaient, du fait des défenses, une compression qui pouvait devenir dangereuse. A cette activité qui voulait se répandre, il fallait une issue. C'est alors qu'intervint la Chevalerie.

Il peut paraître surprenant que l'Eglise, qui abhorre la guerre, ait institué la chevalerie. L'anomalie n'est que dans les apparences ; elle cesse quand on considère le but recherché. Impuissant à supprimer l'homme des champs de bataille, qui a sa raison d'être, dans les desseins de la Providence, le christianisme s'est attaché à l'ennoblir (1).

Un écrivain autorisé, M. Léon Gautier, professeur à l'Ecole des Chartes, a donné de la chevalerie une définition exacte. « La chevalerie, a-t-il dit, c'est la forme chrétienne de la condition militaire. Le chevalier, c'est le soldat chrétien (2). » Forcée de tolérer les combats ; bien plus, obligée parfois à les encourager lorsqu'il s'agit de repousser la barbarie envahissante ou le mal triomphant, l'Eglise, ajoute le même auteur, « a organisé contre eux des obstacles superbes et souvent victorieux. La chevalerie est le plus beau. » On confond souvent ces deux mots : chevalerie et féodalité. La féoda-

---

(1) La publication de *Soirées de Saint-Pétersbourg* et les théories de Joseph de Maistre sur la guerre, ont soulevé, comme on le sait, de bruyantes protestations. Un écrivain de nos jours, M. Melchior de Voguë, n'a pas hésité à écrire les lignes suivantes : « La certitude de la paix — je ne dis pas la paix — engendrerait avant un demi-siècle une corruption et une décadence plus destructive de l'homme que la pire des guerres. »

(2) *La Chevalerie*, édition Mame, p. 2.

lité est une forme de gouvernement et de société ; la chevalerie est une institution qui se serait développée sans la féodalité. Le soldat ayant reçu le *huitième sacrement,* suivant l'expression de l'époque (1), s'engageait « à protéger l'Eglise, à respecter toutes les faiblesses et à s'en constituer le défenseur, à aimer son pays, à ne reculer jamais devant l'ennemi, à être fidèle à la parole donnée, à remplir tous ses devoirs, à se faire toujours le champion du Droit et du Bien, contre l'Injustice et le Mal (2). »

« Ne me sors pas du fourreau sans motif, et ne m'y fais pas rentrer sans honneur. » Cette inscription gravée sur une vieille épée castillane résume le code de la jeune confrérie. Ce code, deux hommes en ont été les brillants interprètes :

« L'épanouissement de la chevalerie, dans la légende, écrit M. L. Gautier, c'est Roland ; dans l'histoire, c'est Godefroy-de-Bouillon. Il n'est pas de nom plus haut que ces deux noms (3). »

(1) Lambert d'Ardres (cité par Duchesne : *Preuves de la maison de Coucy).*
(2) « C'est à la chevalerie que l'Europe occidentale doit le sentiment de l'honneur, *ignoré de l'Antiquité* » (Viollet-le-Duc, *Dictionnaire du mobilier,* V. 7).
(3) Il est nécessaire de distinguer deux époques dans l'histoire de la chevalerie. Pendant deux siècles, l'institution conserve dans sa pureté l'idée qui a présidé à sa formation. Puis, une déviation se produit. Laissons parler M. Léon Gautier : « L'or pur de la chevalerie n'a pas tardé à subir plus d'un alliage compromettant. Dès le XIIe siècle, — on oublie trop cette date — les romans de la Table-Ronde ont répandu parmi nous le goût d'une chevalerie moins virile. Les élégances d'un amour facile y occupent la place qui était réservée jadis aux brutalités de la guerre, et l'esprit d'aventure a éteint l'esprit des croisades. On ne saura jamais combien ce cycle de la Table-Ronde nous a fait de mal. Il nous a policés, soit, mais amollis. Il nous a enlevé notre antique objectif, qui était le tombeau du Christ, conquis à coups de lance et à flots de sang. Aux austérités du surnaturel, il a substitué le clinquant du merveilleux. C'est à cette littérature charmante et dangereuse que nous devrons un jour cette chevalerie de théâtre, vantarde et téméraire, qui nous a été si fatale durant la guerre de cent ans. C'est contre elle enfin et non contre notre antique épopée, que Cervantès, dans *Don Quichotte,* aiguisera ses crayons. Grâce à cet envahissement regrettable, nous nous faisons aujourd'hui une idée fausse de la véritable chevalerie, que nous confondons trop aisément avec je ne sais quelle galanterie délicate et parfois excessive. Le temps est venu de protester contre une telle erreur (p. 32). »

En face du monde chrétien qui occupait l'Europe, s'étendait, en Asie et en Afrique, le monde musulman. Sous cette dénomination générale sont compris tous les peuples faisant profession de suivre la religion de Mahomet. Cette religion porte aussi le nom d'Islam. Les populations qui l'ont embrassée se sont appelées tour à tour et s'appellent encore : Musulmans, Arabes, Sarrasins, Maures, Turcs seldjoukides, Turcs ottomans ou osmanlis. Ils ont pour symbole le Croissant, et pour livre sacré le Coran.

Nous n'avons point ici à retracer la vie de Mahomet (570-632), ni à exposer ses doctrines, mais à signaler les conquêtes rapides des premiers kalifes, successeurs du *Prophète* (1).

La Syrie fut conquise par Abou-Bekr.

La Palestine et l'Egypte par Omar.

La Perse par Othman.

Les succès continuèrent sous les kalifes ommiades résidant à Damas. D'un côté, l'Afrique et l'Espagne ; de l'autre côté, l'Asie jusqu'aux rives de l'Indus tombèrent au pouvoir des envahisseurs (660-740).

Mais quand la masse d'armes de Charles Martel eut fait reculer le Croissant, dans les plaines de Poitiers, en 732, l'ère des conquêtes fut close. Or, il y avait un siècle que

---

(1) Le Coran est un mélange incohérent de légendes arabes, de souvenirs bibliques et de traditions chrétiennes. Le succès de ce livre est de nature à déconcerter la raison humaine. L'enseignement dogmatique et moral qu'il contient repose sur le déisme, le fatalisme et le sensualisme. Mahomet prétendit en avoir reçu les différentes parties de l'ange Gabriel, en réalité il le composa avec l'aide de quelques-uns de ses amis, parmi lesquels on compte le juif Abdallah et le moine nestorien Sergius. De cette collaboration, il sortit un amas confus où la vérité coudoie l'absurde et où les fables grossières le disputent aux théories ingénieuses et subtiles. Aux chapitres 8, 9 et *passim*, nous lisons ces conseils : « Mettez à mort les infidèles... Lorsque vous les aurez affaiblis par le carnage, réduisez le reste en esclavage, etc. » C'est ce qui a fait dire à Montesquieu cette parole : « La religion mahométane, qui ne parle que de glaive, agit encore sur les hommes avec l'esprit destructeur qui l'a fondée. » (*Esp. des Lois*, liv. 24, ch. 4). Sur les développements du Coran v. Gagnier, *Vie de Mahomet* ; Lenormant, *Cours d'hist. mod.* ; Mælher, *Manuel du moyen-âge* ; Dellinger, *Origine du christianisme*.

Mahomet n'était plus. Cent ans avaient suffi aux Arabes pour s'avancer de l'Indus à l'Atlantique, de l'Ethiopie au Caucase et aux Pyrénées. Nul empire de l'antiquité n'avait atteint une telle étendue. Aussi cette vaste superficie se brisa-t-elle en plusieurs tronçons qui formèrent trois royaumes. Bagdad devint la capitale des kalifes abbassides ; le Caire celle des kalifes fatimites ; enfin les kalifes ommiades résidèrent à Cordoue.

Aboul-Abbas fut le fondateur des abbassides. Trois noms donnèrent du relief au kalifat de Bagdad : Al-Manzor, Haroun-al-Raschid et Al-Mamour. Sous ces princes, les travaux pacifiques, l'industrie, la culture des sciences furent en honneur. Après eux, Mottassem prépara la décadence de sa dynastie par la formation d'une garde composée de 50,000 esclaves turcs achetés en Tartarie. Ces esclaves s'imposèrent bientôt comme maîtres. Ils disposèrent à leur gré des kalifes, renversant ceux qui leur déplaisaient et élevant ceux qui avaient le don de les flatter. A la faveur de ces désordres, le kalifat se démembra jusqu'au jour où l'esclave Seldjouke et son petit-fils Togrol-Beck fondèrent, sur les débris de la dynastie des abbassides, celle des seldjoukides, destinée elle-même à être absorbée plus tard par les Mongols de Houlagou, petit-fils de Gengis-Kan, et enfin par les Turcs ottomans ou osmanlis (1).

Au début, les seldjoukides donnèrent du lustre à leurs armes. Alph-Arslan et Mélik-Shab, les deux successeurs de Togrol-Beck, fondèrent un vaste empire ; le premier conquit l'Arménie et fit prisonnier l'empereur grec Diogène (1071); le second envahit la Syrie, la Palestine, prit Jérusalem et poussa jusqu'en Egypte (1076), tandis qu'un autre membre de la famille, Soliman, enlevait l'Asie-Mineure aux Grecs et créait du Taurus au Bosphore la principauté d'Iconium, qui prit sous son fils le nom de Sultanie de Roum. Mais, à la mort de Maleck Shab (1093), une nuée de princes, dit un

---

(1) *Histoire des abbassides*, par Leyde, 1846.

poète persan, s'éleva « de la poussière de ses pieds », ce qui signifie que son empire fut partagé entre plusieurs potentats qui, sous la dénomination d'émirs ou de sultans, gouvernèrent alors les divers Etats de l'Orient musulman.

A la fin du xie siècle, on comptait, en Asie, sept de ces principautés ou sultanies distinctes. C'étaient les sultanies de Roum, d'Alep, d'Antioche, de Damas, de Mossoul, de l'Iran et de Kerman.

En 968, Moez Lidinillah enleva l'Egypte aux kalifes de Bagdad et jeta les fondations du Caire. En 1171, Saladin renversa la dynastie des kalifes fatimites, et fut renversé à son tour par les mamelouks, en 1254. Plus tard, les mamelouks seront assujettis par le sultan ottoman Sélim 1er, et resteront sous la dépendance de la Porte (1517).

Lors de la chute des kalifes ommiades de Damas, Aboul-Abbas, leur vainqueur, feignit une réconciliation avec ses victimes et attira près de lui quatre-vingts émirs appartenant à la famille déchue. Il les fit massacrer dans un festin. Un jeune émir, Abdéram, parvint à s'échapper; poursuivi par son persécuteur, il se réfugia en Espagne où il fut assez heureux pour fonder le kalifat de Cordoue (756). Les kalifes, successeurs d'Abdéram, se trouvent presque aussitôt en lutte d'abord avec Pépin-le-Bref et Charlemagne, puis avec les rois des divers Etats chrétiens du nord de la Péninsule : Asturie, Léon, Navarre, Castille et Aragon, qui leur infligent des défaites si cruelles qu'à la fin du xe siècle le kalife Almangon semble entraîner dans sa tombe toute la puissance des siens. Aux défaites, à l'extérieur, vinrent se joindre, à l'intérieur, des divisions profondes qui amenèrent un démembrement et la formation de dix-neuf principautés indépendantes. Le dernier des ommiades, Hescham III, fut déposé en 1060. Quelques siècles encore et les Etats chrétiens absorberont entièrement le royaume musulman.

Bien que rongés par les luttes intestines, les sectateurs de Mahomet ne laissaient pas que d'offrir, en présence d'un péril commun, une force de cohésion difficile à rompre lorsqu'il était nécessaire d'opérer une invasion sur les terres d'Europe. Leurs flots inépuisables venaient sans relâche battre les murailles de l'édifice évangélique. Le pape Jean X avait été obligé de se mettre à la tête d'une armée pour défendre Rome et ses environs ; en 1016, le pape Benoît VIII fut contraint également de lever une armée pour protéger la Toscane et la Sicile ; en 1003, les maures d'Espagne exécutent une descente sur les côtes d'Antibes et entraînent la population en esclavage ; en 1019 les sarrasins tentent de s'emparer de Narbonne ; enfin, en 1047, ces barbares envahissent l'île de Lérins (1). Comme on le voit, offensives en apparence, les Croisades furent en réalité des guerres défensives.

Telle était, au déclin du xie siècle, à la veille du Concile de Clermont, la situation réciproque de l'islamisme et du christianisme. Sans s'être concertées, les deux croyances s'étaient comme tacitement partagées le monde alors connu. Le moment était venu où les antagonistes allaient se heurter dans un choc effroyable. De cette mêlée, l'Europe sortira et plus forte et plus brillante. L'islamisme frappé au cœur ne périra pas encore, mais il commencera son agonie séculaire.

(1) Reinaud : *Invasion des sarrasins en France*.

CHAPITRE II

Les pèlerinages au tombeau du Christ, depuis Constantin jusqu'à la fin du XIe siècle.

« Parmi les grands événements de l'histoire, dit M. Guizot, aucun n'a été préparé de plus longue main et plus naturellement amené que les Croisades. Dès ses premiers jours, le christianisme vit dans Jérusalem son divin berceau ; c'était, dans le passé, la patrie de ses ancêtres et le centre de leur histoire ; dans le présent, le théâtre de la vie, de la mort, de la résurrection de son fondateur. Jérusalem devint de plus en plus la ville sainte. Aller à Jérusalem, visiter le mont des Oliviers, le Calvaire, le tombeau de Jésus-Christ, telle fut, dans leurs plus mauvais jours, au sein de leur obscurité et de leurs martyres, la pieuse passion des premiers chrétiens (1). »

De tout temps, dans toutes les religions, les pèlerinages ont été en honneur. Ces pérégrinations sont en effet trop en harmonie avec les sentiments du cœur de l'homme pour qu'elles n'aient point pénétré dans les mœurs et les usages de la plupart des peuples. Si la vue d'une terre qu'ont habitée des héros et des sages, lors même que leur mémoire ne se lie à aucune croyance, suffit pour éveiller en nous un essaim de souvenirs, si l'âme du philosophe se sent remuée à l'aspect des ruines d'Athènes, de Palmyre et de Memphis, quelles émotions doivent exciter chez le croyant la vue et l'aspect des lieux illustrés par la présence des personnages

---

(1) *Histoire de France racontée à mes petits enfants* ; chap. XVI.

grands entre tous, qui furent les fondateurs, les apôtres ou les martyrs de la religion et de la foi dont il se reconnaît l'adepte.

Il n'est donc point extraordinaire que les lieux saints de Palestine aient été et soient toujours, parmi les chrétiens, l'objet d'une vénération universelle et le but de fréquents pèlerinages.

Le paganisme expirant essaya d'interrompre ces pieux voyages. Jérusalem perdit son nom sous le règne d'Hadrien ; Jupiter eut son temple au Golgotha ; Adonis et Vénus furent adorés à Bethléem (1). Mais ce renouveau d'une mythologie démodée fut de courte durée. Constantin parut, et, avec lui, le christianisme monta sur le trône des Césars. La mère de Constantin, sainte Hélène, ne craignit pas, en dépit de son grand âge, d'entreprendre le voyage de la Palestine. Par ses ordres et sous ses yeux, le sommet et les alentours du Calvaire sont fouillés, dans le but d'y retrouver le tombeau du Christ et le bois de la croix. Les efforts de la princesse sont couronnés de succès. Une basilique se dresse bientôt sur les lieux témoins de la mort de la divine victime. A l'inauguration du monument, des foules immenses de fidèles se rendent à la cité sainte, et le savant évêque de Césarée, Eusèbe, y prononce un discours. Bientôt après, Bethléem, le Thabor, le Carmel, les rives du Jourdain, les bords du lac de Génézareth, en un mot la plupart des localités marquées par les pas du Sauveur voient s'élever des églises fondées par le zèle d'Hélène aidée des largesses et des encouragements de son fils.

Remis ainsi en honneur par le premier empereur croyant, le berceau du christianisme ne pouvait qu'attirer encore davantage de nombreux croyants. Sous Julien l'apostat, l'idolâtrie tenta un suprême assaut ; le plan fut déjoué. Rien n'arrêta l'élan donné. Parmi les pèlerins, nous voyons les Eusèbe, de Césarée, les Porphyre, les Jérôme, les rejetons de la famille des Scipions et des Gracques : Paule et sa fille

(1) V. Poujoulat : *Hist. de Jérusalem.*

Eustochie. Saint Jérôme nous apprend que les pèlerinages étaient si fréquents en Judée, qu'autour du tombeau on entendait célébrer dans les langues les plus étranges et les plus diverses les louanges de l'Homme-Dieu. Bien plus, un docteur de l'Eglise, saint Augustin, craignant que quelques esprits trop ardents ne se fissent illusion et ne s'imaginassent qu'une excursion lointaine pouvait tenir lieu de la foi et de la charité, disait aux siens : « Ne méditez pas de longs voyages ; ce n'est pas en naviguant, c'est en aimant qu'on va à celui qui est partout. »

Le conseil était sage ; il prévenait les abus, mais il ne frappait d'aucun blâme l'idée mère du pèlerinage.

A mesure que les peuples de l'Occident se convertissaient, leurs regards se tournaient vers l'Orient. Du fond de la Gaule, des forêts de la Germanie, de nouveaux chrétiens accouraient impatients de voir par eux-mêmes le sol où avait pris naissance cette foi qu'ils venaient d'embrasser. Un itinéraire servait de guide aux pèlerins, depuis les bords du Rhin et de la Garonne jusqu'aux rives du Jourdain, et les conduisait, à leur retour de Jérusalem, jusqu'aux principales villes de l'Italie.

. Les grandes invasions barbares ne suspendirent point le mouvement. Dans les premières années du ve siècle, nous rencontrons, au sein des groupes pacifiques qui marchaient souvent à travers des champs de carnage, une femme de distinction, l'impératrice Eudoxie, épouse de Théodose-le-Jeune. Elle jette les fondations d'une basilique sur le lieu où le sang du premier martyr, saint Etienne, avait coulé.

Elle fit deux fois le voyage de Palestine, et y termina même ses jours. Dix ans après, sa petite-fille, visitée par le malheur, vint s'agenouiller près de la tombe de son aïeule. Succombant au mal qui la rongeait, elle voulut être ensevelie à ses côtés.

Au vi[e] siècle, sous le règne de l'empereur Justinien, le pèlerinage prit une extension encore plus considérable. Justinien fit bâtir sur le mont Moriah, en l'honneur de la vierge

Marie, une basilique avec deux hospices adjacents, l'un pour les malades et les pauvres du pays, l'autre pour les voyageurs étrangers.

Mais ce fut là le dernier reflet d'une belle journée. A partir des premières années du viie siècle, sous le règne d'Héraclius (610-628), les Perses, ayant à leur tête Chosroès II, ravagèrent la Palestine. Ils s'emparèrent de la ville sainte qu'ils mirent à feu et à sang. L'église du Saint-Sépulcre fut incendiée, le bois de la vraie croix enlevé et le patriarche Zacharie traîné en captivité. Héraclius marcha contre les ennemis, leur livra une série de batailles et finit par les vaincre. Les Perses demandèrent la paix qui fut signée à Tauris en 628. L'une des clauses du traité fixait que la vraie croix serait restituée. Elle fut rendue en effet. L'année suivante, l'empereur Héraclius voulut la porter sur ses épaules, nu-pieds, et vêtu d'une simple tunique, dans l'église du Saint-Sépulcre, nouvellement construite.

A cette nouvelle, la joie fut grande dans la chrétienté ; les pèlerinages prirent un nouvel essor, mais pour peu de durée. « Précisément à cette époque, dit M. Guizot, apparaissait un ennemi bien plus redoutable pour les chrétiens que les sectaires de Zoroastre : en 622, Mahomet fondait l'islamisme ; quelques années après sa mort, en 638, le second des kalifes, ses successeurs, Omar, envoyait deux de ses généraux à la conquête de Jérusalem. Pour les Musulmans aussi, Jérusalem était une ville sainte. Mahomet, disait-on, y était venu ; c'était même de là qu'il était parti pour monter au ciel dans son voyage nocturne ; en s'approchant des murailles, les Arabes répétaient ces paroles du Coran : « Entrons dans la terre sainte que Dieu nous a promise. » Le siège dura quatre mois. Les chrétiens se rendirent, mais à Omar lui-même qui vint de Médine recevoir leur soumission ; une capitulation conclue avec leur patriarche Sophronius leur garantit leur vie, leurs biens et leurs églises. Toutefois ils furent obligés de cacher leurs croix et leurs livres sacrés; la cloche n'appelait plus les fidèles à la prière ; la pompe des cérémonies leur était interdite. Sur les ruines du temple de Salomon, Omar, le plus modéré des fanatiques musulmans, fit construire la mosquée qui porte son nom (1). »

La vue de ce temple consacré au culte du faux prophète de la Mecque et l'abomination de la désolation régnant ainsi désormais dans la cité sainte, affligèrent tellement le patriarche Sophronius qu'il en mourut, dit-on, de douleur. L'empereur Héraclius ne put lui aussi résister longtemps à la perte de la Palestine et mourut à son tour en 640.

Cependant la domination musulmane, tolérante d'abord conformément aux promesses et aux exemples d'Omar, ne tarde pas à se faire sentir lourdement. Les impôts pèsent écrasants, les croix sont abattues, les églises et les monastères sont profanés, et parfois même deviennent le théâtre de massacres sanglants.

Sous la dynastie des Ommiades et plus tard sous celle des Abbassides, malgré l'oppression qui étreignait les chrétientés d'Orient, malgré les obstacles et les périls que rencontraient les pèlerins sur leur route, les visiteurs d'Europe n'en continuaient pas moins d'affluer en grand nombre à Jérusalem. Parmi eux, on distingue, au commencement du viiie siècle un évêque des Gaules, saint Arculphe, qui passe les mers et reste neuf mois en Palestine. Le récit de son séjour, rédigé par un moine bourguignon, contient de nombreux et curieux détails sur les Lieux-Saints. Vingt ou trente ans après, c'est un autre évêque du pays saxon, nommé Guillebaud, qui entreprend la même excursion.

Nous arrivons ainsi au temps de Charlemagne et d'Haroun-al-Raschid, le plus grand des kalifes de la dynastie d'Abbas. Le règne de ce sultan fut une ère de calme et de sécurité pour les chrétiens d'Orient. Par égard pour le grand empereur dont la gloire éclipsait toutes les renommées contemporaines, Haroun chercha à vivre en harmonie avec un si puissant

---

(1) *Loco cit.* V. aussi : *Les églises de la Terre Sainte,* par M. de Vogüé.

monarque et il échangea avec lui les plus riches présents. Au nombre de ces dons, figuraient en première ligne les clefs de Jérusalem et du Saint-Sépulcre. Charlemagne profita de ces dispositions bienveillantes pour faire construire, non loin du Saint-Sépulcre, un hospice pour les pèlerins occidentaux. En même temps, il établissait, à perpétuité, l'envoi régulier et périodique d'aumônes abondantes destinées aux pauvres de ces contrées. « Ce n'était pas seulement dans son pays et dans son royaume, dit Eginhard, que Charles répandait ces libéralités que les Grecs appellent aumônes, mais encore au delà des mers, en Syrie, en Egypte, en Afrique, à *Jérusalem*, à Alexandrie, à Carthage ; partout où il savait que des chrétiens vivaient dans la pauvreté, il compatissait à leur misère, et il aimait à leur envoyer de l'argent (1). » Un des capitulaires de l'an 810, porte ce passage : « Aumônes à envoyer à Jérusalem, pour rétablir les églises de Dieu. »

Encouragés par ces circonstances favorables, les voyages par delà les mers ne firent qu'augmenter à la fin du VIIIe et au début du IXe siècle.

Aux pèlerins de marque, venus du pays franc, de Rome, de la Scandinavie, se joignirent les marchands de Gênes, de Pise et de Venise.

Les kalifes qui succédèrent à Haroun-al-Raschid, mort en 809, ne suivirent pas longtemps sa politique conciliante et firent revivre les lois d'oppression. Malgré la décadence de leur race et la sujétion où ils étaient tombés à l'égard des Turcs, les Abbassides continuèrent dans cette voie de violence jusqu'à ce qu'ils furent dépossédés de la Palestine par les kalifes fatimites d'Egypte, en l'an 972, sous le règne de Moezz-Edin.

Les nouveaux maîtres traitèrent d'abord leurs sujets comme des alliés et des auxiliaires. Ils favorisèrent même le commerce des Européens. Mais tout à coup la persécution se réveilla, terrible. Hakem, le troisième des kalifes fatimites

---

(1) *Vita et gesta Caroli-Magni.*

d'Egypte, signala son règne par tous les excès du fanatisme et de la démence. Le sang coula à flot ; les églises furent détruites ou converties en étableries ; celle du Saint-Sépulcre fut renversée de fond en comble (1). Les historiens arabes blâment eux-mêmes une telle férocité. « Toutes les actions d'Hakem étaient sans motif, et les rêves que lui suggérait sa folie n'étaient susceptibles d'aucune interprétation raisonnable. » Ainsi s'exprime Makrizi (2).

Spectacle étrange, l'attraction qui soulevait les populations occidentales et les amenait en Orient, ne perdit rien de sa vigueur. Dès qu'une éclaircie se glissait entre deux nuées orageuses, qu'un kalife imbécile disparaissait de la scène, le courant reparaissait.

On était d'ailleurs en l'an 1000 ; l'heure terminant le cycle humain allait sonner, les regards se portaient irrésistiblement vers la cité, image matérielle de cette autre cité qui était sur le point de s'ouvrir par delà le temps. L'heure s'écoula sans les perturbations redoutées. La Palestine profita largement du contentement universel. Les routes se remplirent de pèlerins. « L'affluence fut prodigieuse, écrit Raoul Glaber. D'abord la basse classe du peuple, puis la classe moyenne, puis les rois les plus puissants, les comtes, les marquis, les pontifes, enfin, ce qui ne s'était jamais vu, beaucoup de femmes, nobles ou pauvres entreprirent la course » (3). En 1026, Guillaume Taillefer, comte d'Angoulême ; en 1028, Foulques le Noir, comte d'Anjou ; en 1035, Robert-le-Magnifique, duc de Normandie, père de Guillaume-le-Conquérant ;

---

(1) Un incident fort touchant de cette persécution a fourni au Tasse l'épisode admirable d'Olinde et de Sophronie (*Jérusalem délivrée*).
Voici le fait historique qui a inspiré le poëte italien : Une nuit, on trouve sur le seuil de la mosquée le cadavre d'un chien. Irrité, le kalife ordonne de mettre à mort tous les chrétiens de la cité. L'ordre allait être exécuté. Un jeune homme s'écrie : Il est inadmissible que nous périssions ainsi pour un crime imaginaire. Je suis innocent, mais je vais assumer toutes les responsabilités, je m'avouerai coupable et je vous sauverai. » Ainsi fut fait. Le jeune homme eut seul la tête tranchée.

(2) Historien né au Caire en 1360.

(3) *Chronicon.*

en 1086, Robert-le-Frison, comte de Flandre, et beaucoup d'autres seigneurs, abandonnèrent leurs terres pour visiter cette autre terre où avait vécu leur Dieu. En 1054, Leidbert, évêque de Cambrai, partit, suivi de 3,000 pèlerins, tous originaires de la Flandre ou de la Picardie ; en 1064, l'archevêque de Mayence, les évêques d'Utrecht, de Spire, de Cologne et de Bamberg se mirent en marche suivis de 10,000 hommes. Attaquée par les Arabes, la troupe perdit 3,000 des siens, et arriva à Jérusalem brisée par la fatigue. Le récit que firent les survivants des dangers qu'ils avaient courus et de la mort de leurs compagnons contribua puissamment à exciter dans les cœurs un désir de vengeance. D'un autre côté, les Musulmans redoublaient de rigueurs ; leurs cruautés ne connaissaient plus de bornes (1).

Une rencontre devait infailliblement se produire. Les pèlerinages pacifiques allaient se transformer en pèlerinages armés. L'Occident commençait à avoir conscience de sa force. Les Croisades étaient à l'état de germe dans le sillon européen ; survienne un coup de vent chaud ou une pluie féconde et le germe éclatera.

« Mêmes générales et vives, a dit M. Guizot, les émotions populaires demeurent souvent stériles. Il ne suffit pas que des aspirations se manifestent pour amener de grands événements et de sérieux résultats ; il faut encore que quelque grande âme humaine, quelque puissante volonté individuelle se fasse l'organe et l'agent du sentiment public et le rende fécond en le personnifiant.

» La passion chrétienne du xie siècle, pour la délivrance de Jérusalem et le triomphe de la Croix, eut cette fortune (2). »

---

(1) Guillaume de Tyr : Dom Bouquet : *Recueil des Hist. de France* ; Lebeau : *Histoire du Bas-Empire.*
(2) *Loc. cit.*

CHAPITRE III

Les précurseurs de la Croisade : Sylvestre II, Grégoire VII, Victor III.

Comme tous les pouvoirs forts et durables, la Papauté n'agit jamais par soubresauts. Dans les déterminations qui doivent, pendant plusieurs siècles, sinon changer, du moins modifier la physionomie sociale, elle va avec lenteur. Le pontife qui a conçu l'idée est rarement celui qui l'exécute ; il la lègue à ses successeurs dont la série ininterrompue sera toujours présente pour la recueillir et veiller sur son éclosion.

Avant d'avoir des promoteurs, les Croisades ont eu des précurseurs.

En 881, le patriarche de Jérusalem, Hélias, troisième du nom, envoie une lettre pressante à Charles-le-Chauve, et en sa personne « à tous les princes très magnifiques, très pieux et très glorieux de l'illustre race du grand empereur Charles, aux rois de tous les pays des Gaules, aux comtes, aux très saints archevêques, métropolitains, évêques, abbés, prêtres, diacres, sous-diacres et ministres de la sainte Eglise, aux saintes sœurs, à tous les adorateurs de Jésus-Christ, aux femmes illustres, aux frères, aux laïcs, à tous les catholiques et orthodoxes de l'univers chrétien. » Après avoir rappelé en termes pathétiques les nombreuses tribulations que les chrétiens de Jérusalem ont eu à souffrir, le patriarche s'autorise de cette parole de l'apôtre que lorsqu'un membre souffre les autres membres souffrent aussi, pour solliciter en faveur des affligés dont il a la charge, la charitable intervention de leurs frères d'Europe. Il implore leur pitié et les prie, avec larmes, de venir à son aide. On ignore si plusieurs destinataires firent réponse à l'éloquente supplique. Il est à croire que Charles-le-Chauve ne laissa pas partir les deux moines porteurs de la lettre, sans leur donner certaines assurances.

Il y a comme un pressentiment du soulèvement futur dans cette voix de l'Orient, qui, deux cent quatorze ans avant le concile de Clermont, monte suppliante vers l'Occident.

La première idée des expéditions militaires eut pour auteur un enfant de notre vieille Auvergne, Gerbert, qui devint pape — le premier pape français — sous le nom de Sylvestre II.

Gerbert naquit dans la Haute-Auvergne. Il était le fils d'un *pastour* des montagnes. Son intelligence précoce attira l'attention. Placé à l'école du monastère d'Aurillac, il se fit remarquer par la promptitude avec laquelle il saisissait et s'assimilait l'enseignement de ses maîtres. Il ne tarda pas à conquérir une réputation qui franchit les limites de la nation et qui lui assura le titre du plus savant homme de son temps. A l'étude de la théologie, de la philosophie et de l'histoire, il ajouta celle des mathématiques, de l'astronomie, de la mécanique, de la musique, de la linguistique et de l'alchimie. Il passe, à tort, pour avoir inventé les horloges à roues et à balancier (1). Ses familiers étaient fortement intrigués en le voyant, le soir, examiner la marche des planètes et le mouvement des étoiles à l'aide « d'un long tube de cuivre. » Les recherches alchimiques auxquelles il se livrait firent croire, aux esprits faibles, qu'il avait des relations criminelles avec les êtres infernaux. D'aucuns assurèrent qu'après sa mort, ses ossements agités par une main invisible s'entrechoquaient dans la tombe, à chaque nouvelle élection pontificale, et que la dalle qui fermait l'entrée de son caveau devenait humide par suite de pleurs mystérieux. Ces ridicules légendes, très répandues en certains

---

(1) Le silence des écrivains contemporains autorise à placer cette invention au rang des légendes. Saint Louis se servait d'une bougie allumée pour mesurer le temps et régler la durée de ses exercices religieux pendant la nuit, ce qu'il n'aurait pas fait si les horloges eussent été connues.

milieux crédules de l'Italie et de la France, montrent la célébrité qu'avait su acquérir Gerbert, dont l'activité menait de front et les sciences et le gouvernement de l'Eglise. A l'exemple de tous les hommes de valeur, Gerbert eut des amis fidèles et des adversaires ardents. Il est presque impossible de parler de lui sans tomber dans l'excès de l'éloge ou dans l'excès du blâme. Il est certain que la malveillance jalouse se plut à lui créer d'incessants embarras. D'autre part, la mesure, dans la défense, ne fut pas toujours le lot de la victime (1). Quelques actes de sa vie, antérieurs au Pontificat, ne peuvent être loués sans restriction formelle. Quoi qu'il en soit, il domina de très haut son siècle par l'étendue et la variété prodigieuse de ses connaissances. Parvenu à la chaire de saint Pierre, il porta spécialement son regard vaste et profond sur l'Orient. En l'an 1000, il adressa à la chrétienté le premier appel général en faveur de la Terre-Sainte, et il insinua l'idée d'une levée en masse. Voici par quel concours de circonstances il fut amené à concevoir ce hardi projet. Le sanguinaire Hali-Hakem, 3e kalife fatimite d'Egypte, signalait sa domination en Palestine par la plus farouche persécution. L'empire grec se voyait menacé. L'Italie était périodiquement dévastée par les incursions des infidèles, qui, partis des côtes barbaresques, ravageaient tour à tour la Sicile et le sud de la Péninsule. Dans une de ces expéditions, les Sarrasins venaient de s'emparer de Capoue. L'empereur Othon II, qui se trouvait alors en Italie, marcha à leur rencontre, leur infligea une défaite sanglante et reprit sur eux la capitale de la Campanie. Cet événement fit naître dans l'âme du Pape le désir de garantir l'avenir en portant la guerre en Asie, au centre même de la puissance musulmane. Il songea, dès lors, à former, dans ce but, une immense coalition de tous les peuples latins, sans distinction de races ni de nationalités. Il

---

(1) V. sur Gerbert les travaux de M. Barse (Riom, 1849), de M. Olleris, ancien professeur à la Faculté de Clermont (1867); de Hock, traduction Axinger (1859).

écrit à son jeune et royal élève, Othon III, ainsi qu'à tous les princes chrétiens une lettre où, s'effaçant lui-même, il fait parler l'église de Jérusalem. Nous y lisons le passage suivant : « A l'œuvre donc, soldat du Christ ! sois notre porte-drapeau et notre champion ! et si tu ne peux le faire par les armes, viens à notre secours par tes conseils, par tes richesses. Qu'est-ce donc que tu donnes ? et à qui le donnes-tu ? De ton abondance tu donnes peu de chose, et tu donnes à celui qui t'a donné gratuitement tout ce que tu possèdes ; il ne recevra pas gratuitement ce que tu lui donneras ; il multipliera ton offrande, il la récompensera dans l'avenir. »

L'incitation était pressante. Les Pisans obéirent et s'apprêtèrent à partir. Une diversion inattendue vint entraver l'élan populaire. Des troubles éclatent en Italie ; l'Empereur et le Pape sont dans l'obligation de quitter Rome et de chercher au loin un refuge. La mort d'Othon, suivie, à peu d'intervalle, de celle de Sylvestre, acheva d'anéantir des espérances qui recevaient déjà un commencement de réalisation.

Il appartenait à un autre pape, le plus grand du moyen-âge, au jugement de M. Guizot, Grégoire VII, de rallumer les espérances éteintes.

Au moment de son exaltation au souverain pontificat, les Turcs, échappés des steppes de l'Asie et convertis récemment à l'islamisme, s'étaient jetés sur l'Asie-Mineure et y avaient dressé leurs tentes. Leur chef, Soliman, prenant pour résidence la ville de Nicée, inquiétait Constantinople, dont les riches monuments se dressaient magnifiquement au delà du Bosphore, comme une invite continuelle à l'insatiabilité des envahisseurs. L'empereur Michel Ducas implore le secours du Pape et de tous les princes d'Occident. Grégoire VII cultivait d'étroites relations avec Byzance ; il espérait par là gagner la faveur des Grecs, provoquer une explication théologique et parvenir à la réunion des deux églises dont Cérulaire venait de consommer la séparation. La hauteur des vues du Pontife, l'étendue de son génie, l'énergie de son caractère le rendaient capable des plus vastes entreprises. Aussi, n'hésite-t-il point à reprendre en sous-œuvre le programme de son devancier Gerbert. Dès la deuxième année de son règne, il fait parvenir des lettres à Guillaume, comte de Bourgogne, au comte de Saint-Gilles et à d'autres seigneurs, pour leur rappeler la fidélité qu'ils ont vouée aux successeurs de saint Pierre; il leur recommande d'exciter le zèle des barons placés sous leurs ordres, « afin que, ajoute-t-il, après avoir fait la paix avec les Normands d'Italie, nous passions ensemble à Constantinople et portions à nos frères le secours qu'ils demandent avec instance. » Plusieurs mois après, il insiste dans de nouvelles lettres, il fait la peinture des dévastations commises par les troupes mahométanes, leurs déprédations, les sévices dont elles accablent les populations du littoral européen. Enfin, l'année suivante, il revient à ses supplications. « Je partirai moi-même, s'écrie-t-il ; mon âme est triste jusqu'à la mort ; j'aime mieux exposer ma vie pour les membres souffrants de Jésus-Christ, que de commander à des hommes qui négligent de les secourir. » 50,000 hommes répondent à la voix du Pontife, et s'organisent pour se rendre à Constantinople et de là à Jérusalem. Un obstacle surgit encore. La querelle des investitures paralysa tous les efforts et fit avorter cette deuxième tentative de Croisade.

Un troisième essai fut plus heureux. Il eut lieu sous Didier, ancien abbé du Mont-Cassin, qui avait, en succédant à Grégoire VII, pris le nom de Victor III.

Bien que, pendant son court pontificat de dix-huit mois, il fut sans cesse aux prises avec l'empereur d'Allemagne Henri IV et l'antipape Guibert de Ravenne, Victor essaya de mettre un terme aux pirateries des Sarrasins qui désolaient continuellement les côtes d'Italie et entravaient la liberté de la navigation et du commerce dans la Méditerranée. En dépit de ses souffrances physiques et des atteintes de la maladie qui devait l'emporter, il réunit une armée imposante, composée de presque tous les peuples italiens, mais principalement de Pisans et de Gênois, et lui confie l'étendard de saint Pierre. Le corps d'expédition débarque sur le rivage de la Mauritanie, s'empare des villes situées à proximité de la mer, et taille en pièces, dit-on, une armée ennemie de cent mille hommes (1). Effrayé, le sultan de Tunis se hâte de rendre les prisonniers chrétiens et de se reconnaître vassal du Saint-Siège. Heureuse de ses succès, l'armée revint en Italie, chargée d'un butin immense qui fut employé à la construction et à l'ornementation des églises. C'est avec une portion des dépouilles que furent bâtis la belle cathédrale et le merveilleux Campo Santo de Pise.

Victor III mourut peu après. Les avantages remportés contre les Maures d'Afrique semèrent la consternation parmi les hordes mahométanes et enflammèrent d'ardeur les pays d'Europe.

La mine, longtemps creusée et patiemment préparée, est sur le point d'éclater.

Mais le beau rôle va, de droit, échoir à la France, la fille aînée de l'Eglise.

La France, première à la défense sous Charles Martel, sera première à l'attaque.

Un pape français, Urbain II, donnera le signal avec le secours d'un moine français, Pierre l'Ermite.

Un héros français, Godefroy de Bouillon, ouvrira l'âge des combats épiques ; un Français le fermera héroïquement, saint Louis.

(1) Baronius.

CHAPITRE IV

Le promoteur de la Croisade : Urbain II.
Pierre l'Ermite : sa mission.

Un jour de l'année 1078, deux moines de Cluny, Odon ou Eudes et Pierre, traversaient Rome et se rendaient à la demeure du Pape. Grégoire VII les reçut avec affabilité et les investit de leurs nouvelles fonctions de secrétaires et de confidents intimes. Tels furent les services qu'ils rendirent à la cause religieuse que bientôt, à titre de récompense, Pierre est placé à la tête d'un monastère bénédictin près de Salerne, et Eudes reçoit les insignes cardinalices.

L'élévation rapide de ce dernier eut le don d'exciter les murmures et le mécontentement. Les envieux décernèrent au favori l'appellation de *pedisequus Gregorii*, valet de pied de Grégoire. L'histoire a accepté l'expression ; mais d'injurieuse qu'elle paraissait, elle l'a rendue élogieuse. Quel était donc ce personnage comblé des attentions du Pape !

Il avait vu le jour en 1042, à Lagéry, près de Châtillon-sur-Marne, d'après les uns, à Bainson, près de Reims, suivant les autres (1). Son père se nommait Eucher et sa mère Isabelle. Tout jeune encore, il est envoyé à l'école épiscopale de Reims, alors très florissante. Il y eut pour maître de son adolescence l'illustre saint Bruno, qui devint plus tard le fondateur de l'Ordre des Chartreux. Sous la direction de ce professeur révéré, Odon eut bientôt acquis ce

---

(1) La notice rédigée par la chancellerie romaine, immédiatement après la mort d'Odon, le fait naître à Châtillon-sur-Marne (v. *Codex regius*).

fonds de savoir qui le fit passer dans la suite pour un des orateurs les plus éloquents de son époque, et lui mérita le qualificatif de docteur extraordinaire, *Doctor egregius*.

Entré dans la cléricature, il obtint d'abord une prébende de chanoine dans l'église métropolitaine de Reims. Les chanoines menaient encore, à ce moment, la vie commune.

Le nouveau venu se signala par sa piété, sa science et sa vie régulière, et ne tarda pas à être promu à la dignité d'archidiacre. Poussé par le désir d'une vie plus silencieuse et plus parfaite, il vint frapper à la porte du monastère de Cluny et embrassa la profession monastique. C'était alors le temps de l'universelle réputation de cette abbaye célèbre. Saint Hugues, qui en était abbé, accepta avec empressement une si importante recrue et lui conféra de ses mains l'habit de l'Ordre. Bientôt, l'exactitude du jeune profès à s'acquitter de tous les devoirs religieux le fit établir prieur du monastère.

Après avoir présidé en cette qualité à la fondation d'un prieuré clunisien à Rainson, Odon fut envoyé par Hugues, en compagnie d'un autre de ses frères, en religion Pierre, auprès du Souverain Pontife, qui avait demandé à l'abbé deux de ses religieux, pour le soutenir de leurs conseils dans les difficultés que suscitaient à l'Eglise l'empereur Henri IV et l'antipape Guibert.

On comprend maintenant l'attachement de Grégoire VII pour le moine qui, entre tant d'hommes doués d'une haute intelligence, avait été, de la part de son supérieur, l'objet d'un choix flatteur et largement mérité. Sur son lit de mort, le Pape « qui eut au cœur l'amour de la justice et la haine de l'iniquité, et qui, pour cela, mourut en exil, » (1) désigna le cardinal Odon, évêque d'Ostie, comme devant être son successeur.

La faveur du conclave se porta sur Victor III. A ses derniers moments, Victor, dont le règne fut de courte durée,

(1) Paroles de Grégoire VII.

demanda aux cardinaux, à l'exemple de son prédécesseur, de porter leurs voix sur Odon. Ceux-ci déférèrent à un désir deux fois exprimé en des circonstances si solennelles. Le conseiller de Grégoire VII fut élu, et, en s'asseyant sur le trône de Pierre, il prit le nom d'Urbain II.

Les cinq années qui suivirent son exaltation furent employées à soutenir la lutte engagée entre Henri IV et Guibert. Il la poursuivit à travers des alternatives de succès et de revers, mais avec une constance et une énergie toujours égales, nourrissant, dans son âme, l'espoir de pacifier l'Europe et de délivrer la Palestine du joug odieux des sectateurs de Mahomet (1).

Le Pape songeait au moyen de faire sortir le projet des

---

(1) Au sujet de la question des investitures, Urbain II et Grégoire VII ont été violemment attaqués par l'école encyclopédique et par l'école révolutionnaire.

Ils ont été vengés par les écrivains protestants.

« Le pouvoir papal disposant des couronnes, a écrit M. Coquerel, empêchait le despotisme de devenir atroce ; aussi, dans ces temps de ténèbres, ne voyons-nous aucun exemple de tyrannie semblable à celle de Domitien, à Rome. Un Tibère était impossible ; Rome l'eût écrasé. Les grands despotismes arrivent quand les rois se persuadent qu'il n'y a rien au-dessus d'eux. » (*Essai sur l'hist. du christianisme.*)

« La monarchie pontificale, dit le presbytérien Robertson, apprit aux nations et aux rois à se regarder comme compatriotes, comme étant tous également sujets du sceptre divin de la religion ; et ce centre d'unité religieuse a été, durant des siècles nombreux, un vrai bienfait pour le genre humain. » (Cité par le ministre de Goux : *Lettres sur l'Italie.*)

« Si les papes, dit à son tour Leibnitz, reprenaient l'autorité qu'ils avaient au moyen-âge, ce serait le moyen d'assurer la paix perpétuelle et de nous ramener au siècle d'or. » (*Pensées de Leibnitz.*)

« Sans doute, ajoute le protestant Voigt, une indignation s'empare de l'Allemand quand il voit son empereur humilié à Canosse, ou du Français quand il entend des leçons sévères données à son roi. Mais l'historien qui embrasse la vie des peuples sous un point de vue général, s'élève au-dessus de l'horizon étroit de l'Allemand ou du Français, et trouve fort juste ce qui a été fait, quoique les autres le blâment. » (Tom. II. *passim.*)

Chateaubriant ratifie ce jugement. « S'il existait au milieu de l'Europe un tribunal qui jugeât au nom de Dieu les nations et les monarques, et qui prévînt les guerres et les révolutions, ce tribunal serait sans doute le chef-d'œuvre de la politique et le dernier degré de la perfection sociale. Les papes ont été au moment d'atteindre ce but. »

Nous pourrions multiplier ces extraits.

Croisades de la phase d'essais et de tâtonnements où il s'était maintenu jusque-là et de l'amener à la réalité, lorsqu'il vit venir à lui un moine, à l'aspect misérable, aux vêtements en lambeaux, à la barbe en désordre, aux pieds nus, s'offrant à remplir le rôle d'apôtre de la guerre sainte. C'était Pierre l'Ermite.

Né à Amiens, ou près d'Amiens, en Picardie, Pierre eut une jeunesse assez obscure. Il se maria, et de son union avec Béatrix de Roussy, naquirent deux enfants. Après la mort de sa femme, il donna libre cours aux idées d'existence solitaire qui l'obsédaient et se retira dans le diocèse de Liège où, au sein de la campagne, loin de tout contact social, il se construisit un ermitage. De là cette dénomination d'Ermite que l'Histoire a retenue.

On s'est demandé si le terme d'Ermite, ajouté au nom de Pierre, était un surnom particulier ou s'il appartenait précédemment à la famille sur laquelle notre reclus devait jeter une brillante notoriété.

On oublie qu'au XIe siècle, les noms, loin d'être héréditaires dans la descendance familiale, étaient personnels et viagers. Sous le patriciat romain, le terme désignant la *gens* se transmettait aux enfants. Cet usage disparut durant la période franque ; la féodalité le remit plus tard en vigueur, mais, à l'époque où vivait Pierre l'Ermite, le nom de famille n'existait pas. Chacun avait le droit de placer, à côté de son nom de baptême, le nom qui se trouvait à sa convenance. Un fief, une propriété, une qualité, un défaut, une fonction, un signe distinctif dans la figure, dans le geste, dans la voix, servaient de source aux appellations. Souvent aussi le lieu d'origine était utilisé pour qualifier les personnes. C'est ainsi que nous rencontrons dans les chroniques, tantôt : Pierre d'Achères, du lieu présumé de la naissance, et tantôt : Pierre l'Ermite, vocable emprunté à la vie pénitente de notre personnage (1).

L'erreur provient d'un texte, faussement interprété, de

---

(1) Orderic et les chroniqueurs du comte d'Anjou.

Guillaume de Tyr. L'annaliste écrit : *Petrus qui et re et nomine cognominabatur Heremita*. On traduit par ces mots : Pierre, dénommé l'Ermite, de son nom et de sa profession. La phrase est susceptible d'un sens moins étroit. Rien n'indique, en effet, que Guillaume de Tyr ait voulu affirmer que le nom d'Ermite ait été donné antérieurement à la profession. *Re* est placé avant *nomine*.

D'ailleurs, les textes des chroniqueurs contemporains ou voisins de l'époque résolvent la question. Robert-le-Moine dit : *Erat in illis diebus quidam, qui eremita extiterat nomine Petrus* (1). Guibert de Nogent est plus affirmatif : *Petrus celeberrimus heremita,* ou *non incognitus heremita, Petrus quidam heremita* (2). Foulques se sert de cette expression : *heremita Petrus* (3). D'autres chroniqueurs, parmi lesquels Albert de Stade (4), remplacent le mot *heremita,* par *monachus* et même *reclusus*.

Il est évident que, pour tous, ermite n'est que le qualificatif d'une profession, et qu'à ce qualificatif on peut à volonté en substituer un autre, celui de moine ou de reclus, par exemple.

Anne, fille de l'empereur Alexis Comnène, désigne Pierre sous le nom de Coucoupiètre (5). Ducange traduit ce terme grec par : Pierre à la Cuculle, *Petrus cucullatus* (6). Nous savons que le solitaire de Belgique avait adopté pour costume, par-dessus le vêtement que portaient les gens du peuple, une coule ou capuchon, dont les dimensions énormes attiraient quelque peu les regards ; elle lui descendait jusqu'aux talons : *cuculla super utrisque talaribus* (7).

Le vulgaire saisit l'exagération et, inévitablement, la

---

(1) Edit. Bongars.
(2) Id.
(3) Duchesnes : *Hist. Gestor.*
(4) *Mon., Germ.,* t. xvi.
(5) *Alexiade.*
(6) Patrologie grecque, t. cxxxi, col. 725.
(7) Guibert de Nogent : édit. Bongars.

caractérisa par le sobriquet dont la fille de Comnène nous a apporté l'écho (1).

Mû par la dévotion la plus vive, l'ermite de Liège ne tarda pas, suivant les aspirations de son temps, à être saisi du désir d'entreprendre à son tour le pèlerinage des Saints Lieux.

Laissons ici la parole à Guillaume de Tyr. Des pages du vieil écrivain se dégage une saveur exquise :

« Au temps où la ville aimée de Dieu était en proie à tant de douleurs, parmi ceux qui visitèrent les Lieux Saints se trouva un ermite, appelé Pierre, né dans le royaume de France et dans le diocèse d'Amiens. C'était un homme de très petite stature, et dont l'extérieur n'avait rien que de misérable ; mais une grande âme habitait ce corps chétif ; son esprit était prompt, son œil perçant, son regard pénétrant et doux, et il parlait avec éloquence... »

Le voyage offrait de réels dangers ; les plus déterminés finissaient par être effrayés de l'étrange hospitalité qui les attendait au terme de la route.

« Après avoir échappé à mille chances de mort, les pèlerins, qui arrivaient enfin aux portes de la ville, n'y pouvaient pénétrer sans payer aux préposés des infidèles une pièce d'or par tête à titre de tribut ; mais ayant tout perdu en chemin, et n'étant parvenus qu'à grand'peine à sauver leurs corps, la plupart n'avaient plus de quoi acquitter l'impôt. Il leur fallait donc bivouaquer en dehors de la ville, sollicitant en vain la permission d'y entrer ; ces malheureux, réduits à une nudité absolue, succombaient bientôt de faim et de misère. Si quelques-uns trouvaient moyen d'acquitter le péage, ils étaient pour les habitants chrétiens, leurs frères, un sujet de perpétuelles sollicitudes. Les « fidèles » du pays craignaient que les étrangers, en se promenant sans précautions, ne fussent frappés, souffletés, conspués ou même massacrés par les païens. Enfin, pour comble de maux, les

---

(1) Léon Paulet : *Recherches sur Pierre l'Ermite.*

églises, réparées et conservées avec d'extrêmes difficultés, étaient chaque jour en butte à de violents outrages. Pendant le service divin, les infidèles, entrant avec des cris furieux, venaient s'asseoir jusque sur les autels, ils renversaient les calices, foulaient aux pieds les vases consacrés, brisaient les marbres, accablaient le clergé d'insultes et de coups. Le seigneur patriarche de Jérusalem était lui-même traité par eux comme une personne vile et abjecte ; ils le saisissaient par la barbe ou par les cheveux, le précipitaient du haut de son siège et le traînaient par terre. Souvent ils s'emparaient de lui, et le jetaient au fond d'un cachot, ainsi qu'un ignoble esclave, sans autre motif que le désir d'affliger le peuple par les souffrances de son pasteur. »

Un tel spectacle attendrit jusqu'aux larmes le cœur de Pierre. Un ami lui offrit sa maison, et il n'eut plus de repos qu'il n'eût été présenté au patriarche. Il obtint l'audience désirée. Enhardi par la bonté de Siméon, il s'ouvrit entièrement et finit par gagner la confiance de son vénérable interlocuteur.

« Le patriarche, continue Guillaume de Tyr, reconnaissant au langage de Pierre que c'était un homme de prudence expérimenté dans les choses de ce monde, lui exposa toutes les calamités qui pesaient sur les serviteurs de Dieu habitant dans la cité sainte. « Eh quoi ! dit Pierre, en versant des
» pleurs de compassion fraternelle, n'est-il aucune voie de
» salut pour échapper à de telles misères ? — Si votre peuple
» dont le Seigneur a conservé les forces intactes jusqu'ici
» voulait prendre pitié de nous, nous garderions encore
» quelque espérance de voir prochainement le terme de nos
» maux. Quant à l'empire des Grecs, quoiqu'il soit plus
» rapproché de nous, il ne peut nous offrir ni ressources ni
» consolations ; à peine cette nation se suffit-elle à elle
» même ; toute sa force s'est éteinte à tel point que, dans
» l'espace de quelques années, elle a perdu plus de la moitié
» de ses provinces. — Sachez, saint père, répliqua l'ermite
» que si les princes d'Occident apprenaient par un homme

» digne de foi l'excès de vos souffrances, ils tenteraient cer-
» tainement d'y porter remède par les paroles et par les
» œuvres. Ecrivez donc au plus tôt au seigneur Pape et à
» l'Église romaine, aux rois et aux princes de l'Occident, et
» à votre témoignage écrit, ajoutez l'autorité de votre sceau.
» Moi, je ne refuse point de m'imposer une tâche pour le
» salut de mon âme : avec l'aide du Seigneur, je suis prêt à
» les aller trouver tous, à les solliciter, à leur dépeindre
» ardemment l'immensité de vos douleurs et à les prier
» chacun en particulier de hâter le jour de votre déli-
» vrance (1). »

Siméon accepta avec empressement une offre qui comblait ses vœux.

Pierre mit à profit les dernières semaines de son séjour pour se pénétrer de la grandeur des responsabilités qu'il avait assumées. Un jour où, rompu par la fatigue des exercices religieux, il s'était rendu dans l'église de la Résurrection, il s'affaissa sur le sol du temple et s'endormit. Mais l'idée qui envahissait son âme veillait toujours. Il lui sembla que le Sauveur lui reprochait son inaction. A son réveil, il résolut de ne plus différer. Il prend congé du patriarche dont il emporte les lettres, fait ses adieux à ses nouveaux amis, se rend à la côte et s'embarque à destination de l'Italie (2).

Son premier soin est d'entretenir le Pape des spectacles dont il a été le témoin et de la mission dont il s'est chargé. On ignore si l'entrevue entre Pierre et Urbain eut lieu à Rome ou dans une des villes de l'Italie centrale. Persécuté par ses ennemis, le Pontife en était réduit à chercher un

---

(1) Edit. Bongars, p. 637.
(2) Guillaume de Tyr. V. également Albert d'Aix, édit. Bongars, p. 185. Anne Comnène, fille de l'empereur Alexis Comnène, laisse entendre, dans son *Alexiade*, que l'Ermite ne put atteindre la Palestine, ce qui tend à contredire les assertions de Guillaume de Tyr. Entre cet historien et Anne Comnène, dont le récit fourmille d'erreurs, et qui était animée d'une haine profonde contre les Croisés, et en particulier contre les Français, nous n'avons pas à hésiter. Nous optons pour Guillaume de Tyr et Albert d'Aix.

asile sur un sol hospitalier. Quoi qu'il en soit, l'audience fut féconde en résolutions. Urbain écouta le récit du moine, et s'assura du contenu des lettres patriarcales.

Le texte authentique de ces lettres ne nous est point parvenu. Un auteur du xvie siècle, Paul-Émile de Vérone, a cru pouvoir combler la lacune et nous fournir le document perdu (1). Un examen rapide suffit pour montrer qu'à la place de la missive originale, l'historien a eu la naïveté de glisser une amplification de rhétorique, fort ingénieusement conçue, suivant les règles les plus subtiles de la littérature. Vraisemblablement, Siméon eut un moindre souci de l'art.

A titre de curiosité, nous transcrivons cette pièce qui, pour le fonds, donne une note vraie :

« Citoyens de la ville sainte et compatriotes du Christ, nous souffrons tous les jours ce que le Christ, notre roi, n'a souffert qu'une fois dans les derniers moments de sa vie mortelle. Nous sommes chassés, frappés, dépouillés. Tous les jours, quelqu'un de nous éprouve le supplice du bâton, de la hache ou de la croix. Nous irions chercher un refuge jusqu'aux extrémités du monde ; nous abandonnerions cette contrée pour mener une vie vagabonde, si nous ne regardions pas comme un crime de laisser sans adorateurs et sans prêtres une terre consacrée par la naissance, par la mort, par la résurrection et par l'ascension du Seigneur ; nous nous croirions coupables, s'il n'y avait plus personne ici pour souffrir le martyre et la mort, s'il n'y avait plus de chrétien qui voulût mourir pour le Christ, comme sur un champ de bataille, où l'on voit toujours des guerriers combattre, tant qu'il y a des ennemis qui attaquent. Les maux que nous souffrons sont capables d'exciter la compassion... La puissance des Turcs grandit de jour en jour, et chaque instant voit diminuer nos forces. Leurs nouvelles conquêtes ajoutent à leur audace ; leur ambition embrasse toute la terre. Leurs armes sont plus cruelles et plus redoutables que ne l'étaient

---

(1) *Historia Gestorum Francorum.*

celles des Sarrasins ; leurs projets mieux combinés, leurs entreprises plus hardies ; leurs efforts plus grands, leurs combats plus heureux... Qui répondra du reste du monde chrétien, lorsque Jérusalem, la demeure du Christ, la sentinelle de la religion, sera assiégée, prise, vaincue, réduite, mise à feu par les infidèles. Lorsqu'il ne restera que de faibles débris du christianisme, quel secours pourra-t-il espérer ? Cette terre, qui est tous les jours arrosée de notre sang, ce sang lui-même demande un vengeur. Très saint Père, et vous, rois, ducs, grands, chrétiens de nom, de profession et d'esprit, nous implorons humblement votre appui, votre pitié, votre foi, votre religion. Ecartez la tempête qui nous menace, vous et vos enfants, avant que la foudre éclate et tombe sur vos têtes.

» Défendez ceux qui vous implorent ; vengez la religion d'une servitude impie, vous aurez bien mérité de toute la terre ; le fils de Dieu, dont vous aurez délivré la patrie, conservera ici-bas vos royaumes temporels, et vous accordera, dans la vie à venir, une félicité éternelle. »

Les supplications du patriarche et les instances enflammées de l'Ermite trouvèrent, auprès du Pape, un champ tout préparé.

« La pensée qui domine l'esprit d'Urbain à cette époque de son pontificat, dit M. Adrien de Brimont, l'objet incessant de ses préoccupations, le but avoué de ses désirs les plus ardents, c'est la délivrance de la terre sainte ; il sent qu'une grande réparation est due au nom du Christ outragé. Le récit des profanations qui souillent le berceau du christianisme révolte son cœur ; le flot musulman, prêt à rompre la digue du Bosphore, alarme sa foi. La société occidentale, tout occupée d'établir la féodalité et ses privilèges, s'entre-déchire dans des luttes intestines. De tous les ennemis, les moins redoutés sont les mahométans ; et cependant il suffirait de se retourner pour les voir franchir les dernières barrières qui les séparent de l'Europe. C'est donc au Pape de veiller sur la chrétienté : comme ces guetteurs flamands, qui, placés sur les beffrois, jetaient le cri d'alarme lorsqu'un incendie éclatait dans la cité endormie, de même le Souverain Pontife, qui voit le feu s'étendre et gagner, dénonce le péril avec cette fermeté et cette universalité de vue qui caractérisaient sa haute mission (1). »

Energique mais prudent, Urbain, jugeant l'heure venue, veut néanmoins prendre toutes les mesures propres à assurer le succès. Avant que l'appel décisif soit jeté aux quatre coins du monde civilisé, certaines affaires en litige seront terminées, l'Italie sera pacifiée, les intentions des seigneurs les plus renommés seront connues et le nom de la nation privilégiée d'où partira le signal de la mise en marche de l'Occident vers l'Orient sera fixé.

En attendant, le Pape remet au moine des lettres de créance ; il le charge de parcourir la France et de lui préparer les voies.

Dès lors, Pierre l'Ermite commence cette campagne où il fera preuve d'une indomptable activité et qui le placera, dans l'Histoire, aux premiers rangs des entraîneurs de peuples.

Il n'est pas étonnant que la gloire de l'Ermite ait été discutée. C'est la destinée, commune à tous les hommes éminents.

Pendant le moyen-âge, cette gloire est demeurée intacte. Pour rencontrer le dénigrement systématique s'attachant à l'intrépide moine, il faut arriver à nos temps modernes.

Une école, qui reconnaît pour chef l'anglais Gibbon, accepte les données historiques sur lesquelles s'appuie le mérite de Pierre l'Ermite, mais cherche à les expliquer par le fanatisme, l'illuminisme, etc. (2).

Ces grands mots, par cela même qu'ils sont vides de sens, manquent rarement leur effet sur les esprits superficiels.

Une deuxième école, née au delà du Rhin, rejette l'explication par trop fantaisiste de Gibbon ; elle s'étonne qu'on invoque

---

(1) *Un pape au moyen-âge : Urbain II.*
(2) *Histoire de la Décadence et de la Chute de l'empire romain.*

le fanatisme pour résoudre un problème dont le dernier mot est à la portée du vulgaire : L'Hermite, s'écrie-t-elle, n'a jamais eu le succès qu'on lui attribue ; la légende constitue seule son histoire ; ses prétendues œuvres sont des mythes.

On le voit, les deux écoles, bien que divergentes en apparence, convergent au même point. Le résultat cherché est de renverser Pierre de son piédestal.

Les pages que Gibbon consacre à notre héros sont sans valeur critique. Les affirmations, en cette matière, ne remplacent jamais les preuves ; l'écrivain d'outre-Manche ne s'est guère soucié d'étayer ses assertions de documents contemporains. Il dit, et l'on s'incline.

Nous avons lu avec une attention soutenue les pages allemandes. La première lecture, nous l'avouons, surprend. Il y a là un attirail de mise en scène, de citations, de dates, de références habilement présentées, de combinaison ingénieuse de textes, qui ne laisse pas que d'éblouir. On se ressaisit vite, et le défaut de l'argumentation germanique devient évident. A l'aide d'une semblable méthode, un écrivain ingénieux se chargera volontiers de détruire les trois quarts de l'Histoire de France. Quant à l'Histoire d'Allemagne, elle sombrerait entièrement. Ce n'est plus de la critique, c'est de l'hypercritique. Comme tout ce qui est violent et exagéré, le procédé manque le but ; l'arme vise trop haut ou porte à côté (1).

Que parfois on ait mis en un relief trop accentué les gloires de l'Ermite, au dépens de celles d'Urbain; qu'on ait fait de lui, à tort, le véritable promoteur de la Croisade,

---

(1) On ne saurait se méprendre sur notre pensée ; nous parlons ici des excès de la critique quintessenciée dont la Germanie s'honore de posséder le monopole. Cette érudition, profonde à force d'être obscure, possède aussi le monopole de la fatuité. On en jugera par cette citation, empruntée à un écrivain allemand, assez équitable pour faire, par hasard, l'éloge d'un livre français :

« Le livre de Renouard, sur la *Vie des Aldes Manuces*, est écrit avec tant de sagacité, de solidité et de consciencieuse exactitude, *qu'on pourrait croire qu'il a été fait par un Allemand.* » (*Le Bibliophile Français*, n° de mars 1873.)

mérite qui revient au Pape, nous le voulons bien ; que dans l'enthousiasme, les uns aient voulu lui créer une généalogie et une filiation perdues dans les brumes épiques, tandis que d'autres lui décernaient des titres de vénérabilité et de sainteté que l'Eglise n'a pas encore ratifiés, nous reconnaissons ces exagérations. Dans le recul des siècles, la figure de Pierre a subi un grandissement qui a faussé peut-être certaines proportions. Mais une exagération a-t-elle jamais légitime une exagération opposée ?

Pour nous, après étude approfondie, nous restons fidèle au Pierre l'Ermite de la tradition. Pierre est ce que l'Histoire sereine le montre. Sa stature, même dépouillée des arabesques légendaires, est toujours belle.

Les attaques anglaises et allemandes ne sont pas parvenues, à notre avis, à déboulonner la colonne du haut de laquelle le moine français répète le cri de : *Dieu le veut !*

CHAPITRE V

Préliminaires du Concile. — Synode de Plaisance. — Entrée d'Urbain II en France. — Itinéraire du Pape. — Vezelay et Le Puy choisis d'abord pour le siège de l'assemblée conciliaire. — Indiction du Concile à Clermont. — Voyages et travaux d'Urbain avant l'ouverture des séances.

Nous sommes en l'année 1095. Urbain II est dans toute la vigueur de sa verte intelligence. Il fait face à la fois à toutes les difficultés de sa mission. Sous sa main d'habile nautonnier, la barque de Pierre, violemment secouée, évite avec bonheur les écueils.

Dans sa collection des *Cardinaux français* (1), Duchesne a donné une place au portrait du Pape. Assurément, cette gravure exécutée sur une peinture conservée à Rome, n'a pas la prétention de reproduire avec une absolue exactitude la physionomie de l'immortel initiateur des Croisades. Telle qu'elle est, néanmoins, elle consacre le type reçu. Il est assez rare d'ailleurs qu'en ce qui concerne les lignes générales de la figure, un type accepté par la tradition puisse s'écarter de la vérité.

La tête est large au sommet ; elle s'amincit rapidement et se termine presque en pointe au menton. Le front ample, découvert, est comme labouré de trois ou quatre rides profondes. Le nez, fort, est droit. Les yeux expriment la fermeté. Comme contre-poids, les lèvres, un peu épaisses, respirent la bonté. Les cheveux sont coupés en forme de couronne, suivant l'usage monastique. La barbe ombrage la lèvre supérieure ; elle

(1) Cette collection a paru en 1660.

va, en s'évasant, rejoindre le *collier* qui part des tempes et passe sous le menton. Les muscles font saillie sur les joues émaciées et creuses. L'ensemble dénote l'austérité, la réflexion, le calme dans la force, l'intrépidité réfléchie, la suite dans les conceptions et la fermeté dans l'exécution. En un mot, c'est une de ces figures sculpturales dont le ciseau du moyen-âge a peuplé les dais et les voussures de nos cathédrales, et qui s'harmonisent si parfaitement avec le silence grave de ce que Montaigne appelle la vastité sombre des monuments religieux.

Le prélude de l'entrée en campagne d'Urbain II fut le synode de Plaisance (1er mars 1095).

Les actes officiels du Concile ne nous ont pas été conservés (1). 400 archevêques, évêques ou abbés, 4,000 clercs, 30,000 laïcs y assistaient. Aucune église ne put contenir la foule; l'assemblée eut lieu sur une place de la ville. La France y fut représentée par un cortège d'hommes éminents. On y constata la présence des métropolitains Raoul d'Orléans, archevêque de Tours, Aldebert de Bourges, Pierre d'Aix, Guillaume d'Auch, Amat de Bordeaux. Dans la liste des abbés, nous distinguons Ponce, de La Chaise-Dieu (2).

Les ambassadeurs du roi de France, Philippe Ier, parurent pour déclarer que leur maître, désirant se faire relever de l'excommunication portée contre lui par le synode d'Autun, à la suite de son union adultère avec Bertrade de Montfort, ne pouvait se rendre au Concile pour différents motifs retardant son départ, et qu'en conséquence il priait le seigneur Pape de lui accorder un délai. Usant de sa longanimité habituelle, Urbain accéda à la demande de sursis (3).

---

(1) V. Labbe : *Concil.*, vol. x. col. 503.
(2) V. Bernold : *Chroniques* (Patr. lat. Migne).
(3) Philippe Ier, vaincu à Cassel, avait épousé Berthe, fille de Robert de Flandre, son vainqueur. De cette union, longtemps heureuse, naquit quatre enfants. Un jour vint, disent les *Grandes chroniques de France*, où « dégoûté de Berthe, le roi la fit jeter en prison pour s'abandonner à la luxure qui par trop était honteuse chose à si grand homme. »
Philippe s'éprend de Bertrade, fille de Simon de Montfort et femme de Foulques le Réchin. En dépit de la réprobation générale, la passion du

Il n'en fut pas ainsi pour Henri IV. Frappé d'anathème, il vit ses partisans se lasser des caprices de son caractère changeant et de ses promesses jamais réalisées. On renouvela aussi les censures précédemment infligées aux erreurs des Nicolaïtes sur le célibat ecclésiastique et de Beranger sur l'Eucharistie.

Mais ces questions, bien que relativement importantes, pâlissaient devant l'affaire dont les esprits étaient pénétrés. La Croisade dominait les débats et les résolutions. Les députés de l'empereur de Constantinople attiraient tous les regards. Sous leurs vêtements aux couleurs brillantes, ces délégués portaient la guerre. Une vague odeur de combats flottait dans l'air et enivrait les foules fiévreuses.

« Une députation envoyée par Alexis Comnène, dit Bernold, devait se présenter au synode dans le but de prier le seigneur Pape et les fidèles du Christ d'accourir au secours de l'église d'Orient, menacée de ruines par les païens, dont l'avant-garde campait sous les murailles de Byzance. Le seigneur Pape accueillit leur requête. S'adressant à la foule, il lui recommanda la détresse des chrétientés d'Asie (1). »

Nous aimerions à lire, soit les discours d'Urbain, soit les missives de l'empereur. Ces documents ont péri ou du moins sont encore ensevelis dans des archives ignorées. On

---

roi grandit. Il fallut les menaces d'abord, puis les censures de l'Eglise, pour mettre une limite aux conséquences d'un tel dérèglement.

« Jamais, a écrit excellemment Joseph de Maistre, les papes et l'Eglise ne rendirent de service plus signalé au monde, que celui de réprimer, chez les princes, les atteintes aux lois sacrées du mariage. La sainteté du lien conjugal, base du bonheur public, est surtout de la plus haute importance dans les familles royales, où les excès contraires ont des suites incalculables. Si, dans la jeunesse des nations septentrionales, les papes n'avaient pas eu moyen d'épouvanter les passions souveraines, les princes, de caprice en caprice et d'abus en abus, auraient fini par établir en loi le divorce et peut-être la polygamie ; et ce désordre se répétant, comme il arrive toujours, jusque dans les dernières classes de la société, aucun œil ne saurait plus apercevoir où se serait arrêté un tel débordement. » (Du Pape, liv. II, c. 6.)

V. aussi Gosselin : *Pouvoirs des Papes sur les souverains du moyen-âge.*

(1) Bernold, *loc. cit.*

peut toutefois se faire une idée des supplications impériales, d'après la lettre adressée par Comnène aux princes d'Europe et en particulier à Robert, comte de Flandre. Cette lettre, dont Guibert de Nogent signale l'existence, Martène en aurait retrouvé le texte perdu, dans deux manuscrits, l'un du monastère de Saint-Aubin, l'autre du monastère de Saint-Evroule (1).

Nous en traduisons ici les passages essentielles (2) : « Au seigneur et glorieux comte de Flandre, Robert, à tous les princes des royaumes d'Occident, à tous les fidèles de la religion chrétienne, tant clercs que laïcs, l'empereur de Constantinople, salut et paix en Jésus-Christ, Notre-Seigneur, en Dieu le Père, et en l'Esprit-Saint. Comte très magnifique, illustre soutien de la foi, c'est à votre prudence que je m'adresse spécialement pour faire connaître en Europe la situation lamentable des chrétiens d'Orient et du très saint empire grec, envahis, ruinés, couverts de sang et d'opprobres par les Turcs et les Petchénèques. Les horreurs que j'aurais à raconter dépassent l'imagination ; le peu que j'en dirai fait frémir. Les barbares saisissent les jeunes chrétiens, les traînent dans nos églises profanées, leur infligent la circoncision dans les baptistères, les forcent à souiller d'ordures le lieu où jadis ils furent régénérés dans l'eau sainte et à blasphémer l'adorable Trinité, dont le signe fut marqué sur leur front. Ceux qui refusent sont livrés aux plus affreuses tortures, et, en dernier lieu, massacrés. Les mères, en présence de leurs filles, les filles sous les yeux de leurs mères, sont livrées à la brutalité de nos infâmes vainqueurs, et les malheureuses victimes, contraintes sous peine de mort, de chanter d'abominables refrains, en attendant le dernier des outrages. Sodome seule a vu des crimes pareils. Aucun âge, aucun sexe, aucune condition n'est à l'abri de leurs souillures : Enfants, adolescents, vieillards, nobles et esclaves, clercs et

---

(1) Martène : *Thes. anecd.* I. 267. — V. Patr. lat. t. CLV, col. 466.
(2) Pour le texte latin, nous renvoyons le lecteur à l'Appendice.

moines, évêques même. Hélas ! forfait inouï dans la série des siècles, nous avons vu un évêque mourir de cette horrible mort. Depuis Jérusalem jusqu'aux régions européennes de la Thrace, tout ce qui fut jadis l'empire grec, la Cappadoce, la Phrygie, la Bithynie, la Troade, le Pont, la Galatie, la Lybie, la Pamphylie, l'Isaurie, la Lycie, les grandes îles de Chio et de Mitylène, Lesbos, tout, enfin, est tombé au pouvoir de ces barbares ; il ne me reste plus que Constantinople. Encore si Dieu et les fidèles latins ne viennent promptement à notre secours, Constantinople même aura-t-il bientôt succombé. Déjà, en effet, avec deux cents navires construits et manœuvrés par des prisonniers grecs, les Turcs se sont rendus maîtres de la navigation du Pont-Euxin et de la Propontide ; ils viennent attaquer notre capitale par terre et par mer. Au nom de Dieu, par pitié pour tous les chrétiens d'Orient, nous vous en conjurons, très magnifique Comte, armez, pour notre cause, tous les fidèles guerriers du Christ, grands et petits, chevaliers et simples soldats ; mettez-vous à leur tête et venez à notre secours. En ces dernières années, la bravoure des chevaliers chrétiens a arraché la Galice et les autres provinces d'Espagne au joug des Musulmans ; qu'ils tentent aujourd'hui la délivrance de l'empire grec. Pour moi, tout empereur que je suis, il m'est impossible de résister aux Turcs et aux Petchénèques. Refoulé d'une ville à l'autre par leur invasion formidable, je ne séjourne dans une forteresse que pour y attendre leur arrivée et leur échapper par la fuite ; or, j'aime mieux rendre Constantinople aux Latins que de la voir saccagée par ces barbares.

» Ici sont réunis les plus précieuses reliques de la Passion, la colonne où le Seigneur fut attaché pour la flagellation, le fouet teint de son sang, le manteau de pourpre dont il fut revêtu, la couronne d'épines qui déchira son front, le roseau placé dans sa main en guise de sceptre, les vêtements dont il fut dépouillé sur le Calvaire, la portion la plus considérable du bois sacré de la Croix, les clous dont le Sauveur eut les pieds et les mains percés, les linceuls trouvés dans le sé-

— 50 —

pulcre après la résurrection ; nous conservons les douze corbeilles qui furent remplies de pain miraculeusement multiplié quand Jésus nourrit la foule au désert ; nous possédons le chef de saint Jean-Baptiste, préservé jusqu'ici de toute altération et ayant encore les cheveux et la barbe ; des reliques et même quelques corps entiers des saints Innocents, des prophètes, des apôtres, du premier martyr saint Etienne, d'une foule d'autres saints martyrs, confesseurs, vierges, dont la liste seule serait plus longue que cette lettre ; ces trésors inappréciables doivent rester aux chrétiens ; nous ne voulons pas les abandonner aux profanations des infidèles ; en dehors de ces richesses spirituelles, Constantinople renferme à elle seule plus d'or peut-être qu'il ne s'en trouverait dans le reste du monde ; diamants, perles, pierreries, métaux rares, ornements de tout genre, nos églises en sont pourvues dans une proportion qui pourrait enrichir tous les temples de la chrétienté ! A lui seul le trésor de l'église de Ste-Sophie dépasse tout ce qu'on peut imaginer; sans aucun doute celui du temple de Salomon ne l'égalait pas. Je ne parle point de l'opulence des familles sénatoriales quand de simples commerçants, chez nous, sont riches à ne pouvoir calculer leur fortune ; les palais impériaux renferment, accumulées sous leurs voûtes, non seulement les richesses des empereurs de Constantinople, mais celles des Césars de la vieille Rome. Accourez donc avec toute votre nation, vos guerriers, vos soldats ; ne laissez point de pareils trésors à la rapacité des Turcs et des Petchénèques. Si jamais tant d'or se trouvait entre leurs mains, qui sait s'ils ne trouveraient pas un moyen de conquérir l'univers entier ? C'est avec l'or, plus qu'avec la force des armes, qu'autrefois César fit la conquête des Gaules. A la fin des temps, quand l'antechrist subjuguera l'univers, ce sera encore son moyen de séduction. Hâtez-vous donc, si vous ne voulez voir anéantir les royautés chrétiennes et, ce qui serait plus douloureux encore, perdre à jamais le tombeau du Christ (1). »

(1) Le texte publié par Dom Martène ne contient point la phrase contre laquelle Guibert de Nogent se récrie avec justice. Dans cette phrase,

Un tel langage devait être facilement compris. Il était évident que si les Turcs parvenaient à s'emparer de Constantinople, l'Europe chrétienne était à deux doigts de sa perte. En effet, les vainqueurs ne tarderaient pas à se jeter sur la Bulgarie et la Hongrie et à s'y établir à la faveur des divisions qui troublaient ces pays. Epiant l'occasion favorable, les hordes mahométanes traverseraient le Danube et rien ne résisterait à cette formidable poussée. Enfin, dans un élan suprême, auquel seraient conviés les Maures d'Espagne, elles inonderaient la France, impuissante à résister au courant asiatique, débordant à la fois sur deux frontières. L'Italie serait une vaine barrière, et le cheval arabe, suivant une menace célèbre, brouterait l'herbe sur le tombeau désert de l'apôtre saint Pierre. Il importait donc souverainement que la digue byzantine ne fût pas rompue (1).

l'empereur Alexis ne craignait point, pour entraîner les princes d'Europe, de faire appel à l'amour des plaisirs faciles. Il rappelait que la beauté des femmes de l'Orient a été de tout temps célèbre et, qu'en venant lui prêter main forte, les guerriers d'Occident pourraient à l'aise, dans la multitude des sérails, satisfaire leurs goûts. Bien que, sur les rives du Bosphore, on ait, sur la morale, et surtout sur sa pratique, des théories assez larges, cet argument, par trop oriental, ne laisse pas que de surprendre. Tout en récriminant, Guibert de Nogent eut bien fait de nous livrer le texte authentique. Jusqu'ici les auteurs modernes ont accepté le fait sans se demander si la lettre impériale renfermait le passage en question. On voit que les manuscrits consultés par Martène ne disent rien de semblable. Toutefois, une difficulté se dresse ici. Ces manuscrits ont-ils pour eux tous les caractères voulus d'authenticité. Pour plusieurs le doute s'impose. Quoi qu'il en soit, nous pensons qu'il faut décharger de ce chef la mémoire de l'empereur Alexis. La prudence la plus vulgaire, l'habileté la moins byzantine lui eussent fait un devoir de n'invoquer aucun motif de ce genre dans une pièce officielle, envoyée à tous les princes de l'Europe. Il eut irrité, sans raison, le Pape et le clergé, et il eut, évidemment, abouti à un résultat très opposé à celui qu'il désirait. Agir autrement eût été fort peu grec. Alexis était un personnage peu recommandable ; mais encore faut-il lui reconnaître la finesse diplomatique propre à sa race.

(1) Nous lisons dans les publications modernes que le vaste empire musulman, travaillé par des dissensions, touchait sinon à la fin du moins à l'ère de la décrépitude. On voudrait amoindrir, par de telles assertions, le caractère héroïque des Croisades. Nous convenons que les premières tribus mahométanes avaient perdu leur ancien lustre et que, jouets de l'ambition de leurs chefs, elles vivaient dans cet énervement qui est le symptôme de la désagrégation. Mais les Turcs avaient surgi à l'horizon

Contrairement aux apparences, la Croisade tint le premier rang dans les délibérations du concile de Plaisance. Néanmoins, elle n'y fut point résolue. Toujours avisé et prudent, Urbain sentait, à merveille, que le terrain italien n'était point propice au développement de l'entreprise. Nation marchande, l'Italie ne comprenait alors l'idéal qu'à travers les préocupations du négoce. Le seul peuple capable de saisir la pensée chevaleresque des Croisades était ce peuple français qui ne marchande jamais ses ardeurs et son héroïsme.

La détermination pontificale, favorable à la France, n'est acceptée qu'avec peine, on le conçoit, par les historiens anglais et allemands ; ils en recherchent les raisons politiques et se livrent, à ce sujet, à des dissertations sans fin. Pour les uns, Urbain, étant Français, devait naturellement se tourner vers sa patrie. Pour les autres, il tardait au pouvoir spirituel, grisé par ses succès, de se mesurer avec le pouvoir civil dont Philippe Ier était le représentant avili. Toutes ces suppositions, rejetées par la critique, dissimulent mal les étroites jalousies nationales. L'anglais Shakespeare, plus impartial, n'hésite pas à appeler la France le *soldat de Dieu*. Ce titre, la France l'a conquis par son caractère fait de générosité et de désintéressement, et par son histoire remplie de glorieux exploits inspirés par le plus élevé spiritualisme. Le sourire de Clotilde illumine le berceau de la royauté française ; Charlemagne agrandit et dessine avec son épée les limites du pouvoir temporel des papes ; le marteau d'un autre Charles ébrèche le croissant et le cimeterre musulman. Est-il, dans le monde, un autre peuple pouvant fournir, avec plus de vérité, ce titre du beau livre qui va s'écrire : *Gesta Dei per Francos ?* (1)

---

du monde arabe, et ce peuple, altéré de conquête et de sang, résumait, en l'amplifiant, tout le fanatisme oriental. Venus les derniers au foyer de Mahomet, les Turcs s'emparèrent bien vite de la tente, du festin, de tout l'héritage et particulièrement de la lance et du cimeterre.

(1) Guibert de Nogent fait ici une réflexion très judicieuse.

« Le pape Urbain, dit-il, était un fils de l'illustre nation des Francs ; les instances et les prières de l'empereur grec Alexis Comnène l'avaient d'autant plus impressionné que l'invasion musulmane menaçait l'Europe

Familiarisé avec le maniement des peuples, Urbain a compris. Sa parole, c'est aux chevaliers français à l'entendre et aux échos français à la redire.

Le synode de Plaisance se termina par l'annonce d'un Concile, en France, où la guerre sainte serait enfin décrétée. L'enthousiasme populaire fut grand. Venise, Pise, Gênes, les cités maritimes de l'Apulie et de la Sicile promirent leurs flottes. Bohémond et Tancrède s'engagèrent à partir.

Le IV des ides d'avril (10 avril 1095), le Pape fait son entrée solennelle à Crémone où Conrad vint à sa rencontre et l'introduisit dans la ville, en tenant à la main, comme un simple écuyer, la bride du cheval que montait le Pontife. En reconnaissance, celui-ci se préoccupa de ménager au jeune roi une alliance destinée à assurer sa suprématie dans la péninsule, et il négocia, à cet effet, le mariage du prince avec la

---

elle-même, et qu'on savait, par les cruautés des Sarrasins en Espagne, le sort réservé aux vaincus par les farouches soldats de Mahomet. Ce fut en France que le Pontife vint chercher du secours contre les infidèles. La tradition du siège apostolique n'a jamais varié sur ce point. Les papes Etienne et Zacharie, à l'époque de Pépin-le-Bref et de Charlemagne, avaient eu recours à la France. Entre toutes les autres nations, celle-ci s'est toujours montrée la plus soumise, la plus dévouée au bienheureux Pierre, prince des apôtres ; jamais elle n'a imité la téméraire audace des peuples qui se révoltent contre Dieu, sous un faux prétexte de liberté. Depuis longtemps nous avons vu l'empire teutonique, par je ne sais quelle barbare obstination, résister à l'autorité des Pontifes successeurs du bienheureux Pierre et préférer la mort dans les liens d'un éternel anathème à la soumission due par les chrétiens au siège apostolique. L'année dernière, je m'entretenais avec un archidiacre de Mayence de cet esprit d'insubordination de l'Allemagne, il me disait : « Votre Roi, vos Princes, vous tous, vous n'êtes plus des Français ! » Et il en trouvait la preuve dans l'accueil fait chez nous au pape Pascal II, lors de sa récente visite dans notre pays. « Si nous sommes à ce point dégénérés, lui répondis-je, comment se fait-il que les Français, à l'appel d'Urbain II, ont, par leur bravoure invincible, repoussé l'invasion des Turcs. Vous autres, Teutons, on ne parla point alors de vos faits d'armes ; sans les chevaliers du royaume de France que vous insultez aujourd'hui, votre empire teutonique, anéanti par la barbarie musulmane, aurait cesser d'exister. » Oui, Dieu avait, entre toutes les nations, prédestiné les Français à une triple gloire : la fidélité à la religion, la vaillance dans les combats, la loyauté du caractère. Leur nom est devenu synonyme de franchise ; si l'on rencontre cette loyauté chez un Breton, un Anglais, un Italien, on dit, pour en faire l'éloge : c'est un homme franc. » (Guibert ; Ed. Bongars, p. 472.)

fille de Roger, comte de Sicile. De Crémone, Urbain se rend à Milan où il passe le mois de mai en entier. Il y réconcilie avec l'Eglise l'archevêque Arnulf, créature de l'ex-empereur Henri IV, et il reçoit les ambassadeurs de Guillaume-le-Roux, roi d'Angleterre, chargés de ranger désormais leur maître sous l'obédience pontificale.

A la fin de mai, Urbain est à Côme, où il consacre, le 3 juin, la nouvelle cathédrale, construite sous le vocable de saint Abundius. De là il passe à Verceil, à Pignerol et à Asti, prêchant partout la paix entre les chrétiens, unis, dans un même élan, contre les Musulmans. Asti semble avoir été sa dernière étape en deçà des monts. Nous l'y trouvons encore le 1er juillet. Ayant ainsi parcouru l'Italie septentrionale, le Pape se dirige vers la France. D'après le chroniqueur Bernold, il aurait choisi la voie de mer; Albert d'Aix contredit formellement cette assertion et affirme qu'il prit la voie de terre (1). Le silence des chroniques françaises nous paraît décisif sur ce point; nos écrivains n'eussent pas manqué de nous faire connaître l'itinéraire pontifical si les villes maritimes de la Provence avaient eu l'honneur de recevoir le Chef de l'Eglise.

A cette époque de l'année (mois de juillet), il n'y avait aucun inconvénient ni aucun danger à s'engager à travers les défilés des Alpes.

On sait que tout le moyen-âge a cheminé sur les voies romaines. De nos jours encore les ingénieurs utilisent l'assiette de ces grandes artères, fixées avec une connaissance parfaite des reliefs topographiques.

Or, dès les temps romains, cinq routes principales mettaient l'Italie en communication avec la France ; c'étaient :

la route du littoral ou de la corniche ;

la route qui aboutissait au Simplon ;

la route qui atteignait le Grand Saint-Bernard ;

celle qui se soudait au Petit Saint-Bernard ;

et, enfin, celle qui s'amorçait au mont Genèvre. Ce dernier

---

(1) *Transactis Alpibus* (Albert d'Aix, édit. Bongars, p. 185).

chemin comptait parmi les plus connus et les plus fréquentés. Il partait de Milan, passait à Pavie, à Turin, à Suze, escaladait le mont Genèvre, descendait à Briançon, desservait Gap, Grenoble, Cularo et Valence (1).

Urbain, escorté des trois compagnies d'hommes à cheval, que lui fournissait, à titre gracieux, la ville de Bologne (2), franchit les Alpes, probablement au mont Genèvre, et se trouva à Valence le 5 août.

De cette ville, le Pape se rend au Puy, cité de Sainte Marie. *Civitas Sanctœ Mariœ*, comme l'appelle Albert d'Aix (3). Il y est attiré sans doute par la célébrité du pèlerinage et par la renommée de l'évêque du lieu. Adhémar de Monteil, issu d'une noble famille de Valentinois, avait commencé sa carrière par les armes ; rompant avec des espérances brillantes, il était entré dans les Ordres et avait succédé, sur le siège du Puy, à Etienne de Polignac. Prélat de haute vertu, de rare distinction et d'un mérite universellement reconnu, il avait été remarqué par le Chef de l'Eglise, qui se promettait d'attirer à lui, pour l'accomplissement de ses vastes projets, ce caractère généreux et cette intelligence supérieure (4).

Urbain s'étant donc présenté aux abords de la ville du Puy, entouré des cardinaux et des prélats de sa suite, auxquels s'étaient joints les archevêques de Lyon, de Bourges, de Bordeaux, et les évêques de Cahors, de Grenoble et de Clermont, Adhémar de Monteil vint au devant de lui et l'introduisit dans l'église angélique par une porte que l'on pratiqua à cette occasion, dans l'épaisseur des murs, et que l'on mura aussitôt après par respect pour le Vicaire de Jésus-Christ, afin qu'elle

---

(1) Consulter : M. C. Lenthéric, ingénieur en chef des Ponts-et-Chaussées : *Les villes mortes du golfe de Lyon ; la Grèce en Provence ; Histoire d'un fleuve, le Rhône*.

(2) V. *Historia Bononice* et *Vie d'Urbain* par Adrien de Brimont. Etant donné l'élasticité du terme : compagnie, nous ne pouvons connaître avec exactitude le nombre d'hommes armés composant le détachement.

(3) *Hist. Hierosol.* ; édit. Bongars, p. 185.

(4) V. le *Gallia christiana* et l'*Histoire du Languedoc* de Dom Vaissette.

ne s'ouvrît désormais que sur les pas des Pontifes œcuméniques, ses successeurs.

Le lendemain, Urbain célébra en grande pompe la fête de l'Assomption, plaçant sous le patronage de « l'Auxiliatrice du peuple chrétien, » le succès de ses desseins. Jusque-là, le lieu et l'époque fixe du Concile restaient incertains.

Au dire de Guillaume de Tyr, on aurait eu la pensée de convoquer l'assemblée à Vézelay, l'un des points les plus centraux et les plus accessibles du royaume (1). On songea ensuite à la ville même du Puy. On se rabattit enfin sur Clermont. Quels furent les motifs déterminant de ces hésitations ? Vézelay était trop directement sous la dépendance du roi de France ; dans cette localité il y avait à redouter, de la part du monarque excommunié, un coup de main, ou tout au moins des intrigues capables d'entraver la liberté des Pères conciliaires (2). En ce qui concerne Le Puy, Dom Ruinart avance qu'aucun préparatif n'avait été fait, dans cette cité, en vue de l'honneur qui allait lui échoir. Cette allégation est puérile. Il est surprenant que le savant bénédictin ait cru devoir la recueillir et la répéter. Aucune ville n'ayant été encore désignée, les préparatifs n'avaient été entrepris nulle part. A ce point de vue, Clermont était sur le même pied que Le Puy. Les historiens de N.-D. du Puy, antérieurs à Dom Ruinart, se sont imaginé que le Pape avait eu le projet d'ouvrir le Concile dès son arrivée dans le Velay et que s'il changea d'avis ce fut pour donner aux évêques convoqués le temps de se rendre au lieu assigné. Cette allégation est encore enfantine. Le Pape ne pouvait pas concevoir l'idée de présider un synode, à l'improviste, en dehors des formes requises et sans avertissement préalable communiqué aux intéressés.

(1) « *Concilium generale, prius apud Vigiliacum, deinde apud Podium convocare disposuit.* Il décida de convoquer le Concile d'abord à Vézelay, ensuite au Puy. » (Guillaume de Tyr ; édit. Bongars, p. 639.)

(2) Vézelay, célèbre au moyen-âge par son abbaye de sainte Madeleine, est situé dans le département de l'Yonne. Saint Bernard y prêcha la deuxième Croisade.

Le Puy est perdu, dit-on encore, dans un enchevêtrement de rochers. Il est, en outre, bâti sur une colline abrupte. Son enceinte était trop étroite, ses pentes trop raides, ses ressources trop précaires, pour recevoir, contenir et alimenter les foules. Clermont, par sa position merveilleuse sur les bords plantureux de la Limagne, offrait toutes les conditions désirables. Que cette considération ait pesé d'un certain poids sur l'esprit d'Urbain, nous l'admettons volontiers, mais qu'elle ait suffi à elle seule à entraîner sa détermination, nous ne le croyons guère. L'histoire prouve que les Conciles se sont laissés rarement effrayer par les difficultés de la topographie. Le Concile tenu à Trente, au sein d'une région hérissée de montagnes, en est une preuve convaincante.

Clermont, ajoutent plusieurs historiens, relevait de ses comtes héréditaires et de son évêque. Par là, il présentait de réelles garanties contre les menées du roi et contre ses armes. L'argument est sans consistance. En 1095, la ville du Puy dépendait également de son évêque (1). Adhémar de Monteil n'était pas, certes, homme à fléchir. Près de lui, le synode aurait poursuivi ses délibérations en toute sécurité.

On le voit, les raisons indiquées ne résistent point à l'examen. Les recherches auxquelles nous nous sommes livré, pour élucider le problème, sont restées sans résultat.

Le soir même de cette journée de l'Assomption, Urbain datait du Puy les lettres apostoliques portant indiction, dans la cité d'Auvergne, d'un Concile de toutes les provinces occidentales de l'Europe, pour l'octave de la prochaine fête de saint Martin, dimanche 18 novembre 1095. Le texte de ces lettres de convocation est perdu. Par différentes voies, nous pouvons juger de l'insistance que mettait le Pape dans son appel à la catholicité. Dom Ruinart rapporte la lettre pressante adressée à Lambert, évêque d'Arras (2). De semblables missives furent, selon toute apparence, envoyées, sinon

---

(1) Note communiquée par M. Vernière, président de l'Académie de Clermont.
(2) V. à l'Appendice.

à tous les évêques, du moins à tous les métropolitains et aux principaux seigneurs laïcs.

De toute part on déploie une activité extrême pour préparer les esprits aux solennités conciliaires.

Durand, évêque de Clermont, se multiplie afin de mettre la ville, siège de sa juridiction, en état de recevoir ses hôtes.

Urbain parcourt le Midi et le Centre de la France, tandis que Pierre l'Ermite franchit à pas de géant les provinces du Nord.

Elles sont toujours merveilleuses ces chevauchées de l'ermite ; elles tiennent de la légende par leur soudaineté et leurs résultats.

Dans une page souvent citée, Guibert, moine de Nogent, nous en retrace un tableau très vivant, dont certains traits, légèrement caustiques, n'étonneront pas le lecteur lorsqu'il saura que le chroniqueur nourrissait une secrète jalousie à l'égard du chevalier improvisé, qui avait le tort, à ses yeux, de n'être pas un moine à la manière classique. Les enthousiasmes de Guibert vont directement à Urbain, moine de Cluny. Assurément, le Pape en est digne ; de son côté, Pierre a ses mérites, et ce n'est pas diminuer la gloire du Chef que de les reconnaître.

« Nous vîmes un certain Pierre, parcourant les villes et les bourgs, dit Guibert, et prêchant partout ; le peuple l'entourait en foule, l'accablait de présents, et célébrait sa sainteté par de si grands éloges, que je ne me souviens pas que l'on ait jamais rendu à personne de pareils honneurs. Il se montrait fort généreux dans la distribution de toutes les choses qui lui étaient données. Il ramenait à leurs maris les femmes détournées de leurs devoirs, non sans y ajouter lui-même des dons, et rétablissait la paix et l'intelligence entre ceux qui étaient désunis, avec une merveilleuse autorité. En tout ce qu'il faisait ou disait, il semblait qu'il y eût en lui quelque chose de divin, en sorte qu'on allait jusqu'à arracher les poils de son mulet pour les garder comme reliques : je ne prétends point justifier une telle exagération, mais elle prouve l'élan du vulgaire toujours avide de nouveauté. Nu-pieds, une tunique de laine sur la peau, sur les épaules une cuculle qui lui descendait jusqu'aux talons et, sur le tout, un manteau de bure, tel était son costume. Il ne mangeait que du pain ; à grand'peine on le forçait quelquefois d'accepter du poisson et du vin (1). »

« Les seigneurs et les sages du siècle, ajoute Robert-le-Moine, le tenaient en affection. Sa sainteté le plaçait dans l'opinion publique au-dessus des évêques, abbés ou clercs ; son abstinence rappelait celle des prophètes : elle faisait ses délices (2). »

« Il portait à la main une croix, dit l'auteur de l'*Historia belli sacri*, et la présentait comme l'étendard de la guerre sainte (3). »

Certains n'ont voulu voir dans les succès de l'ermite que le produit de la singularité de ses mœurs jointe à l'étrangeté de son costume. Nous croyons pouvoir assigner trois causes

---

(1) « Urbes et municipia prædicationis obtentu circumire vidimus ; tantis populorum multitudinibus vallari, tantis muneribus donari, tanto sanctitatis præconio conclamari, ut neminem meminerim similem honore haberi. Multa enim fuerat, ex his quæ sibi dabantur, dilargitione liberalis : prostitutas mulieres non sine suo munere maritis honestans, in discordibus ubique paces et fœdera, mirâ auctoritate, restituens. Quidquid agebat namque, seu loquebatur, quasi quiddam subdivinum videbatur, præsertim cum etiam de ejus mulo pili pro reliquiis raperentur : quod nos non ad veritatem, sed vulgo referimus amanti novitatem. Lanea tunica ad purum, cucullo super utrisque talaribus, byrro desuper induebatur ; brachis minime, nudipes autem. Pane vix aut nunquam vino alebatur ac pisce. » (Edition Bongars, page 482.)

Michelet traduit ainsi cette dernière phrase : « Il ne mangeait point ou presque point de pain, et se nourrissait de vin et de poisson. » (*Hist. de France.*) La traduction n'est-elle pas inexacte ? La difficulté gît dans la ponctuation, ce terrible cauchemar des éditeurs aux prises avec les anciens manuscrits dépourvus de points et de virgules. Robert-le-Moine semble donner raison à Michelet, pour le fonds du moins, dans ce passage de sa chronique : « *Nec pane nec carne vescebatur, sed tamen vino aliisque cibis omnibus fruebatur.* » (Edit. Bongars, page 32.)

(2) « *Qui apud illos qui terrena sapiunt magni œstimabatur, et super ipsos præsules et abbates apice religionis efferabatur.* (Robert-le-Moine ; édit. Bongars, page 32.)

(3) Cité par Baronius, *Museum ital.*

à ce prodigieux triomphe : les conditions favorables de l'atmosphère ambiante, la sincérité du prédicateur, ses austérités.

Pierre résumait les aspirations de ses contemporains, remuants, avides d'émotions. Il était la voix de tout ce qui vibrait autour de lui, l'âme des désirs de son temps.

Dans son action, il apportait la vivacité de sa foi généreuse, servie par des ressources nombreuses d'éloquence populaire. S'il n'eût possédé que la bizarrerie de son costume, les populations ne l'eussent accueilli qu'avec une surprise qui se serait rapidement transformée en moquerie. L'engouement du peuple est prompt ; prompte aussi est sa désillusion. Il est de toute évidence qu'un homme, ainsi entouré d'admiration, savait étayer sa célébrité de multiples moyens oratoires et qu'il s'imposait par la force d'une intelligence très élevée (1).

Enfin, la vie intime de l'ermite était à l'unisson de ses sentiments chrétiens. A l'aspect de ces joues hâves, de ces yeux brillants de fièvre, de cette barbe inculte et *florie*, pour nous servir du mot d'un chroniqueur (2), de ce corps desséché par les mortifications et par la fatigue de courses incessantes (3), les villageois et les colons donnaient libre essor à leur émotion et écoutaient, sans arrière-pensée, une parole qui leur paraissait divine.

Les historiens ne nous donnent le nom d'aucune des localités visitées par « l'agitateur (4). » Nous pensons qu'il se borna aux régions septentrionales de la France et qu'il n'alla point, ainsi qu'on l'a insinué, ni en Ecosse, ni en Allemagne. Le temps matériel lui eût fait défaut (5).

---

(1) *Petrus, spiritus acer* (Chronique de Raoul de Caen : *Gesta Tancredi*, édit. Martène).

(2) Roman en vers intitulé *Godefroy de Bouillon : Dist Pières lythermites : par ma barbe florie !*

(3) *Facies macilenta* (Raoul de Caen), *loco cit.*

(4) V. *Pierre l'Ermite et les Croisades*, par Michel Vion, ancien professeur de l'Université, chef d'institution à Amiens, 1853.

(5) Les voyages de l'Ermite, doit-on les placer avant le Concile de Clermont, immédiatement après la visite faite au Pape, ou seulement

De son côté Urbain visitait le Midi. Le 18 août, il est au monastère de La Chaise-Dieu, fondé 44 ans auparavant, par Robert, chanoine de Brioude. Le 23 août, il est au Castrum de Romans où il juge des conflits de juridiction. De là, il se rend à Valence où il préside à la dédicace d'une de ces cathédrales que la foi de l'époque sème avec profusion sur toute la surface du monde chrétien.

Le 1er septembre, il franchit le seuil de l'abbaye de Saint-Gille, près de Nîmes ; le 11 du même mois, il pose, à Tarascon, la première pierre du monastère de Saint-Nicolas. Du 12 au 13, il séjourne à Avignon, la future cité des papes, et, le 19, il date, de Saint-Paul-trois-Châteaux, une bulle portant confirmation du nouvel ordre religieux des Antonins (1).

A la fin du mois, il remonte le Rhône, s'arrête à Vienne, et, aux premiers jours d'octobre, entre à Lyon, où siège Hugues, son légat en France. Parti de Lyon le 17 octobre, il se rend à Cluny, en passant par Mâcon. Cluny ! ce nom rappelait au Pontife les plus doux souvenirs de sa jeunesse et les années les plus sereines de sa vie. Hugues, le maître et l'ami vénéré, vivait encore. Il allait le revoir et se jeter dans ses

---

après le Concile de Clermont. L'école allemande qui s'acharne à restreindre la mission de Pierre, opte pour la seconde opinion. Les raisons qu'elle allègue sont loin d'être concluantes. Nous acceptons, en ce qui nous concerne, la tradition. Pour nous, l'Ermite débuta, dans sa voie, lorsque la pensée du Pape lui fut connue. Nous nous appuyons ici sur Guillaume de Tyr. Sans doute, ces voyages ne constituaient pas une proclamation officielle de la Croisade, ils étaient exclusivement une préparation du terrain. Cette distinction est d'une importance capitale. L'Ermite n'empiéta point sur le souverain rôle d'Urbain ; il s'attacha à exposer la situation de la Palestine. Après le Concile de Clermont, sa prédication, on le conçoit, fut plus précise. D'ailleurs, eût-il ouvertement annoncé la Croisade que nous ne verrions rien dans ce fait qui fût de nature à porter atteinte au prestige pontifical. Ils ne sont pas rares, dans l'histoire, les exemples de ce genre, où la Papauté confie à d'autres le soin de jeter dans le sillon une idée destinée à germer.

(1) L'Ordre des Antonins avait pour but de recueillir ceux qui étaient atteints du *mal des ardents*. Ce mal, appelé également *feu de saint Antoine*, consistait dans une fièvre intense qui desséchait les membres et rongeait l'organisme entier. On mourait dans les tortures d'une soif que rien n'apaisait. L'ordre des Antonins possédait plusieurs maisons en Auvergne.

bras. Hugues travaillait sans relâche, depuis sept ans, à annexer à la célèbre abbaye cette basilique qui fit l'étonnement du moyen-âge si riche pourtant en merveilles artistiques. Les dimensions du monument n'ont été égalées depuis que par celles de Saint-Pierre *in Vaticano*. On comptait, dans œuvre, 500 pieds de long sur 110 pieds de large. 40 piliers ou colonnes supportaient les voûtes des nefs. Les colonnes du sanctuaire étaient en marbre cipolin d'Afrique et en marbre du Pentélique, veiné de bleu. La Durance et le Rhône avaient été utilisés pour le transport des blocs précieux achetés à Rome (1).

Heureux de retrouver sa famille, l'ancien « Cénobite » consacra le maître-autel de l'église et reçut le titre de bienfaiteur insigne de l'abbaye.

De Cluny, Urbain vint à Autun, les derniers jours d'octobre. Il en repartit dans la première quinzaine de novembre, se dirigeant, cette fois, vers l'Auvergne (2).

---

(1) Ad. de Brémont, *loc. cit.* La pierre servant d'imposte au portail avait 8 pieds d'épaisseur et supportait 32 figures sculptées en relief.

(2) Le tracé de l'itinéraire pontifical est très clairement fixé par la série des chartes, bulles ou lettres, datées des villes ou localités parcourues. V. Mabillon : *Annal. Bened.* ; *Gallia christiana* ; Mansi : *Concil* ; Dom Bouquet : *Recueil* ; Cocquelines : *Collect. Bull., privileg. summ. pontif.* ; Dom Ruinart : *Vita Urbani II* ; pour l'Auvergne, en particulier, M. l'abbé Chaix de Lavarène : *Monumenta pontificia Arverniæ*.

CHAPITRE VI

Le Diocèse et la Province d'Auvergne au XIe siècle. — Origines et topographie de Clermont. — L'évêque Durand. — Préparatifs en vue de la tenue du Concile.

Tandis que le Pape recevait sur son passage, dans les villes et les bourgs, les ovations les plus chaleureuses (1), l'évêque de Clermont, Durand, travaillait sans relâche à tout organiser dans sa ville et dans son diocèse, et à tout prévoir pour ne rien laisser aux hasards de l'improvisation dès que le Concile serait ouvert.

Ce pontife, originaire de la ville dont il était le chef, avait été l'un des premiers compagnons de saint Robert, fondateur de La Chaise-Dieu.

A la mort de ce dernier, arrivée en 1067, il fut désigné pour lui succéder. Dix ans plus tard, en 1077, il est promu au siège épiscopal de Clermont dans des circonstances qui font le plus grand honneur à sa mémoire. Après la mort de Rencon, 51e évêque de Clermont, deux prélats indignes s'étaient emparés de la crosse. C'était d'abord Etienne V, fils d'Armand, vicomte de Polignac, qui abandonna l'église d'Auvergne en 1073 pour usurper celle du Puy ; ce fut ensuite Guillaume de Chamalières qui trouva avantageux de se substituer à la place d'Etienne de Polignac, par l'intrigue et la simonie. Grégoire VII, qui gouvernait alors l'Eglise universelle, ayant appris de tels faits, fit déposer les deux intrus,

---

(1) « *Urbanus regni nostri fines ingrediens, tanta urbium, oppidorum, villarumque lœtitia et concursione excipitur*, etc. (Guibert de Nogent, édit. Bongars, p. 478).

dans un synode tenu, à Clermont en 1076, par son légat Hugues de Die. Dans ce même synode, Durand fut élu et sacré évêque de Clermont, sans cesser néanmoins de rester à la tête du monastère de La Chaise-Dieu dont il garda le gouvernement encore deux ans. Homme de savoir et de piété, Durand était entré en relation de lettres avec saint Anselme, prieur de l'abbaye du Bec, en Normandie, et plus tard archevêque de Cantorbéry. Les chroniqueurs nous ont conservé une lettre de l'évêque de Clermont à son éminent correspondant et la réponse de celui-ci. Dans l'une et l'autre respirent une foi et une modestie profondes (1).

Le nouvel élu s'appliqua à réparer avec soin les préjudices qu'avait pu causer à son église la conduite anticanonique de ses deux prédécesseurs. Il y réussit à tel point que son contemporain Baudric, abbé de Bourgueil, et, dans la suite, archevêque de Dol, lui rendit, en ses écrits, ce précieux témoignage « qu'à force de zèle et de religieuses industries, il était parvenu, en des temps fâcheux, à ramener l'âge d'or des premiers siècles, dans son vaste diocèse (2). »

Vaste était, en effet, le terme exact. Le diocèse de Clermont comprenait, à cette époque, toute la province d'Auvergne Haute et Basse et s'étendait, d'une part, de La Chaise-Dieu à Ebreuil, et, de l'autre, de Maurs à Souvigny. Sa superficie, plus considérable que celle du Puy-de-Dôme et du Cantal, réunissait à ces deux départements le territoire qui forme l'arrondissement de Brioude, dans la Haute-Loire, et celui qui constitue les arrondissements de Gannat et de La Palisse, dans l'Allier.

Au point de vue spirituel, l'Auvergne commençait déjà à se subdiviser en archidiaconés et en archiprêtrés. Avant le VIe siècle, il n'y avait, dans chaque église, qu'un seul archidiacre et un seul archiprêtre que l'évêque attachait à sa

---

(1) Hugues de Flavigny : *Chronique de Verdun, apud* Labbe ; Dufraisse, *Origine des Eglises de France ;* Labbe, *Concilia aquitan.*
(2) *Historia Hierosolymitana.*

personne pour le soutenir dans son administration. Dans le but d'affaiblir le pouvoir des chorévêques dont l'institution fut abolie vers la fin du viiie siècle, on multiplia le nombre des archidiaconés et des archiprêtrés. Les rapports hiérarchiques furent maintenus ; les archidiacres conservèrent toujours la suprématie.

En Auvergne, on comptait, à l'époque du démembrement opéré par le pape Jean XXII qui détacha du corps diocésain 290 paroisses environ pour en former l'église de Saint-Flour (1), sept archidiaconés et vingt archiprêtrés.

Voici la liste des archidiaconés :

Clermont,   Brioude,
Souvigny,   Saint-Flour,
Cusset,   Aurillac.
Billom,

Les archiprêtrés étaient, par ordre topographique, ceux de:

Clermont,   Saint-Flour,
Limagne,   Aurillac,
Souvigny,   Mauriac,
Cusset,   Ardes,
Billom,   Issoire,
Sauxillanges,   Merdogne,
Livradois,   Rochefort,
Brioude,   Herment,
Langeac,   Blot,
Blesle,   Menat.

Les titulaires des archidiaconés étaient pris d'ordinaire parmi les chanoines ; les archiprêtrés, toujours annexés à des cures, relevaient directement de l'évêque dont le choix restait libre en ce qui concernait la collation soit de ces dignités soit de ces bénéfices (2).

---

(1) Le démembrement eut lieu en 1317.

(2) Durant les trois premiers siècles de l'ère chrétienne, il n'y eut aucune paroisse proprement dite. Au iiie s. seulement quelques paroisses furent érigées à Rome. Au ve s., Sidoine Apollinaire mentionne l'existence de

En l'absence de documents précis, il serait téméraire d'affirmer qu'au xi⁰ siècle l'organisation religieuse fût aussi nettement établie que nous l'indiquons ; mais elle était sortie de l'état embryonnaire, et elle avait pris déjà la forme, sinon intégrale, du moins en grande partie ébauchée, que nous rencontrons complète à la fin du siècle suivant.

A ce tableau de la division administrative, ajoutons la nomenclature des institutions régulières ou monastiques.

Ces institutions fournissent un ensemble de 10 chapitres, 13 grandes abbayes, 4 grands prieurés conventuels et 10 couvents de femmes.

A l'origine, le titre de chanoine est attribué indistinctement à tous les clercs d'une région ou d'une cité. Insensiblement il est restreint aux clercs qui vivent sous le toit de l'évêque et composent sa famille. On appelait ce groupe le collège des clercs, il remplissait les fonctions de séminaire, et c'est dans son sein que l'évêque puisait les ministres dont il avait besoin pour les services importants (1). Plus tard, les chanoines se constituent en corps séparé, sous la direction et l'autorité de l'évêque. Au x⁰ siècle, des collégiales se fondent en dehors de la résidence épiscopale (2).

En Auvergne, sont florissants les chapitres de :

La Cathédrale ;   Saint-Germain-Lembron ;
N.-D. du Port ;   Saint-Martin d'Artonne ;
N.-D. de Chamalières ;   Saint-Genès de Thiers ;
Saint-Amable de Riom ;   Saint-Cerneuf de Billom ;
Saint-Julien de Brioude ;   Saint-Victor d'Ennezat ;

Il paraît avéré qu'une fraction notable des premiers chrétiens arvernes s'assemblait près de la *confession* des martyrs pour s'exciter à suivre les conseils évangéliques. Ces réunions

---

« diocèses » et de « paroisses », en Auvergne. Le morcellement paroissial marcha, dès lors, à grands pas, ainsi qu'on peut s'en convaincre par les œuvres de Grégoire-de-Tours, et, aux xi⁰ et xii⁰, il fut achevé. (Voir notre étude : *le Cénobite Abraham*.)

(1) V Pasquier : *Recherches de la France*.

(2) Le terme primitivement usité est *collégiale* ; le mot chapitre est de source plus récente.

prirent le nom d'*ascetoria*. On en fait remonter la fondation à saint Austremoine lui-même. Clercs et laïcs pouvaient en faire partie. Les membres ne contractaient aucun engagement spécial. Le désir de mener une existence plus parfaite était le seul lien qui les unissait entre eux (1).

Saint Abraham vint de l'Orient, au vᵉ siècle ; il s'établit dans la cité d'Auvergne et y implanta le cénobitisme, c'est-à-dire la vie en commun sous la direction d'un chef dont la parole est la règle.

A l'exemple de la Laure de Saint-Cyrgues-lès-Clermont, les ruches de cénobites se forment sur notre sol ; nous en voyons les essaims à Cronome, Mélite, Cambidobre, Mirande, Menat, Teclade, etc.

Phases passagères d'une régulière évolution, ces essais imparfaits de la vie monacale disparaissent dès que s'élève à l'horizon l'astre bénédictin. Désormais, le monachisme a trouvé sa formule ; la règle écrite, et, par là, fixe et immuable, remplace la règle parlée, variable au gré du supérieur ; les monastères surgissent de toutes parts, abritant à l'ombre de leurs cloîtres la civilisation chrétienne (2).

Les abbayes sont celles de :

Saint-Ménélée de Menat, fondée à la fin du vIIᵉ ou au commencement du vIIIᵉ siècle (3) ;

Saint-Sébastien de Manglieu, fondée au vIIᵉ siècle, par saint Genès, évêque de Clermont (4);

Saint-Pierre de Mauzat, fondée à la fin du vIᵉ siècle, par saint Calmin, et restaurée par Pépin ;

De Saint-Symphorien de Thiers (Le Moutier), fondée au vIIIᵉ siècle par Guy ;

De Notre-Dame de Mauriac, fondée au vIᵉ siècle et restaurée par Jérémie, archevêque de Sens, au IXᵉ siècle ;

---

(1) V. L'abbé Cohadon (*Histoire du monastère de Chantoin*).
(2) V. notre Etude sur *le Cénobite Abraham*.
(3) V. le *Gallia Christiana*.
(4) V. les Bollandistes (*Vies de saint Genès et surtout de saint Bonnet*); et le *Gallia Christiana*.

De Saint-Géraud d'Aurillac, fondée à la fin du ix⁰ siècle (1);

De Saint-Austremoine d'Issoire, fondée au x⁰ siècle, par Gislebert (2) ;

De Saint-Alyre de Clermont, fondée au x⁰ siècle ;

De Saint-Léger d'Ebreuil, fondée au x⁰ siècle, par des moines de Saint-Maixent (3);

De Saint-Flour ou Indiciac, fondée au x⁰ siècle, par Astorgue et Amblard de Brezons (4) ;

De Notre-Dame de Pébrac, fondée au xɪ⁰ siècle, par Pierre de Chavanon (5);

De Montsalvy, fondée au xɪ⁰ siècle, par saint Gausbert ;

De La Chaise-Dieu, fondée au xɪ⁰ siècle, par saint Robert.

Les grands prieurés conventuels étaient les suivants :

Saint-Pourçain de Mirande, fondé au vɪ⁰ siècle ;

Saint-Pierre de Souvigny, fondé au x⁰ siècle, par Adhémar de Bourbon (6) ;

---

(1) V. *Le Monastère d'Aurillac*, par M. Olléris (Extrait de *Gerbert* ; tirage à part).

(2) V., à titre de curiosité, le *Manuscrit d'Issoire*. Ce manuscrit n'a aucune autorité et ne mérite nulle confiance.

(3) V. *Notice historique sur la ville d'Ebreuil*, par M. Peigue, avocat à Gannat (*Tablettes historiques de l'Auvergne*, t. Iᵉʳ).

(4) V. la Charte de fondation, dans le t. V des *Tablettes historiques de l'Auvergne*, et aux archives du chapitre cathédral.

(5) Marmeisse: *Aperçu historique sur l'abbaye de Pébrac*.
En indiquant le siècle de la fondation de chaque monastère, nous nous en tenons aux plus récentes données de la critique historique. Quelques points restent obscurs encore et réclament des monographies sérieuses, rédigées au moyen de documents de première main. Il est étrange que dans ces dernières années du xɪxᵉ siècle, siècle des exhumations, tous nos grands monastères n'aient pas leur historien.

Nous ne faisons pas entrer dans la liste des monastères, les colonies cénobitiques de Saint-Cyrgues, Cronome, Mélite, etc.

Il est difficile de trouver leurs traces au xɪᵉ siècle.

Le monastère de Saint-Cyrgues, affilié à la règle de Lérins par les soins de Sidoine Apollinaire, n'existait plus. Il est vraisemblable que la plupart des fondations similaires s'éteignirent rapidement. Celles qui restèrent durent leur salut à la bienfaisante *invasion* bénédictine.

(6) V. la charte de fondation, dans l'*Histoire de saint Mayol*, par l'abbé Ogerdias.

Saint-Lomer de Moissat, fondé au x⁰ siècle, par Guillaume-le-Pieux ;

Notre-Dame et Saint-Jean de Sauxillanges, fondé au x\ siècle, par Guillaume, comte d'Auvergne.

Les couvents de femmes s'épanouissent dès le vi⁰ siècle.

Ils embellissent, lis mystiques, les sites de :

Chantoin,	Blesle,
Marsat,	Chamalières,
Cusset,	Royat,
Beaumont,	Saint-Julien-la-Geneste,
Chazes,	Saint-Genès-les-Monges (1).

Branches, gorgées de sève, de l'arbre monachique, ces diverses institutions offrent, dans l'aridité des temps, aux âmes altérées d'idéal, une réconfortante fraîcheur.

La province d'Auvergne, comme les autres provinces de France, vivait sous le régime féodal. Ce régime, favorisé par les derniers carolingiens, fut le développement naturel des institutions qui régissaient la Gaule romaine et franque.

Sur la foi de romanciers fantaisistes et d'historiens peu éclairés ou peu impartiaux, on se figure que la féodalité fit brusquement son apparition dans notre pays et qu'elle fut la conséquence de la conquête barbare. Il n'en est rien. La féodalité ne pouvait pas ne pas être ; elle est née insensiblement, amenée au jour par la logique des événements (2).

Le système féodal consistait dans le partage des terres et

---

(1) Le premier établissement religieux de femmes, en Auvergne, est celui de Chamalières. Il fut fondé par saint Priest, évêque de Clermont, de 665 à 674. *Nam ante illud tempus*, disent les Bollandistes, *in eâdem provinciâ nulla fuerant virginum monasteria instituta* (*Vita S. Præjecti* ; *Jan.*, t. III, page 244, édit. Palmé). D'autres historiens prétendent que c'est à Chantoin que saint Genès, un des prédécesseurs médiats de saint Priest, aurait placé le premier monastère de femmes. Les Bollandistes disent, en effet, dans un autre passage, qu'à l'époque de saint Priest, on ne trouvait que de rares communautés de filles, *vix reperiebatur*. De ces textes, on pourrait conclure que saint Priest fut, non pas créateur, mais organisateur d'une institution qui n'était qu'à l'état d'ébauche.

(2) V. M. Fustel de Coulange : *Histoire des institutions politiques de l'ancienne France ; l'alleu et le domaine rural pendant l'époque mérovingienne.*

du pays entre les grands et petits seigneurs, devenus vassaux, c'est-à-dire, dépendant les uns des autres. Les possessions étaient héréditaires et s'appelaient *feuda*, d'où les noms de féodal, féodalité, feudataire.

Les seigneurs relevant directement du roi, portaient le titre de grands feudataires ; le titre d'arrière-vassaux appartenait aux seigneurs dont l'existence était liée à la fortune des autres suzerains.

Au XIe siècle, les grands feudataires de la couronne de France sont les comtes de Flandre, d'Anjou et de Champagne, les ducs de Normandie, de Bretagne, de Bourgogne et d'Aquitaine, les comtes de Toulouse et de Provence.

Parmi les arrière-fiefs, on compte plus de cent comtés et une foule de vicomtés, marquisats, évêchés, abbayes seigneuriales, baronnies, etc. De ce nombre est le comté d'Auvergne, qui relève du duché d'Aquitaine, dont les titulaires sont souvent pris, au IXe et au Xe siècle, parmi les comtes de Poitiers et les comtes d'Auvergne eux-mêmes.

Ces derniers ont, à leur tour, pour vassaux, dans la Haute-Auvergne, les abbés-comtes d'Aurillac, les vicomtes de Carlat et de Murat, les Comptour d'Apchon, les seigneurs de Brezons, de Dienne, etc. ; dans la Basse-Auvergne, les chanoines-comtes de Brioude, les vicomtes de Thiers, les barons de La Tour, les seigneurs de Baffie et d'Olliergues, les sires de Mercœur, les seigneurs de Montboissier et de Montmorin.

Les seigneurs circonvoisins des comtes d'Auvergne sont : les sires de Bourbon, au nord ; les comtes de Forez, à l'est ; les vicomtes de Polignac et les comtes de Rouergue, au sud ; les comtes de La Marche et les sires de Combrailles, à l'ouest.

Cette noblesse, sauf de rares exceptions, était entièrement dévouée à l'Eglise.

Les comtes d'Auvergne avaient donné l'exemple de l'attachement aux œuvres religieuses. Sans parler ici des comtes bénéficiaires, auxquels on attribue la fondation de diverses collégiales plus anciennes, les comtes héréditaires de la première race en avaient fondé d'autres. Citons la puissante abbaye de Cluny, avec les prieurés de Sauxillanges, de Moissat et de Saint-Loup, qui en dépendaient et dont les biens étaient dus aux libéralités de Guillaume-le-Pieux. Sa mère, Ermengarde, avait créé l'abbaye de Blesle. Les vicomtes de Thiers s'étaient illustrés en fondant l'abbaye de Saint-Symphorien, les chapitres de Saint-Genès de cette ville et celui de Saint-Martin d'Artonne.

En outre, leur maison donnait à l'Eglise une de ses gloires les plus pures, saint Etienne de Muret, fondateur de l'Ordre de Grandmont.

Les Mercœur étaient représentés dans les fastes de Cluny par un des prieurs les plus remarquables de l'Ordre, Odilon, qui avait reçu le jour au château d'Ardes, et qui fut le conseiller des rois et des papes. Les Montboissier s'apprêtaient à donner à la célèbre abbaye, pour étendre au loin son obédience et sa renommée, Pierre le Vénérable, alors âgé de cinq ans et dont le nom dominera le XII° siècle, à côté de ceux de Bernard et de Suger.

Les évêques Etienne II, Etienne III, Etienne IV, qui avaient occupé successivement le siège d'Auvergne, au IX° et au X° siècle, sortaient de la famille des comtes.

Une branche de cette famille, celle des barons de La Tour, avait doté le prieuré de Sauxillanges. Un de ses membres avait pris l'habit religieux à Cluny.

Il y a donc justice à constater les dispositions à peu près unanimement favorables de la noblesse à l'égard de l'Eglise. On comprend avec quelle déférence et quels sentiments sera reçu l'appel d'Urbain II (1).

Il nous reste, maintenant, à esquisser la description de la cité d'Auvergne (2).

(1) V. Baluze, Justel, et, en général, les études historiques sur l'Auvergne.
(2) Cinq opinions ont été émises relativement à l'origine de la ville. D'après les uns, Clermont aurait été la capitale de l'Arvernie gauloise et

Strabon, écrivain grec du 1ᵉʳ siècle, fait, le premier, mention de Clermont. La métropole des Arvernes, dit-il, est *Nemossos*. En langue celtique, Nemetum, Nemet, Nehameid, a la signification de lieu sacré. Chez les Gaulois, les forêts et les sources étaient revêtus du caractère religieux. Le mamelon

la résidence des rois ou Brenns, Luerius et Bituitus. (J. Audigier : *Hist. manuscrite de Clermont*, bibliothèque nationale.)

D'après d'autres, la ville, sans être la capitale de la Confédération arverne, existait à l'époque où les Romains entrèrent pour la première fois dans les Gaules. (Ad. Michel : *l'Auvergne et le Velay* ; Bouillet : *Statistique monumentale de l'Auvergne*.)

D'après une troisième opinion, Clermont et Gergovia n'étaient qu'une même ville. La cité, dont César ne put forcer les murs, ne s'élevait pas, comme on le croit, sur le plateau connu ; elle était assise sur le sol occupé aujourd'hui par le chef-lieu du département. (Savaron : *Origines de Clermont*.)

Une quatrième opinion veut que Gergovia ait été la ville de la défense, la ville de la guerre, et que Clermont ait été la ville de la paix, la ville où, après les luttes sanglantes pour la conquête de la suprématie, les tribus se rendaient pour jouir des douceurs du repos. (Dulaure : *Description de l'Auvergne*.)

Enfin, une dernière opinion, insinuée plutôt qu'affirmée, avance que Clermont a été, franchement, une fondation gallo-romaine.

Aux tenants de la première opinion, nous répondrons qu'aucun texte n'appuie leur assertion.

La deuxième opinion, qui se confond avec la quatrième, sauf quelques nuances, soulève des objections nombreuses qu'elle ne parvient pas à résoudre. Les Gaulois construisaient d'ordinaire sur les hauteurs, à l'abri des coups de main et de surprise.

L'assiette de Clermont aurait livré la population à tous les hasards. César ne parle jamais d'une ville située près de Gergovia. Or, l'existence de cette ville eût été un facteur important dans les plans du stratège cherchant à surprendre ses adversaires. Une cité placée sur le flanc droit de l'armée romaine et pouvant à chaque instant menacer la retraite et couper le passage de l'Allier, était un danger trop considérable pour que l'habile général n'y prêtât aucune attention. Vercingétorix ordonne de brûler les villes et les bourgs où pouvaient s'approvisionner les légions ennemies. Et il eût laissé, là, près de lui, à la portée de son adversaire, un immense magasin d'approvisionnement, ou du moins des abris en grand nombre pour la facilité des manœuvres de l'assiégeant !

Nous ne nous attarderons pas à discuter la quatrième opinion ; elle ne mérite, d'aucune façon, la prise en considération.

A notre avis, Clermont est d'origine romaine. Délaissant le plateau, dont l'accès est pénible et où l'eau manque, considération de la plus extrême importance, les Romains jetèrent les fondations de la nouvelle capitale de l'Arvernie au sommet et sur les pentes de la colline qui se dresse au centre d'un superbe hémicycle de montagnes.

Un fait grave corrobore notre assertion et lui donne un singulier

sur lequel venaient s'asseoir les constructions de la cité était-il précédemment couvert d'essences forestières ou devait-il sa dénomination aux nombreuses sources qui sourdent de ses flancs? L'une et l'autre circonstances ont pu contribuer à la formation du mot.

Ptolémée, géographe grec du IIe siècle, inscrit dans son livre, le premier encore, le nom nouvellement modifié de la ville ; il l'appelle *Augustonemetum*.

Ce nom, nous le lisons sur plusieurs bornes miliaires, érigées sur notre territoire avant la naissance de Ptolémée, mais il y est en abrégé. Il faut arriver à l'écrivain grec pour retrouver l'épellation complète.

Au début du IIIe siècle, le terme *Augustoncmetum* disparaît peu à peu pour faire place à celui de *Civitas arverna, Arverni, Arverna* (1).

Les écrivains anciens et les chroniqueurs du moyen-âge ne

---

appui. Le sol de Gergovia contient de nombreuses médailles gauloises ; le sol de Clermont n'en contient pour ainsi dire aucune. Les rares monnaies qui y ont été découvertes, gisaient dans des terrains de remblai. Toutes les pièces qu'on y rencontre sont romaines. Or, une ville laisse toujours ses traces, son empreinte, son sceau, dans les couches plus ou moins profondes de la terre que foulent ses habitants. Ce que M. Schlieman a fait pour Troie, on peut l'entreprendre pour chaque agglomération. Cet éminent préhistorien a mis à nu les débris des diverses populations qui se sont succédé sur les alluvions de la Troade. Clermont n'a pas de stratum gaulois. Toute son antiquité est romaine et exclusivement romaine. La conclusion s'impose.

M. Bouillet raconte que deux ou trois statuettes égyptiennes d'Isis ont été ramenées à la surface du sol, à Clermont ; et de cette trouvaille il conclut à une origine gauloise. M. Bouillet avait donc oublié que le culte d'Isis fut une importation des légions de Pompée. L'invasion des rites orientaux en pays celtique coïncida avec l'invasion romaine. (Voir, à ce sujet, le beau livre de M. Charles Lenthéric : *Histoire d'un fleuve, le Rhône.*)

Nous n'ignorons pas que nous heurtons de front des préjugés invétérés. Notre opinion s'est formée à la suite d'une étude patiente.

Dans un travail en préparation, nous nous proposons de donner aux *Origines de Clermont*, tous les développements précis que le problème comporte.

(1) La borne miliaire de Biozat, dressée vers 120, sous Adrien, porte *Arverna* ; le miliaire de Tréteaux, érigé sous Aurélien, donne les mots : *Civitas Arvernorum*. Tréteaux est dans l'arrondissement de La Palisse.

nous ont rien dit sur l'étendue de la ville gallo-romaine. En revanche, les historiens modernes se sont départis de cette réserve. Belleforest, Audigier, Delarbre, et, après eux, nos contemporains ont affirmé que le Clermont du début de l'ère chrétienne avait des proportions considérables. L'enceinte se développait sur un périmètre immense ; elle allait du village actuel d'Herbet jusqu'à Chamalières. Il faut rabattre de ces prétentions.

Les villes de l'antiquité étaient loin d'égaler en étendue et en population nos villes modernes d'Europe. Rome n'avait qu'un million et demi d'habitants et une enceinte de 25 kilomètres.

Antioche, la seconde ville de l'empire, ne comptait, au dire de Mommsen (1), que 300,000 citoyens libres, ce qui donnait un chiffre de 4 à 500,000 habitants. Puis, venaient Carthage, avec un chiffre inférieur, et Lyon, avec un total de 100 à 150,000 habitants (2).

Lyon avait une enceinte de 5 kilomètres, comprenant une population de 100,000 hommes. L'excédent était dû à la portion fédérale de la cité (3).

Or, si la ville de Lyon, la principale et la plus peuplée des villes de la Gaule, *Lugdunum, caput Galliæ*, ne parvenait qu'au chiffre restreint que nous indiquons, pourquoi attribuerions-nous à la ville d'Auvergne, moindre à tous les points de vue, un total de population supérieur à celui de l'agglomération centrale de la nation. Des supputations auxquelles nous nous sommes livré et que nous ne pouvons que résumer ici, il résulte que le Clermont d'alors était un peu moins vaste que le Clermont d'aujourd'hui, et que sa population atteignait à peine le chiffre de la population actuelle (4).

(1) *Hist. rom.*
(2) V. M. Lenthéric, *loc. cit.*
(3) V. M. Lenthéric : *les Villes Mortes du golfe de Lyon ; Histoire d'un Fleuve.* V. M. Allmer : *Etudes sur Lugdunum*, dans la *Revue épigraphique du Midi de la France.*
(4) Il existe d'autres repères qui permettent d'obtenir une approximation très rationnelle ; nous les ferons connaître ultérieurement.

A la fin du vᵉ siècle, les Visigoths, attirés en Aquitaine par les Romains, qui les chargent de la garde de cette province (1), tentent de s'emparer de l'Auvergne, au mépris des conventions, et mettent le siège devant sa capitale. La cité arverne oppose une résistance énergique, grâce à la vaillance d'Ecdicius et à l'éloquence de Sidoine Apollinaire.

Les murailles, mal entretenues, commençaient déjà à se lézarder et il fallut recourir à des palissades élevées à la hâte à l'aide de poutres pour réparer les brèches béantes (2). Néanmoins, l'ennemi leva le siège.

Dès cette époque, l'enceinte, trop vaste pour être conservée dans son plan primitif, se resserre ; elle se porte en arrière et enveloppe seulement la partie haute de la colline, qui, de cette façon, devient un *castrum*. La plus grande portion de la ville reste ainsi découverte.

Pépin-le-Bref surgit. Il envahit l'Auvergne pour se venger de la défection de Waifre, se jette sur la cité, incendie les maisons que ne protège aucun appareil de défense et, à la suite d'un coup de main hardie, pénètre dans le castrum et le détruit par le feu (760).

La dixième année de son règne, « le roi Pépin, dit l'auteur des *Annales de Metz*, pénétrant avec son armée jusqu'à la ville d'Auvergne, prit par siège le castrum de Clermont et le livra aux flammes. *Anno X regni, rex Pippinus, usque urbem arvernam cum exercitu veniens, Claromontem castrum captum atque succensum bellando cepit.* »

Ce texte est précieux. Pour la première fois, nous y trouvons le nom de Clermont. Sa rédaction date du vɪɪɪᵉ siècle (3).

---

(1) Fustel de Coulanges, *loc. cit.*, 1ᵉʳ vol.
(2) Sidoine Apollinaire : *Lettres*.
(3) Les *Formules arverniennes* contiennent aussi le nom de Clermont ; elles sont plus anciennes que les *Annales de Metz*. Mais il resterait à prouver que le texte que nous en possédons est bien le texte original et que le terme désignant la ville n'est pas une addition ou tout au moins une traduction faite, au vɪɪɪᵉ ou ɪxᵉ siècle, par un scribe désireux d'expliquer clairement les prescriptions contenues dans les ordonnances.

Le dernier continuateur de Frédégaire, écrivant à la fin du viii⁰ siècle, mentionne également le nom de Clermont (1).

Thoromachus, cité par Savaron (2), distingue avec précision entre la ville et son castrum, « le chasteau de Bourbon prins et bruslé, le roy Pépin conduict son armée jusques à la ville d'Auvergne, employa toutes ses forces contre le chasteau de Clairmont, le prist d'assaut et le brusla, sans merci des hommes, femmes et enfants, qui s'y bruslèrent (3). »

La cité secoua lentement ses cendres ; elle releva ses maisons et son enceinte, malgré l'arrêt et même parfois le recul imprimés par les invasions normandes. Abandonnant d'une part, le périmètre gallo-romain, et, d'autre part, élargissant la circonférence du castrum, elle se maintint sur le coupeau et sur les flancs supérieurs du mamelon.

Au xi⁰ et au xii⁰ siècle, âge des *bâtisseurs* par excellence Clermont, qui avait répudié son nom pour prendre celui de son castrum, revêtit la physionomie qu'elle conserva durant le moyen-âge et durant les temps modernes jusqu'à l'arrivée des intendants d'Auvergne, dont une des principales préoccupations fut de dilater les rues et les places, et d'ouvrir vers la campagne de larges artères (4).

A la veille des Croisades, les murailles partaient de la Poterne, descendaient la rampe de la place Saint-Hérem, contournaient la rue Neuve, se profilaient le long de la montée de la Préfecture, de la rue de l'Hôtel-Dieu, du boulevard de la Pyramide, de la rue Ballainvilliers, de la rue d

---

(1) La chronique du 4⁰ continuateur va de 752 à 768.

(2) *Les Origines de Clairmont*. Savaron dit : Thoromachus ou son épitomaste, contemporain de Charlemagne...

(3) On se figure assez ordinairement que le substantif *castrum* a sens de château. Sa signification est moins étroite. Le *castrum Meriolo cense* de Grégoire de Tours, contenait des appareils militaires, des champs des habitations, des fontaines, ruisseaux, etc. Celui de Clermont renfermait la cathédrale, construite par Namace, et les bâtiments qui avaient remplacé le capitole, la curie, le forum, les temples, etc...

(4) Au nom de Clairmont, datant de la fin du viii⁰ siècle, on a ajouté celui de *Ferrand*, depuis l'édit d'union de 1650, qui a détruit l'autonomie de Montferrand en faveur de la ville voisine.

Lycée, de la place Michel-l'Hospital, du boulevard Trudaine, de la place Delille, et se soudaient à la Poterne en laissant à droite la place d'Espagne.

Cette ligne, hérissée de distance en distance de tours rondes ou carrées, était rompue par d'assez nombreuses ouvertures ou portes, parmi lesquelles on en distinguait quatre plus larges. Elles s'appelaient : la porte Champ-Herm ou Champet, au bas de la rue du Port ; la porte des Gras, à l'entrée de la rue du même nom ; la porte du Tournet, à l'extrémité de ce quartier, et enfin la porte Notre-Dame, vers la place Michel-l'Hospital.

Aux différents aspects, moins à celui du levant, une série de faubourgs formait ceinture ; c'étaient Chantoin et Saint-Alyre au nord ; Fontgiève et le Passeport au couchant ; le Cerf, Rabanesse et le Pont-de-Naud au midi (1).

Les principaux, on peut même dire les uniques monuments de la ville, étaient le château et les églises.

Le château couronnait le monticule. Reconstruit par les comtes d'Auvergne au lendemain des guerres de Pépin, il était devenu leur résidence habituelle et s'était entouré de créneaux, de herses et de mâchicoulis. Il occupait l'emplacement actuel de l'Hôtel-de-Ville.

Non loin de là se dressait la Cathédrale.

Les historiens qui ont pris l'Auvergne pour sujet de leurs travaux, Savaron, Dufraisse, Audigier, Delarbre, Gonod, MM. Mallay, Tardieu et de La Faye, pour ne citer que les plus connus, se sont tous obstinés à attribuer à saint Austremoine la construction de la première cathédrale, sur le point culminant de la cité (2).

(1) Désolés par les incursions dont la région fut le théâtre, exposés aux premiers coups de l'ennemi, ces quartiers étaient pour ainsi dire accoutumés à une destruction régulière ; plus tard, ils ne cesseront d'être l'objet de mesures de rigueur de la part des assemblées urbaines, attentives, en temps de guerre, à ne point créer aux adversaires des postes de refuges ou d'attaque. Ainsi, victimes d'une défiance générale, les faubourgs végétèrent longtemps et ne durent leur existence qu'aux églises, qui les protégeaient de toute l'autorité de leurs souvenirs.

(2) Savaron : *Origines de Clairmont* ; Dufraisse : *Origines des Eglises* ; Audigier : *Histoire manuscrite de Clermont* ; Delarbre : *Notice sur*

Nous avons déjà eu l'occasion de nous élever contre un erreur si solidement enracinée (1).

Saint Austremoine n'a jamais édifié de cathédrale, au point indiqué : 1° parce qu'à l'époque où il vivait, 1ᵉʳ siècle, d'après l'école traditionnelle, IIIᵉ siècle, au dire de l'école critique, on ne bâtissait pas d'églises. Les monuments religieux ne firent leur apparition qu'à partir de Constantin ; 2° parce que la plus élémentaire prudence défendait à l'apôtre d'attirer inutilement sur son œuvre la rigueur des persécutions. Il eût été d'une témérité injustifiable de s'offrir aux mains des bourreaux en bravant les défenses légales sous les yeux de tous près du capitole et de la curie. Au moment où le temple du puy de Dôme attirait aux pieds de la statue de Mercure les populations arvernes, pouvait-il venir à l'esprit d'un homme sage dans son zèle, d'ériger en signe de contradiction, au sein même de la ferveur païenne, au centre de la ville, l'autel du vrai Dieu proscrit. Les premières communautés chrétiennes n'ont jamais agi ainsi. Elles se retiraient sur le bord des villes, près des tombeaux ou *confessions* des *martyrs* et des *saints* et là, protégées par les lois qui réglaient l'organisation des associations funéraires, elles pouvaient, sans bruit, sans ostentation extérieure, se livrer aux pratiques religieuses que les lois générales de l'empire proscrivaient (2).

A ces arguments négatifs, nous ajoutons un argument direct et positif.

Grégoire de Tours, parlant de la Cathédrale, bâtie à

---

l'Auvergne; Gonod : *Chronologie des Evêques de Clermont* ; de Résie *Histoire de l'Eglise d'Auvergne* ; M. Mallay : *Mémoire* ; M. Tardieu *Histoire de la ville de Clermont* ; M. de La Faye : *Description archéologique et historique de la cathédrale de Clermont*.

Nous sommes surpris que M. de La Faye, ce critique au flair si délicat et au jugement si sûr, ait accepté la légende sans la réviser.

(1) *Le Cénobite Abraham*.

(2) Voir sur les premières communautés chrétiennes, les très remarquables ouvrages de M. de Rossi : *Rome souterraine*, et le *Bulletin d'archéologie chrétienne*. (*Bolletino di archeologia cristiana*.)

V. aussi la *Fin du Paganisme*, par M. Gaston Boissier, de l'Académie française.

vᵉ siècle, par l'évêque Namace, à l'endroit où se serait élevée la prétendue cathédrale de saint Austremoine, écrit ceci : « *Hic ecclesiam quæ nunc constat, et senior infra muros civitatis habetur, suo studio fabricavit (Hist. Francor.;* liv., II, 15). Il fit bâtir l'église qui subsiste encore et qui est la plus ancienne de celles qu'on voit dans la ville. »

La question est désormais résolue.

Compris dans les destructions opérées par les soldats de Pépin, le monument de Namace fut réparé hâtivement, et, plus tard, au xᵉ siècle, réédifié dans le style roman, première manière. Au xIIIᵉ siècle, furent jetées les fondations de la magnifique Cathédrale actuelle, sur l'emplacement même de l'ancienne.

La deuxième église de la cité était celle de Notre-Dame du Port.

La théorie historique de Notre-Dame du Port est connue : construite par l'évêque saint Avit, au vIᵉ siècle, incendiée par les Normands, restaurée par l'évêque saint Sigon, au IXᵉ siècle, la basilique reçut, au xIᵉ ou au xIIᵉ siècle, une ornementation romane. Nous aurions donc là un travail de marqueterie sur lequel chaque époque aurait eu le souci d'apposer son sceau. Tel est le cliché, passé à l'état d'axiome géométrique.

Cet axiome, l'inspection sérieuse et sans parti-pris du monument est loin de le justifier dans sa totalité, aux yeux de la nouvelle école d'archéologie. Que l'édifice ait été l'œuvre primitive de saint Avit, et qu'il ait été relevé de ses ruines par saint Sigon, on n'en disconvient pas, la tradition est formelle ; mais ce qu'on ne peut admettre, c'est que le xIIᵉ siècle se soit simplement complu à dessiner des fioritures romanes sur un vaisseau ancien.

Au Port, on est partout en présence d'un art qui n'est plus aux tâtonnements de ses débuts, à l'hésitation de ses essais, mais qui est dans sa pleine floraison, dans la complète possession de ses ressources. Colonnes et absides, cryptes et toitures, tout révèle une même inspiration.

Sans entrer dans la discussion qui met aux prises les deux écoles, nous inclinons à penser, avec les critiques récents, que Notre-Dame du Port n'est pas un édifice fait de pièces rapportées ; son plan a été conçu et exécuté par une même époque qui a fait table rase du passé et qui a déblayé le terrain pour asseoir son œuvre. Cette époque serait, a-t-on affirmé dernièrement, le xiie siècle (1).

Nous empruntons au livret *De Ecclesiis*, le plus ancien catalogue que nous possédions, la nomenclature des principales églises de Clermont (2).

Dans l'intérieur :

Saint-Pierre, sur l'emplacement où est aujourd'hui le marché du même nom ;

Saint-Symphorien, plus tard Saint-Genès, sur la place Renoux ;

Saint-Pierre *in Castello*, près de la Cathédrale ;

Saint-Laurent, près de Notre-Dame du Port.

A l'extérieur :

Saint-Alyre, au faubourg de ce nom ;

Notre-Dame de Gloire, plus tard Saint-Pierre de Chantoin ;

Saint-Maurice, plus tard Saint-Bonnet, et enfin Saint-Ferréol, au-dessous de la Poterne ;

Saint-Cassi, plus tard Sainte-Georges, au faubourg Saint-Alyre ;

Saint-Vénérand, au faubourg Saint-Alyre ;

Saint-Arthème, près le faubourg Saint-Alyre, à l'ouest ;

---

(1) V. Viollet-le-Duc : *Dict. d'architecture* ; M. de La Faye : *Notre-Dame du Port* ; M. Vimont : *Bulletin du Club alpin français, section d'Auvergne* ; principalement M. l'abbé Fouilhoux : *Hist. de Notre-Dame d'Orcival*.

(2) Le livret *De Ecclesiis*, est de 950 ; il a été édité par Savaron. L'illustre annaliste puisa les éléments de sa publication dans les archives du monastère de Saint-Alyre et de Notre-Dame du Port. (Consulter, à ce sujet, M. Antoine Vernière : *Savaron, érudit, curieux, collectionneur, et ses rapports avec les savants de son temps* ; M. Francisque Mège : *Organisation du département du Puy-de-Dôme.*)

Saint-Etienne, plus tard Saint-Patrocle, et enfin Saint-Eutrope ;

Saint-Cyrgues, débris seul existant de l'ancien monastère ;

Saint-Maixent ou Saint-Adjutor, au faubourg des Grads ;

Saint-Remège, au territoire de Saint-André ;

Saint-Hilaire, au lieu dit Bois-de-Cros ;

Saint-Jacques de Rabanesse, au territoire de ce nom ;

Saint-Priest, au territoire de Saint-Amandin.

Le total des églises atteignait le chiffre de 54 (1).

On voit qu'au xi° siècle le grand souffle artistique, âme du moyen-âge, passait et repassait, généreux et fécondant, sur notre Auvergne.

Un merveilleux renouveau semait partout les fleurs architecturales ; les plus délicates corolles de pierres s'ouvraient avec amour et souriaient aux yeux, à l'angle des rues et sur les places.

C'était un véritable printemps architectonique.

Mieux favorisés que le centre, les faubourgs avaient une part très large dans ce rajeunissement. La raison en est simple.

Les premiers chrétiens se groupaient autour des cryptes, où gisaient les corps de leurs amis. Or, la loi des Douze-Tables défendait formellement que l'incinération ou les inhumations eussent lieu dans l'intérieur des villes : *Hominem mortuum in urbe ne sepelito, neve urito* (2). Force était de se répandre, le long des voies romaines, dans les terrains réservés au « long sommeil ». Dès que le choix d'une crypte ou « confession » était fait, les chrétiens venaient dans le silence de la nuit retremper leur courage près de ceux qui dormaient « dans la paix du Seigneur ». Lorsque Constantin eut signé la pacification religieuse de l'empire, des églises se dressèrent sur les « confessions », pour rappeler la mémoire des craintes et des espérances du troupeau

(1) V. Fodéré : *Custoderie d'Auvergne.*
(2) V. Ortolan : *Instituts de Justinien.*

fidèle, à sa naissance. D'où il résulte que les monuments religieux se développèrent de préférence à la périphérie des villes, parce que là se trouvaient les *berceaux* (1).

Par ce rapide aperçu, on peut juger de quelles ressources disposait le chef du diocèse pour recevoir avec dignité le chef de la catholicité. L'histoire rapporte que Durand les mit toutes en œuvre. Il déploya une activité extrême pour préparer les approvisionnements nécessaires aux foules qui s'annonçaient. Nul doute, d'ailleurs, qu'il n'ait été secondé dans cette tâche, soit par le comte Robert II et son fils, Guillaume, soit par les autres seigneurs de la province.

Les hauts dignitaires ecclésiastiques du diocèse, tels que l'archidiacre Foulques ; le prévôt Hugues ; l'abbé de Saint-Alyre, Pierre de Pontgibaud ; l'abbé de La Chaise-Dieu, Pons de Tournon ; l'abbé de Mauzat, Eustache de Guigne ; le prieur de Sauxillanges, Eustache de Montboissier, durent également, dans cette circonstance, prêter un concours empressé au prélat, afin de concerter avec lui les mesures à prendre, de manière à assurer le vivre et le couvert aux hôtes illustres et aux étrangers nombreux que l'Auvergne s'apprêtait à recevoir.

Les chanoines de la Cathédrale et du Port disposèrent sans doute des locaux qu'ils habitaient en faveur des archevêques et évêques que l'on attendait ; les religieux offrirent leurs cellules aux abbés, les seigneurs ouvrirent à grandes portes leurs hôtels, les bourgeois leurs maisons, les simples particuliers leurs logis. Une légitime émulation s'était emparée de tous les corps de citoyens et les faisait rivaliser entre eux à qui ferait le mieux les honneurs de la cité.

Quant à l'organisation technique des choses mêmes du Concile, choix, disposition, aménagement des emplacements,

---

(1) Il résulte de là encore que saint Austremoine n'est pas, comme on le répète à satiété, le fondateur des églises de Saint-Alyre, de Chantoin, de Saint-Cassi, de Saint-Maurice, de Saint-Genès, etc. Il a pu être le fondateur des confessions sur lesquelles furent bâties lesdites églises, mais il ne vit point dresser les murs extérieurs de ces édifices.

ordre des séances, cérémonial à suivre, Urbain II avait envoyé à Clermont un personnage de sa suite, qu'il avait chargé du soin de tout prévoir, à ce point de vue, de concert avec l'évêque Durand. Ce personnage était Henri, abbé de Mazzara, en Sicile. Sa compétence, en matière canonique et liturgique, lui valut plus tard la pourpre cardinalice.

Grâce à l'unanimité des sentiments et du redoublement de zèle et d'efforts, tout fut prêt en temps utile et à la date voulue, c'est-à-dire dès les premiers jours de novembre 1095.

CHAPITRE VII

Affluence considérable de personnages se rendant à Clermont. — Arrivée du Pape. — Maladie, mort et funérailles de l'évêque Durand.

A partir des premiers jours de novembre, les pèlerins commencèrent à se rendre en masse à Clermont, de tous les points de la France et de l'étranger.

Dociles à l'appel d'Urbain, prélats, abbés, clercs, seigneurs, barons, chevaliers, bourgeois, vilains, femmes et enfants, tout le monde, en un mot, s'était mis en mouvement pour assister aux assises du Concile. Les routes qui conduisaient à la capitale de l'Arvernie étaient couvertes de groupes ou de caravanes de voyageurs. *Confluxerant ad Concilium*, écrit Baudric de Bourgueil, *e multis regionibus viri potentes e honorati. innumeri, quamvis cingulo laicalis militiæ superbi* (1).

Des secousses de tremblements de terre se firent sentir. La nuit, des aurores boréales éclairèrent l'espace ; des étoiles filantes tracèrent des raies de feu au sein des nues (2).

Dans ces faits, le peuple s'obstina à voir un avertissement et comme une instance à se hâter. Il y vit en outre un présage de succès.

Le soir de la mort de César, le soleil, se couchant dans une atmosphère baignée de vapeurs, se montra environné de reflets rougeâtres qui parurent être une auréole de sang. Il semblait qu'à la veille du jour où « l'Occident allait s

(1) Bongars, page 86.
(2) It., page 88.

détacher de ses racines pour écraser l'Orient, » la nature dût également frémir et manifester son trouble par des phénomènes insolites.

On se pressait donc. Il n'était pas jusqu'au moindre sentier qui ne dégorgeât son contingent toujours grossissant et marchant toujours d'un pas alerte et joyeux.

Il y avait pourtant quelques dangers à s'aventurer en régions peu fréquentées. Si, à l'approche de Clermont, le péril disparaissait, en revanche, les forêts et les montagnes réservaient aux imprudents des rencontres fâcheuses. Certains châteaux-forts se transformaient facilement en nids de vautour. L'évêque d'Arras, Lambert, connut par expérience les péripéties d'un voyage semé d'incidents. Parti d'Arras, avec le personnel de sa maison, Lambert traverse Provins le 6 novembre. Tout d'un coup, Garnier, seigneur du château de Pons, lui barre le passage et le fait prisonnier, ainsi que toute sa suite.

Comprenant sa faute et redoutant l'excommunication d'Urbain, le ravisseur remet en liberté ses captifs. Pieds nus, il demande à l'évêque pardon de son attentat. Bien plus, il tient à servir d'escorte à celui qu'il a maltraité, et, en effet, il l'amène jusqu'à Auxerre, sous bonne garde. Le coup de foudre redouté ne tarde pas à éclater. Le Pape, à l'annonce des sévices dont a été victime le prélat, menace Garnier de censures et d'interdit.

Le roi désavoue son subordonné, et le châtelain de Pons, honteux des suites de son guet-apens, se renferme dans un silence prudent (1).

Tout le XIᵉ siècle est là. Prompts à la violence, les hommes de cette époque ouvrent rapidement les yeux et se repentent. L'exagération du repentir dépasse même assez souvent l'exagération de la faute. Dans ces mâles caractères, taillés en plein roc, il se produisait une lutte de tous les instants, celle de la force brutale et de la force morale. Le rôle de la Papauté

---

(1) Dom Ruinart.

a été, dit Michelet, d'assurer le triomphe de l'esprit sur la matière (1).

De son côté, le Pèlerin par excellence s'achemine vers Clermont. Il défère au désir du prieur de Souvigny et passe quelques jours près du tombeau de saint Mayeul. Le prieuré de Souvigny, un des membres les plus importants de la puissante abbaye de Cluny, était en proie aux vexations d'Archambaud de Bourbon. Urbain avait résolu de mettre ordre à cet état de choses. Il profite de son séjour dans le monastère pour faire jurer à Archambaud, sur la tombe de son père, qu'il renoncera aux injustes coutumes établies par ses ancêtres à l'encontre du droit monacal.

Tandis que le Pape résolvait ainsi les difficultés soumises à son autorité suprême, Durand partait de Clermont pour venir au-devant du Pontife, à Souvigny même. Touché de tant d'empressement de la part de ce vénérable vieillard, presque octogénaire, le chef de l'Eglise l'accueillit avec égard, et, en signe d'union, lui promit d'être son hôte, au palais épiscopal, pendant toute la durée du Concile (2).

Le dimanche 11 novembre, le Pape tient à solenniser, entouré des moines clunisiens, la fête de saint Martin de Tours, thaumaturge des Gaules.

Enfin, le 12, il quitte Souvigny et s'arrête dans une localité appelée *Monticulum* (3), d'où il date une bulle relative au différend qu'il vient de juger, contrairement aux prétentions d'Archambaud.

Dans cette bulle, nous trouvons la mention suivante : « Donnée en présence de notre respectable frère Durand, évêque d'Auvergne (4). » D'où il ressort que le pasteur du

(1) *Hist. de France.*
(2) Durand devait avoir alors près de 80 ans. Il avait au moins de 20 à 25 ans lorsqu'il fonda, de concert avec Robert, l'abbaye de La Chaise-Dieu, vers l'an 1040.
(3) Quel est ce *Monticulum* ? ne serait-ce pas Le Montet-aux-Moines, localité connue durant le moyen-âge par une fondation bénédictine ? Le Montet est, aujourd'hui, un chef lieu de canton du département de l'Allier.
(4) V. Dom Ruinart, *loc. cit.*; Abbé Chaix, *loc. cit.*

diocèse faisait partie du cortège papal. Au reste, ce cortège dut se grossir peu à peu de tous les notables, qui ne manquèrent pas de s'y joindre, dans les différents bourgs situés sur le parcours, notamment à Riom et à Montferrand.

Enfin, le mercredi 14 novembre, Urbain et sa suite sont en vue de Clermont (1). Les prélats, les chefs militaires, la foule des étrangers se portent à la rencontre de « Celui qui vient au nom du Seigneur ». Les vivats éclatent de toutes parts. Le cortège franchit la route, dite chaussée de Claudius, et la place de Champ-Herm, et se présente à la grande porte de la cité (2).

Est-ce par la porte de Champ-Herm ou par la porte, appelée Papale, et s'ouvrant sur le quartier du Tournet, qu'Urbain fit son entrée ? Sur ce point, les chroniques sont muettes (3).

On peut tenir pour certain que la présence du Vicaire de Jésus-Christ, au sein d'une population dont l'enthousiasme était déjà à un diapason élevé, produisit sur tous une vive émotion.

On aimerait à connaître l'emplacement exact du palais épiscopal, qui fut la résidence momentanée du Promoteur de la Croisade.

Avant la Révolution de 1789, la demeure des évêques s'étendait sur l'espace compris entre le haut de la rue des Chaussetiers et la rue qui met en communication la place

---

(1) Dom Ruinart s'exprime ainsi : « *Clarummontem die Novembris 14, aut sequenti advenit.* » (Patrol. lat., vol. 151, page 165.)

(2) Il ne serait pas sans intérêt de reconstituer le tracé de la route suivie, en Auvergne, par le Souverain Pontife.
Des débris de voie romaine se montrent dans les environs de Montaigut-en-Combrailles et de Menat. Il est à présumer que c'est par là que l'auguste visiteur aborda notre département, à sa sortie du Bourbonnais.
Nous retrouvons les vestiges de la voie à Montcel, Combronde, Davayat, Issac-la-Tourette et Riom. De cette ville, le chemin passait aux pieds des coteaux de Châteaugay ; il se déroulait ensuite dans la direction de Cebazat et atteignait Clermont par Montferrand, Chanteranne et Chantoin.

(3) Delarbre *(Description de l'Auvergne)* opte pour la porte Papale. Cet auteur, dont les ouvrages sont fort répandus, a écrit toujours avec bonne foi ; mais d'ordinaire ses travaux manquent de critique.

Sugny avec la place Saint-Genès. A l'époque du Concile de 1095, cette demeure occupait-elle la même assiette ? on l'ignore. D'un passage de Grégoire de Tours, il appert que la maison de l'évêque se dressait non loin de la Cathédrale. Certains archéologues ont cherché à préciser. Leurs assertions ne sortent guère, jusqu'ici, de la catégorie des hypothèses (1).

Le 16 novembre et le jour suivant, on s'attacha à régler d'une manière définitive la série des séances et l'ordre des matières à examiner. Le Concile n'avait pas seulement pour but de décider la guerre sainte, il devait aussi traiter d'autres questions d'intérêt général au point de vue de la discipline et des mœurs. Avant de résoudre ces questions, il fallait en dresser le programme. Urbain, qui avait présidé les assemblées de Rome, de Malfi et de Plaisance, agit en cette nouvelle circonstance avec son activité accoutumée et son jugement mûri par une longue expérience.

Voici que tout à coup une nouvelle se répand dans la ville et parmi les pères du Concile. L'évêque Durand qui, malgré son âge, avait résisté aux fatigues et aux préoccupations incessantes que lui avaient imposées, aux approches des assises conciliaires, mille détails d'organisation matérielle réclamés par l'événement, avait senti ses forces le trahir. Le surcroît de travail avait fini par briser sa verte et robuste vieillesse. Il s'alita pour ne plus se relever.

A la première annonce de la maladie, Urbain II s'empressa de consoler, sur son lit de douleur, le prélat infirme. Au chevet, il rencontra l'évêque Hugues, de Grenoble ; Pons, abbé de La Chaise-Dieu ; Jarenton, abbé de Saint-Bénigne de Dijon, et plusieurs autres personnages illustres qui, tous, avaient été autrefois disciples ou compagnons de l'ancien moine moribond.

---

(1) V. sur ce problème, Savaron : *Origines de Clairmont* ; M. Emile Mallay : *Mémoire sur l'architecture en Auvergne* ; Etude manuscrite, mentionnée par M. Tardieu. Consulter aussi Viollet-le-Duc : *Dict. d'architecture*.

Ces témoignages de filiale tendresse ne purent conjurer le mal. Dans la nuit du 16 au 17 novembre, selon les uns, ou du 18 au 19, selon d'autres, Durand, l'âme réconfortée par la bénédiction du Pape, s'endormit dans le Seigneur (1).

Ses amis voulurent lui rendre eux-mêmes les derniers devoirs; ils lavèrent son corps, le revêtirent des ornements pontificaux et le placèrent dans le cercueil (2).

Les funérailles eurent lieu, d'après certains auteurs, le samedi, veille de l'ouverture du Concile. D'après d'autres, elles n'eurent lieu que le surlendemain, lundi, à la suite de la première session. Quoi qu'il en soit, elles furent magnifiques. Urbain voulut les présider en personne. Un témoin oculaire, Baudric, abbé de Bourgueil, nous a transmis ses impressions sous forme de double épitaphe.

Nous citons la première dans son texte primitif:

Nomine Durandus jacet hic præsul venerandus
Quem commendavit vita benigna Deo.
Exsequias celebres quæ forma fuere triumphi
Dispensavit ei gratia summa Dei.
Urbanus synodo generali papa vocato,
Patres bis centum movit ad obsequium.
Tertia, quæ decimam lucens præit ante decembrem,
Vitæ præsentis lumen ademit ei.
Arvernis sanctos cineres reverenter habeto,
Atque patrocinio tutior esto suo.

« Ici repose l'évêque vénérable nommé Durand, qu'une
» vie pleine d'œuvres a rendu cher à Dieu. La grâce divine
» lui a ménagé des funérailles pompeuses qui semblèrent un
» triomphe. Urbain, ayant convoqué un synode général, en-
» traîna à sa suite deux cents pères. Le treizième jour avant

---

(1) « *Ab Urbano visitatus et absolutus cum jam extremum spiritum traheret, nocte sequenti spiritum Creatori reddidit.* » (Hugues de Flavigny, in *Chronico Virdunensi.*)

(2) *Lotus et curatus summa filiorum, id est abbatis Divionensis abbatis Casa Dei, episcopi Gratianopolitani, et aliorum diligentia.* » (Hugues de Flavigny.)

» décembre le vit mourir. Que l'Auvergne révère ses cendres
» saintes et trouve sous son patronage une plus grande
» protection. »

Le corps fut déposé dans la chapelle de Saint-Nicolas, qu'un personnage du nom d'Asselme d'Olby avait fait bâtir dans la partie des dépendances de la Cathédrale qui servaient de demeure aux chanoines. La chapelle s'élevait au-dessus de leur réfectoire ; elle avait été consacrée par Durand lui-même peu d'années auparavant.

Suivant quelques indications assez précises de topographie comparée, l'emplacement de cette annexe correspondrait à celui du Tribunal de Commerce actuel (1).

Au lendemain de cette cérémonie funéraire, le seigneur apostolique, au dire du chroniqueur Hugues de Flavigny (2), désigna publiquement pour le siège vacant de la ville d'Auvergne, maître Guillaume de Baffie, dont le nom fut salué par les acclamations unanimes du clergé et du peuple, et qui prit place aussitôt, parmi les pères du Concile, en qualité d'évêque élu de Clermont.

De Baffie, originaire de notre province, appartenait à une puissante famille du Livradois.

Il était fils de Dalmas, seigneur de Baffie, et de Rotberge de La Tour d'Auvergne, fille de Géraud Ier, baron de La Tour.

A s'en rapporter à Savaron, qui le désigne sous le nom de Guillaume Guimond, il aurait été précédemment religieux de Sainte-Croix, probablement de Sainte-Croix de Bredons (3). D'après Dufraisse, il était investi du décanat de Chamalières (4).

Enfin, selon d'autres, il avait été où il était chanoine et

---

(1) Durand ne fut pas le seul prélat qui mourut au moment du Concile. La mort vint aussi frapper Didier, évêque de Cavaillon, et Gontard, abbé de Jumièges.

(2) *Loc. cit.* : « *Sedem ejus (Durandi) Willelmus de Bafia adeptus est laude cleri et populi præcepto ejusdem apostolici.* »

(3) *Origines de Clairmont.*

(4) *Orig. des égl. de Fr.*

archidiacre de Lyon, abbé de Saint-Irénée et de Saint-Evodius. Il semble que la plupart de ces assertions reposent sur une confusion entre lui et Guillaume de Chamalières qui fut déposé de l'épiscopat, et qui devint chanoine de Billom et doyen de Saint-Cerneuf.

Ce qui n'est pas douteux, c'est que Guillaume de Baffie, proposé par Urbain pour succéder à Durand, ne reçut la consécration que plus tard, pendant le concile de Tours, tenu l'année suivante au mois de mars. Il signe, en effet, certains actes du début de ce synode par ces mots: *Guillielmus episcopus electus de Claromonte ;* et les actes de la fin par ceux-ci : *Episcopus Arvernensis* (1).

Cette double manière d'indiquer une charge, montre que les deux appellations de Clermont et de ville d'Auvergne s'employaient encore indifféremment l'une pour l'autre (2).

Remarquons aussi, à cette occasion, que Guillaume de Baffie fut le premier de nos évêques à prendre le titre d'*Evêque de Clermont*, que nul ne porta avant lui.

---

(1) Cette signature se trouve dans un acte du 3 avril 1096.

Il paraît que Guillaume de Baffie était allié à la famille du comte d'Auvergne. Dans ce cas, le choix du Pape s'expliquerait facilement. En remettant la crosse entre les mains de Guillaume, Urbain donnait à Robert, comte d'Auvergne, un témoignage de reconnaissance en retour de la bienveillance avec laquelle ce dernier ne cessait de garantir la liberté du Concile.

Sur Guillaume de Baffie, on peut consulter le *Gallia Christiana*, le *Cartulaire de Sauxillanges*, les *Concilia*, de Labbe.

(2) Urbain II termine ainsi les bulles ou les lettres qu'il expédie pendant l'année 1095: *Datum apud Arverniam...,* ou *Datum apud Clarummontem Arverniæ.*

CHAPITRE VIII

Ouverture du Concile. — Lieu où il se tint. — Nombre des personnages ecclésiastiques présents aux sessions. — Noms et qualités des principaux d'entre eux.

Un concile est une réunion de personnages ecclésiastiques, sous la présidence de l'un d'entre eux, constitué en dignité au-dessus de tous les autres et leur supérieur hiérarchique.

Les conciles œcuméniques sont composés des évêques de l'univers catholique, dûment convoqués par le chef de l'Eglise, et présidés par lui ou par ses légats.

Les conciles particuliers sont composés des évêques d'une même nation, sous la présidence d'un patriarche ou d'un primat, ou encore des évêques d'une même province ecclésiastique, sous la présidence de leur métropolitain.

Dans le premier cas, le Concile est dit concile national ; dans le second, il est simplement appelé concile provincial.

De ces notions, il semblerait résulter, de prime abord, que le Concile de Clermont, ayant été convoqué et présidé par le Pape, dût être considéré comme un concile général. Il n'en est rien. Le Pape agissait surtout, dans ces circonstances, en qualité de patriarche de l'Eglise d'Occident et non comme chef de l'Eglise universelle.

De là vient que le Concile de Clermont a toujours été rangé par les théologiens et les canonistes dans la liste des conciles particuliers.

Toutefois, il est vrai de dire qu'après les vingt conciles généraux, tenus dans l'Eglise depuis le concile de Nicée jusqu'à celui du Vatican, le Concile de Clermont vient l'un

— 93 —

des premiers (1). Le nombre considérable de ses membres, la présence du Souverain Pontife, les grandes questions qui y furent agitées, lui assurent une place à part dans l'histoire de l'Eglise universelle et en font la date la plus brillante des annales de l'église d'Auvergne.

« L'an de l'incarnation du Seigneur 1095, en l'indiction IV°,
» le XIV des Calendes de décembre (c'est-à-dire le 18 novem-
» bre), s'ouvrit à Clermont, en Arvernie, le grand synode
» présidé par le seigneur Pape Urbain II ; siégeant treize
» archevêques, deux cent vingt-cinq évêques et une multi-
» tude infinie d'abbés, de princes, de chevaliers, de person-
» nages du plus haut rang. »

Ainsi débutaient les actes, malheureusement perdus, de cette célèbre assemblée. Mais des documents authentiques et les chroniques d'une foule d'historiens contemporains permettent de suppléer à peu près complètement à cette lacune.

Le Concile tint ses séances dans une des églises de Clermont. Il a toujours été de règle que les conciles abritassent leurs délibérations et leurs décisions sous le toit, chrétien par excellence, près du Christ, réellement présent sous les apparences eucharistiques, non loin des cendres des saints et des martyrs.

A quelle église de la ville vint échoir l'honneur de recevoir l'assemblée ?

Nous nous trouvons ici en présence de quatre opinions.

Une tradition assez vivace désigne la basilique de Notre-Dame du Port.

On fait remarquer que près de cet église et en quelque sorte à sa porte, s'étendait la place Champet, où eut lieu la dernière séance conciliaire, celle de la Croisade.

(1) « Concilium Claromontense in nostrâ Arverniâ, præside Pontifice, episcoporum et abbatum 310, adeo ut vocatur generale. » (Génébrard : *Chronologie*, l. IV.)

« Probatur hæc potestas ex conciliis generalibus. Quod concilia generalia docent, id universa Ecclesia docet. Habemus enim anno 1095 Concilium Claromontanum generale, etc. » (Bellarmin : *Controverses*, l. 1, c. 3, *de Indulgentiis*.)

La place et la basilique ne faisant qu'un tout connexe, dit-on, le choix de la première entraîne le choix de la seconde.

Cet argument est sans valeur. On le sent d'ailleurs et on se hâte d'en présenter un autre. Une tradition sérieuse veut que la Messe *Salve, sancta Parens* ait été chantée, pour la première fois, au Port, en présence d'Urbain II. C'est donc sous les antiques murailles relevées par Sigon, que se sont déroulés les divers incidents du Concile des Croisades.

Dans cet argument, il n'existe, entre les prémisses et la conclusion, aucune relation.

Que le Port ait accueilli les visites répétées, soit du Pape, soit des cardinaux, soit des évêques, nous l'admettons sans peine ; que la basilique ait vu se développer dans son sein la pompe de nombreuses cérémonies, nous le croyons volontiers ; que le chant très connu de la messe composée en l'honneur de la Mère de Dieu, ait retenti d'abord sous ses voûtes avant de se répandre, en virginales ondulations, jusqu'aux extrémités de l'univers liturgique, nous acceptons le fait avec une satisfaction filiale, mais que de ces événements d'ordre secondaire, on soit amené à prétendre que les décisions antérieures à la proclamation de la Croisade aient été prises aux pieds de l'image, centre d'attraction du célèbre pèlerinage, c'est là un défaut de logique évident.

Bien que nous ne connaissions pas au juste les dimensions du vaisseau construit par saint Avit, nous pensons qu'elles n'excédaient point les mesures de l'église actuelle, si même elles les atteignaient. Or, l'église du Port eût été certainement insuffisante pour recevoir les membres délibérants (1).

---

(1) Si le Concile s'était tenu au Port, le Chapitre n'eût pas manqué de le redire à tous les échos de l'histoire. Dans les procès qu'il avait à soutenir pour le maintien de ses droits, ledit Chapitre se plaisait à reproduire sans cesse les titres de gloire du sanctuaire. Il rappelait la légende de la consécration par les anges et l'institution de la messe : *Salve, sancta Parens*. Jamais il n'osa faire allusion au Concile. Aurait-il pu ainsi oublier le plus solide appui de ses revendications !

La seconde opinion, peu répandue, relègue le Concile aux faubourgs de la ville, dans le monastère de Saint-Alyre.

Un mot vague, puisé dans une chronique fort postérieure à l'événement, fait tous les frais de ce sentiment (1).

L'oratoire des Bénédictins était alors en construction ; il n'avait, à cette heure, nulle prétention aux honneurs (2).

La troisième opinion, à l'instar de ses aînées, n'a aucune consistance. Elle a été soutenue par M. Martha-Becker (3), qui s'est appuyé sur une tradition de source moderne. Au dire de l'écrivain, le Concile se serait réuni dans une chapelle à laquelle se serait substituée plus tard le monastère des Jacobins, quartier de ce nom, à l'est de Clermont. Fléchier, dans ses *Mémoires sur les Grands Jours d'Auvergne*, s'est fait l'écho de cette assertion. « Nous entrâmes, dit-il, dans cette maison, qui est célèbre par un Concile qui s'y est tenu sous le Pape Urbain II, en 1095, dans lequel on conclut cette grande croisade, qui a été la plus célèbre expédition qui ait jamais été entreprise sur le royaume de Jérusalem (4). »

L'existence d'une chapelle en cet endroit, au XIe siècle, est fort problématique. Nous savons, par le livret *De Ecclesiis*, qu'il n'en existait point en 950. Rien ne prouve que dans l'intervalle qui sépare cette date de celle du Concile, une église aux dimensions assez vastes pour recevoir le nombre des Pères, ait été construite hors des murailles, au milieu d'une vaste esplanade, sans groupe d'habitants pour s'y rattacher par les liens du service religieux. Les Dominicains, qui s'établirent à Clermont vers 1246, n'auraient pas manqué, dans la suite, de faire ressortir « la vénérabilité » de leur monastère annexé à une antique fondation. Ce souci des origines reculées a été la passion du moyen-âge. Or, dans

---

(1) M. Adolphe Michel a adopté cette opinion. (*L'Auvergne et le Velay.*)
(2) La chapelle de Saint-Alyre ne fut terminée et consacrée qu'en 1106, c'est-à-dire 11 ans après le Concile.
(3) *Annales scientifiques de l'Auvergne*, année 1854.
(4) Edition Gonod, p. 204.

aucun écrit dominicain, nous ne trouvons trace de cette préoccupation. Le P. Richard, des Frères-Prêcheurs, a publié de 1760 à 1762, en 5 volumes in-folio, un *Dictionnaire universel des sciences ecclésiastiques* ; il y parle de Clermont et de la Croisade ; en fils respectueux des gloires de son ordre, il devait mentionner un fait d'une telle importance pour le rayonnement de la colonie d'Auvergne en général, et pour la maison de Clermont en particulier.

Or, le P. Richard met nettement le Concile à la Cathédrale.

En somme, Fléchier a ramassé un propos inconsidéré et en a grossi les pages superficielles de son manuscrit, chef-d'œuvre de préciosité alambiquée.

M. Gonod, éditeur de Fléchier, signale la cause probable de l'erreur (1). En 1263, par ordre du Pape Urbain IV, tous les évêques de la province de Bourges s'assemblèrent dans le couvent des Jacobins ou Dominicains, pour régler les différends survenus entre Gui de La Tour, évêque de Clermont, et les religieux de La Chaise-Dieu. Il s'est établi une confusion entre cette assemblée et celle du Concile (2).

(1) *Loc. cit.*, p. 204, note.
(2) La critique ne peut accepter les assertions qu'a émises M. Martha-Becker.
Nous y revenons parce qu'elles ont induit en erreur le géographe Elisée Reclus.
Pour M. Martha-Becker, le Concile se serait réuni dans une église qui occupait la petite rue Godefroy-de-Bouillon.
L'entrée de l'édifice serait encore indiquée par l'arcade de pierre qui se voit au commencement de cette rue.
Cette arcade, dit l'écrivain, en a remplacé une plus ancienne qui surmontait le porche et qui dominait un escalier, donnant accès sur la place Delille. Ce serait là, près de cette arcade, qu'aurait été placée l'estrade du sommet de laquelle Urbain se fit entendre à la foule.
Tout cela est avancé sans preuves. A notre avis, il n'y avait pas d'église en cet endroit, et, par conséquent, point d'arcade ; les fossés de la ville sillonnaient la place Delille dans toute sa longueur, la foule ne pouvait donc ni se rendre ni se déployer à l'aise sur ce point. M. Martha-Becker esprit éminent, n'a jamais pu se faire illusion sur l'avenir d'une thèse qu'aucun document ne corrobore.
Elisée Reclus avait évidemment cette thèse sous les yeux lorsqu'il a écrit les lignes suivantes dans sa *Géographie universelle* : « Parmi ses

Reste la quatrième opinion, à laquelle nous adhérons complètement (1). Elle est la seule acceptable. C'est dans la Cathédrale que siégea le Concile. L'édifice bâti, ou plus exactement consacré par l'évêque de Clermont, Etienne II, possédait en étendue la surface de la Cathédrale actuelle, en défalquant toutefois, en faveur de cette dernière, la travée occupée par les clochers modernes et une travée ou deux de l'abside. Peut-être aussi avait-il moins de largeur. Les mesures, en longueur, sont clairement indiquées par la présence, récemment constatée, de la crypte romane, enfouie sous le chœur de l'œuvre ogivale et par l'assiette bien connue de la vieille tour romane, démolie, il y a un certain nombre d'années, pour construire, sur son emplacement, le portail et les tours à flèches, conçus par Viollet-le-Duc (2).

Les autres églises de Clermont furent peut-être utilisées par les commissions chargées de préparer les matières des séances générales. Mais nous estimons que la Cathédrale a eu le monopole exclusif des sessions solennelles.

---

monuments, Clermont compte l'église du Port, où commença le mouvement de la première Croisade, et l'on montre encore derrière l'édifice, sur la place qui reste de l'ancien *agger publicus* de Nemetum, l'endroit où siégeait le Pape Urbain II et où se tenaient les séances solennelles du Concile. » (Tome II : *France*; chap. v. *Le Plateau central de la France*; Hachette, p. 466.)

Comme il arrive d'ordinaire, Elisée Reclus renchérit sur son devancier; il veut le compléter en y ajoutant ses propres imaginations.

La Croisade ne commença pas au Port ; l'*agger publicus* appartint très peu à Nemetum; il appartint à Augustonemetum; quant à l'endroit où siégeait le Pape et où se tenaient les séances solennelles, nous savons ce qu'il faut en penser.

(1) Audigier (*Hist. manuscr. de Clermont*, Bibliothèque nationale); Dufraisse *(Orig. des Egl. de France)* ; Majour *(Apologie des Chanoines de la Cathédrale et des citoïens de Clermont)* ; Gonod *(Chronologie des Evêques de Clermont)*, ont adopté ce sentiment.

(2) Bien qu'édifiée un peu hâtivement, la cathédrale du Concile ne manquait pas d'élégance. Nous en avons la preuve dans ce fait que le roi Robert-le-Pieux, en 1010, ordonna qu'on la prît pour modèle dans la construction de l'église de Saint-Aignan, à Orléans. « *Caput autem ipsius monasterii fecit miro opere in similitudinem monasterii sanctæ Mariæ et sanctorum Agricolæ et Vitalis in Claromonte constituti.* » (*Chronique d'Helgaud.)*

La première de ces sessions eut lieu au jour fixé, le dimanche 18 novembre, et selon le cérémonial alors en usage. L'ouverture des assemblées conciliaires s'est toujours accomplie au sein de rites sacrés et de prières liturgiques, qui ont pu varier suivant les temps, mais dont le fond a toujours été à peu près le même.

Il est donc à croire que le jour et l'heure venus, le Pape et les Pères durent se rendre processionnellement à l'église Cathédrale. Là, le Souverain Pontife prit place au milieu du sanctuaire sur un trône. En même temps, les Pères se mirent à ses côtés, suivant les exigences et les règles de la hiérarchie.

Tous étant ainsi rangés dans un ordre imposant, on commença par les supplications prescrites pour la circonstance. Après quoi, le Pape ayant déclaré que le Concile était et restait ouvert, ordonna que promulgation nouvelle fut faite des décisions des conciles de Melfi, de Bénévent et de Plaisance. Or, parmi les décisions de ces divers conciles, il en était une qui fulminait l'anathème contre Henri IV et sa créature, l'antipape Guibert (1).

Après l'empereur, ce fut Philippe Ier qui eut à subir les censures de l'Eglise, pour son union doublement adultère avec Bertrade de Montfort. Retenu par sa passion, le roi avait laissé s'écouler le délai assigné. Il fallut lui rappeler avec éclat l'exécution de sa promesse.

Urbain, dont la douce temporisation, en cette matière, soulevait déjà des murmures, fut fidèle à sa mission. Se levant donc dans toute la majesté de son ministère apostolique, insensible aux prières et aux présents, il prononça la sentence contre le souverain criminel et contre sa complice couronnée (2).

---

(1) *Chronique de Berthold.*

(2) « Si le clergé, jusqu'à la fin du XIIe siècle, pèse sur les princes, c'est surtout pour refréner en eux et au-dessous d'eux les appétits brutaux, les rébellions de la chair et du sang. » (Taine : *l'Ancien régime.*)

— 99 —

Ainsi fut exécuté le programme de cette journée.

Chercher à opérer le dénombrement de tous les membres du Concile serait une prétention irréalisable. Nous devons nous borner, à la suite des chroniqueurs, témoins oculaires, à signaler les plus marquants d'entre eux.

Le nombre des assistants, qui a dû varier en lui-même, suivant les différentes sessions, varie aussi suivant les historiens.

Baudric de Bourgueil pense qu'il s'y trouvait 200 archevêques, évêques et un plus grand nombre d'abbés (1).

D'après Berthold, il y aurait eu 250 archevêques ou évêques, sans compter les abbés. « On y vit, dit-il, jusqu'à 250 crosses épiscopales : » *250 pastorales virgæ notatæ sunt.*

Orderic Vital affirme qu'on y compta 13 archevêques, 225 évêques et « une multitude d'abbés et autres personnes ayant charge d'âmes. »

L'auteur des actes de Lambert, évêque d'Arras, donne le même nombre d'archevêques et d'évêques, auquel il ajoute plus de 90 abbés.

Clarius, dans sa *Chronique du Monastère de Saint-Pierre-le-Vif*, avance qu'on y voyait 300 évêques ou abbés.

Guibert de Nogent évalue à 400 le chiffre des crosses épiscopales et abbatiales (2). « A la suite des prélats, dit-il, afflua au Concile la littérature de toute la France et des Etats environnants. »

Enfin, l'auteur des *Actes des Evêques de Tours et des Abbés de Marmoutiers* opte pour une approximation marquée par le total de 500 : *in præsentia quingentorum fermè patrum.*

De ces témoignages, il résulte que le nombre des assistants ne fut ni inférieur à deux cents, ni supérieur à cinq cents.

Selon nos conjectures, il se rapprocherait plus probablement de ce dernier chiffre. On l'établit facilement par les

---

(1) Edit. Bougars, *loc. cit.*
(2) « Prominentes ferulas. »

documents du temps qui nous permettent de compter comme présents : une quinzaine de cardinaux ou prélats de la suite du Pape, une quinzaine d'archevêques, deux cent vingt-cinq évêques, une centaine d'abbés et plus de cent théologiens ou moines, amenés par les évêques et les abbés ou chargés de représenter les absents empêchés. Nos conclusions semblent ainsi se justifier sans peine.

Des Pères, les uns étaient venus d'Italie et d'Espagne, les autres, en petit nombre, d'Angleterre et d'Allemagne ; la France fournit le plus fort contingent.

Pour plus de détails, nous donnons la liste des noms qui ont été sauvés de l'oubli (1).

Cardinaux et Prélats de la suite du Pape

Anselme, archevêque de Milan ;
Daïmbert, archevêque de Pise ;
Ranger, archevêque de Reggio ;
Jean, évêque de Porto ;
Gualtier, évêque d'Albano, légat d'Angleterre ;
Bruno, évêque de Segni ;
Jean de Gaëte, chancelier de l'Eglise romaine ;
Grégoire de Pavie, diacre de l'Eglise romaine ;
Hugues de Verdun, diacre de l'Eglise romaine ;
Richard de Saint-Victor de Marseille, cardinal ;
Richard, archidiacre de Metz, créé cardinal et légat du Saint-Siège en Lorraine et en Germanie, au Concile même de Clermont ;
Teuzon, cardinal ;
Renchion, cardinal ;
Milon, moine de St-Albin ;
Henri, abbé de Mazzara, en Sicile.

Archevêques et Evêques étrangers

Bérenger, archevêque de Tarragone ;
Bernard, archevêque de Tolède et légat du Saint-Siège en Espagne ;
Dalmas, évêque de Compostelle ;
Pierre, évêque de Pampelune ;
Poppon, évêque de Metz ;

---

(1) Nous parvenons à dresser cette liste en combinant les œuvres de Mabillon, de Dom Ruinart et des chroniqueurs de l'époque.

Pibon, évêque de Toul ;
N., délégué de Richer, évêque de Verdun ;

Boson, abbé du Bec, délégué de saint Anselme, archevêque de Cantorbéry.

Les trois évêchés de Lorraine relevaient alors de la métropole de Trèves.

Archevêques et Evêques français

MÉTROPOLE DE REIMS

Raynald, archevêque de Reims ;
Gervin, évêque d'Amiens ;
Lambert, évêque d'Arras ;
Royer, évêque de Beauvais ;
Gaucher, évêque de Cambrai ;
Létalde, évêque de Senlis ;

Hugues, évêque de Soissons ;
Hilgo, son prédécesseur dans le siège de Soissons, et pour lors moine de Marmoutiers ;
Gérard, évêque de Térouanne.

MÉTROPOLE DE LYON OU 1re LYONNAISE

Hugues de Romaice, archev. de Lyon, primat des Gaules et légat du Saint-Siège ;

Aganon, évêque d'Autun ;
Landric, évêque de Mâcon.

MÉTROPOLE DE ROUEN OU 2e LYONNAISE

Odon, évêque de Bayeux, oncle du roi d'Angleterre ;

Gislebert, évêque d'Evreux ;
Serlon, évêque de Séez.

MÉTROPOLE DE TOURS OU 3e LYONNAISE

Rodulphe, archevêque de Tours ;
Hoel, évêque du Mans ;

Gaufrede, évêque d'Angers ;
Roland, évêque de Dôle ;
Benoît, évêque de Nantes.

MÉTROPOLE DE SENS OU 4e LYONNAISE

Richer, archevêque de Sens ;

Yves, évêque de Chartres ;
Jean, évêque d'Orléans.

MÉTROPOLE DE VIENNE

Guy de Bourgogne, archevêque de Vienne ;

Hugues, évêque de Grenoble ;
Gontard, évêque de Valence.

MÉTROPOLE D'ARLES

Didier, évêque de Cavaillon ;

Guillaume, évêque d'Orange.

MÉTROPOLE DE BOURGES, 1ʳᵉ AQUITAINE

Audebert, archevêque de Bourges ;

Durand, et son successeur, Guillaume de Baffie, évêque de Clermont ;

Humbald, évêque de Limoges ;

Adhémar de Monteil, évêque du Puy.

MÉTROPOLE DE BORDEAUX

Amat, archevêque de Bordeaux, légat du Saint-Siège ;

Adhémar, évêque d'Angoulême ;

Raynald, évêque de Périgueux ;

Pierre, évêque de Poitiers ;

Raymond, évêque de Rodez ;

Ramnulfe, évêque de Saintes.

MÉTROPOLE DE NARBONNE

Dalmas, archevêque de Narbonne ;

Bertrand, évêque de Lodève ;

Godefroy, évêque de Maguelonne ;

Bertrand, évêque de Nîmes.

MÉTROPOLE D'AIX OU D'AUCH

Pierre, archevêque d'Aix *(aquensis)*, ou d'Auch *(axiensis)*.

Abbés

Richard, cardinal, abbé de St-Victor de Marseille ;

Robert, abbé de St-Remy de Reims, historien de la Croisade ;

Lambert, abbé de St-Bertin ;

Lauzon, abbé de St-Vincent de Metz ;

Baudric, abbé de Bourgueil, en Anjou, historien de la Croisade ;

Hugues, abbé de Cluny ;

Bertrand, abbé de Marmoutiers (Tours) ;

Etienne, abbé de Nayen (Tours) ;

Geoffroy, abbé de Vendôme ;

Gontard, abbé de Jumiège ;

Noel, abbé de Saint-Nicolas (Angers) ;

Guillaume, abbé de Saint-Florant (Angers) ;

Gausmare, abbé de St-Pierre en l'île Germanique, ou Moutier-la-Celle, près Troyes *(seu de Cella prope Trecas)*;

Raynald, abbé de Saint-Cyprien de Poitiers;

Gervais, abbé de Saint-Savinien, près Tarbes;

Pierre de Charroux (Poitiers);

Pierre d'Aniane (Maguelonne);

Guibert, abbé de Nogent, historien de la Croisade;

Adhémar, abbé de Saint-Martial, Limoges;

Gérard, abbé d'Uzerche, près Brives;

Ausculf, abbé de Saint-Jean-d'Angély, près Saintes;

Jarenton, abbé de Saint-Benigne (Dijon);

Alod, abbé de Saint-Vaast (Arras);

Hameric, abbé d'Anchin (Arras);

Ermengarde, abbé de Cluse (Piémont);

Seguin, abbé de Lezay;

Bertrand, abbé de St-Pierre ou du Mas-Garnier;

Foucher, moine de Chartres, historien de la Croisade;

Pierre de Pontgibaud, abbé de St-Alyre (Clermont);

Pons, abbé de La Chaise-Dieu;

Pierre de Ciziers, abbé d'Aurillac;

Bernard de Chanat, abbé de Riom et prévot de Saint-Pierre de Pébrac;

Etienne, prieur de Saint-Flour;

N., abbé de Saint-Symphorien de Thiers;

N., doyen de Saint-Pierre de Mauriac.

Quant aux princes, ducs, comtes, barons, chevaliers et seigneurs, le nombre en fut si considérable, que les chroniqueurs contemporains n'ont pas même songé à nous donner le nom des principaux d'entre eux. La noblesse de France, une bonne partie de celle d'Italie, de Lorraine, de Bohême et de Hongrie, se trouva à ce rendez-vous des peuples.

On fixe à près de cent mille le chiffre d'étrangers attirés dans notre ville (1).

(1) Nous attribuons à ce chiffre 100,000 un sens vague, indéterminé. Les historiens n'ont point fait le dénombrement même approximatif des assistants. Toutefois, si l'on considère qu'à Plaisance, synode préparatoire,

Aussi, dès le milieu de novembre, la cité arverne et les villages d'alentour ne purent-ils suffire, au dire d'une chronique contemporaine, à contenir cette immense multitude, et la plupart des pèlerins se virent contraints de dresser tentes et pavillons dans les plaines ou sur les collines du voisinage et de camper ainsi en plein air, « bien que la saison et le pays fussent d'une extrême froidure. »

Durant quinze jours, le paysage clermontois fut le théâtre d'un fourmillement intense d'hommes, au langage bizarre et aux costumes étranges.

Le preux bardé de fer coudoyait le vilain revêtu du froc et armé du gourdin ; le moine, à la tête rasée, attirait l'attention des enfants curieux, perdus dans les groupes ; Pierre l'Ermite passait le regard en feu. On n'entendait partout que des cliquetis de lances et de boucliers. La fièvre s'emparait peu à peu des âmes ; c'était celle dont avaient éprouvé les mâles atteintes, les soldats de Charles Martel, au matin de la mémorable journée de Poitiers.

---

il se trouva 30.000 laïcs, est-on téméraire en triplant ce nombre pour ce qui concerne le Concile de Clermont où la grave question qui remuait les esprits devait être résolue. Clermont qui possédait alors vraisemblablement une population de 20 à 25,000 âmes, assura le premier apport ; il ne fut pas difficile à ce XIe siècle, si épris des déplacements, de fournir les autres contingents. On ne s'éloigne guère de la vérité, à notre avis, en fixant à 80 ou 90,000 le chiffre des témoins de la proclamation de la Croisade.

CHAPITRE IX

Le Concile : sa durée; ordre et objet de ses séances

Le but d'Urbain II était assurément la proclamation de la Croisade, mais avant de jeter la chrétienté dans les périls de la guerre au dehors, il importait souverainement, au Pontife, d'assurer au dedans le triomphe de la paix et de la concorde, le règne des bonnes mœurs et la vigueur de la discipline ecclésiastique. Pour parvenir à ce résultat, neuf sessions sur dix furent consacrées aux questions qui intéressaient la vitalité et la prospérité de l'Eglise.

Le Pape voulut présider lui-même chacune des séances conciliaires ; il le fit avec une sagesse et une fermeté auxquelles les témoins se plaisent à rendre hommage. Le Pontife jouissait alors de toutes les forces de l'âge; il n'avait que cinquante-trois ans, et il était dans l'entier éclat de ses éminentes qualités. « Le seigneur Pape, dit Guibert de Nogent, faisait notre admiration par sa manière grave et douce de présider les délibérations. Il discutait les questions avec une compétence, un à-propos, un calme parfaits et avec une éloquence piquante et pleine d'imprévus, pour me servir d'une expression empruntée à Sidoine Apollinaire. Il supportait avec patience la loquacité des parties qui plaidaient devant lui. Du reste, ses jugements étaient selon Dieu, sans acception de personnes (1). »

(1) Erat ibi spectare quam serenâ gravitate, ponderosa comitate præsideret, et ut præfati Sidonii verbis utar, quam *piperata facundia*, ad objecta quælibet Papa dissertissimus detonaret. Notabatur quanta vis clarissimus modestia tolerabat, suas tumultuose causas ingerentium, loquacitatem ; quamparum appreciabatur, nisi secundum Deum, cujuspiam personalitatem. (Edit. Bongars, page 473.)

Avant d'introduire le lecteur dans le détail des différentes affaires dont s'occupa le Concile, il est bon de faire remarquer que parmi les causes soumises à l'examen et à la discussion, les unes concernaient la réforme de certains abus et relevaient du pouvoir législatif de l'Eglise, les autres concernaient le règlement de diverses causes en litige et ressortissaient de son pouvoir judiciaire. En sorte que, suivant les cas, le Concile prit tour à tour tantôt le caractère d'une assemblée délibérante qui légifère, tantôt celui d'un tribunal suprême qui juge en dernier ressort.

Nous allons exposer les lois portées et les arrêts rendus.

I

Lois et Décrets du Concile

Ces lois et ces décrets portent sur les points suivants :
1° La trêve de Dieu ;
2° La simonie ;
3° L'injuste transmission et détention des bénéfices ;
4° Les privilèges et immunité des biens et des personnes ecclésiastiques ;
5° Les incapacités à l'admission aux Ordres ou à certaines dignités ;
6° Les interstices et le temps des ordinations ;
7° Les investitures et la foi et hommage-lige ;
8° La communion et le mariage ;
9° Les jeûnes et l'abstinence ;
10° La juridiction épiscopale ;
11° L'excommunication et les appels ;
12° La rédemption des autels.

1° Protéger les êtres faibles et sans défense à l'heure où les chemins de l'Europe allaient se remplir de soldats, c'était accomplir un acte de haute justice.

En conséquence, la *Trêve de Dieu* reçut une extension plus grande. Elle engloba les semaines du Carême, les semaines qui précèdent la Pentecôte et les semaines de l'Avent, jusqu'à l'Octave de l'Epiphanie.

Les fêtes de Notre-Seigneur, de la Sainte Vierge et des Apôtres, avec leurs vigiles, furent comprises dans la même défense. Et comme si l'on voulait acculer les brutalités de la force physique dans une sorte d'impasse, on décréta, en ce qui concernait les semaines libres, que toute l'année, depuis le mercredi jusqu'au lundi, les prohibitions imposées par la Trêve auraient pleine vigueur.

Durant les jours ainsi désignés, il fut interdit à tout chrétien d'attaquer un de ses semblables, de le tuer, de le blesser, d'enlever son bétail ou de ravir du butin.

Le Concile décida en outre que « toutes les églises et leurs parvis, les croix sur les chemins, les moines et les clercs, les femmes, les pèlerins, les marchands, les domestiques, les bœufs, les chevaux de labour, les hommes conduisant la charrue, les bergers et leurs troupeaux, jouiraient d'une *paix perpétuelle,* et resteraient à l'abri de toute violence et de tout brigandage. »

Tout chrétien, depuis l'âge de douze ans, devait jurer de se soumettre à la Trêve de Dieu, et de s'armer contre ceux qui refuseraient d'y adhérer.

Quiconque n'observait point les défenses, était frappé d'anathème. D'après Guillaume de Tyr, Pierre l'Ermite aurait usé de son influence pour amener les Pères à adopter la plupart de ces résolutions : *Qui pacem, suggerente Petro eremita, quæ de rebus perierat, reformarent* (1).

2° Un autre fléau de ces temps difficiles, était la simonie. En vain, Grégoire VII avait-il lutté avec une énergie peu commune contre ce mal, il n'avait pu, malgré ses efforts, l'extirper entièrement. Urbain II avait continué la lutte. Au Concile de Clermont, il renouvelle contre les clercs simo-

---

(1) Loc. cit., p. 639.
Dans ses œuvres, Pierre de Marca a consacré de nombreuses pages aux prescriptions du Concile de Clermont.
A l'encontre de plusieurs auteurs, nous pensons que les Pères de Clermont ne prirent point l'initiative des mesures relatives à la Trêve de Dieu, mais qu'ils leur donnèrent une confirmation et une sanction solennelles.

niaques les anathèmes portés antérieurement. Il fut donc décrété que toute transaction entachée de simonie, c'est-à-dire toute acquisition de chose sainte à prix d'argent, sera nulle de plein droit.

Il est encore statué que les clercs, engagés dans les ordres sacrés, ne pourront avoir à leur service que les personnes dont la présence est autorisée par les canons. En outre aucun clerc ne devra se permettre l'accès des auberges pour s'y faire servir des boissons.

3° A la simonie se rattachait un autre abus, celui de l'injuste transmission ou détention des bénéfices.

La violence, la fraude, le cumul anormal, l'intrusion remplaçaient parfois le droit. Il arrivait que des clercs d'un rang inférieur ou même de simples laïques usurpaient les dignités ecclésiastiques. Pour remédier à ces désordres, il fut établi qu'à l'avenir nul ne serait promu à l'archidiaconat, à moins qu'il ne fût diacre, au décanat à moins qu'il ne fût prêtre, et à l'épiscopat à moins qu'il ne fût engagé dans les ordres sacrés (1). Il fut interdit à tout clerc de posséder deux bénéfices, soit dans la même église, soit dans deux cités différentes, et à tout laïque de percevoir pour lui-même et de retenir les revenus d'aucun autel ni d'aucune église.

4° Les immunités des personnes et des biens ecclésiastiques firent l'objet de décisions spéciales. Le Concile statua que quiconque porterait la main sur un évêque ou sur un clerc pour leur faire violence, ou s'emparerait de leurs biens serait anathème. Il en serait de même de quiconque percevrait ou retiendrait indûment les biens ou revenus ecclésiastiques. Il fut réglé qu'aucune église ne pourrait rétrocéder ses propres dîmes à une autre église. Il était interdit aux clercs de porter les armes. Enfin, le droit d'asile auprès des croix érigées sur les chemins ou dans les églises était renouvelé.

5° Relativement aux incapacités ecclésiastiques, il fut

---

(1) V° Canon.

décrété que les enfants issus d'union illégitime seraient à jamais exclus des saints Ordres et de toute dignité religieuse, à moins qu'ils ne prissent l'engagement d'embrasser l'état monastique ou de vivre au sein d'une communauté de chanoines réguliers.

6° Les époques des ordinations et les interstices à observer entre chacune d'elles furent aussi définitivement fixés. Les ordinations auraient lieu désormais quatre fois l'an, c'est-à-dire aux Quatre-Temps de l'année et le samedi de la Mi-Carême, et, ces jours-là, on prolongerait le jeûne jusqu'à l'heure des vêpres, ou mieux encore, jusqu'au lendemain, s'il était possible (1).

7° Le souvenir de la querelle des investitures inspira plusieurs défenses. Il fut interdit à tout roi, prince ou seigneur laïque de conférer une dignité ecclésiastique quelconque, et à tout évêque, abbé ou clerc de recevoir des mains d'un personnage laïque aucune charge religieuse. Le serment de foi et hommage-lige, entre les mains d'un seigneur laïque, fut également interdit aux clercs.

8° En ce qui concernait les sacrements, il fut décrété que celui qui n'aurait point fait une confession complète et entière de ses fautes, ne pourrait être reçu à résipiscence. Si quelqu'un, par exemple, après avoir commis un homicide, restait en état d'adultère ou de parjure, celui-là ne pourrait aspirer au pardon.

Il fut défendu de donner et de recevoir simultanément la sainte communion sous les deux espèces du pain et du vin. Il n'était permis de communier de la sorte qu'en cas de nécessité ou par précaution, et à condition que l'on prendrait séparément le corps d'abord et le sang ensuite.

Quant au mariage, l'empêchement de consanguinité fut étendu jusqu'au sixième degré.

---

(1) Deux évêques furent même déposés pour n'avoir pas observé dans les ordinations les délais prescrits. A la prière de l'assemblée, Urbain II les réintégra dans leurs fonctions. (V. Harduin, col. 1736.)

9° Les jeûnes des Quatre-Temps du printemps furent fixés à la première semaine du Carême et ceux des Quatre-Temps de l'été à la semaine de la Pentecôte. Le jeûne du samedi-saint devait se prolonger jusqu'à la nuit, et l'office de ce jour ne pouvait commencer avant neuf heures. L'abstinence quadragésimale comprenait, pour les clercs, les semaines entre la Quinquagésime et Pâques ; pour les laïques, la loi de l'abstinence commençait le mercredi des Cendres.

10° Les prérogatives de la juridiction épiscopale sont maintenues contre certaines prétentions des princes temporels ou des monastères. Il est défendu à tout prêtre de devenir le chapelain d'un seigneur laïque sans l'assentiment de son évêque. De même, les monastères ne peuvent confier la charge pastorale, dans une église paroissiale relevant d'eux, qu'à des prêtres agréés par l'évêque.

11° Dans la question des appels et des excommunications, le Pape prit une détermination qui reçut l'approbation unanime des Pères du Concile.

Il fut décidé que quiconque aurait été dépouillé sans appel et sans jugement pût être réintégré de même, de crainte que sous prétexte d'appel et de jugement il n'intervînt un délai, et que ce délai en se prolongeant indéfiniment ne rendît la spoliation définitive.

12° Le rachat ou rédemption des autels donna lieu aux plus vifs débats. On entendait par là une redevance exigée par les évêques à chaque mutation du titulaire d'une *cella* ou cure rurale desservie soit par les religieux d'une abbaye ou prieuré, soit par des clercs relevant de seigneurs locaux. Ces sortes d'établissements, qui ont donné naissance à presque toutes nos paroisses actuelles, comprenaient alors environ un tiers du territoire des diocèses.

Les ordres religieux, celui de Cluny en particulier, les possédaient pour la plus grande part. Ils étaient donc intéressés à faire supprimer la taxe épiscopale.

Sur cette taxe venaient se greffer d'autres taxes assez onéreuses. Les religieux prétendaient que ces diverses taxes étaient simoniaques ; les évêques répondaient que les Ordres religieux n'avaient point pour mission d'exercer les fonctions paroissiales.

De part et d'autre, il y avait exagération.

Le Pape trancha la difficulté en statuant, 1° qu'à la mort des donataires, les autels ou *cellœ* feraient retour aux évêques ; 2° que les donations de ce genre ne pourraient être autorisées sans le consentement formel des évêques ou du chef de l'Eglise. Quant aux donations pouvant se couvrir de la prescription trentenaire, elles furent déclarées exemptes de la taxe épiscopale.

II

Sentences du Concile.

Les sentences, arrêts et jugements rendus par le Concile, peuvent se grouper sous les titres suivants :

1° Affaire de la primauté du siège de Lyon ;
2° Affaire de l'archevêché de Dol ;
3° Affaire de l'archidiaconé de Salmorenc ;
4° Affaire du monastère de Marmoutiers ;
5° Affaire du monastère de Vendôme ;
6° Affaire du monastère de Sainte-Marie de Saintes ;
7° Restauration de l'évêché d'Arras ;
8° Schisme de l'église de Cambrai ;
9° Eviction de Gervin, évêque d'Amiens ;
10° Répression des prétentions de l'abbé d'Aniane ;
11° Union des abbayes de Figeac et de Conques ;
12° Différends des chanoines de Saint-Etienne de Toulouse avec Cluny ;
13° Différends de l'abbaye de La Chaise-Dieu avec Cluny ;
14° Différends d'Archimbauld de Bourbon avec les moines de Souvigny ;
15° Plaintes des moines de Saint-Flour, relativement à la dépossession de l'église de Chaudesaigues.

1° Sous l'empire romain, la Gaule se divisait en plusieurs

provinces, dont quatre portaient le nom de Lyonnaises. La 1re Lyonnaise avait pour métropole Lyon, la 2e Lyonnaise Sens, la 3e Lyonnaise Tours, la 4e Lyonnaise Rouen. De bonne heure, le métropolitain de Lyon avait exercé une sorte de primauté, sinon de juridiction au moins d'honneur, sur ceux des autres provinces, à raison de l'ancienneté et de l'importance de son église.

Sous le pontificat de Grégoire VII, Géboin, archevêque de Lyon, avait demandé et obtenu du Pape la confirmation canonique de cette primauté, déjà consacrée par le temps et l'usage. Grégoire VII avait même écrit à ce sujet aux métropolitains de Rouen, de Tours et de Sens, pour leur enjoindre de rendre à l'église de Lyon l'honneur et la déférence exigés par ses prédécesseurs. Rodulf, archevêque de Tours, s'était aussitôt soumis aux prescriptions des lettres pontificales, mais Richer, archevêque de Sens, s'autorisant d'un privilège analogue qui aurait été concédé antérieurement à son église par le pape Jean VIII, refusa de se soumettre. Sous prétexte que la Normandie n'était plus alors sous la domination des rois de France, l'archevêque de Rouen agit de même. L'intervention de Grégoire VII resta sans effet. Mais après la mort de Géboin, Hugues, évêque de Die, qui lui avait succédé sur le siège de Lyon, et auquel son titre de légat apostolique donnait du prestige, usa de son influence pour assurer la primauté à ce siège. Profitant de l'occasion favorable qui lui était offerte, il introduisit devant le Concile cette affaire, dont s'étaient occupés déjà plusieurs autres conciles de moindre importance. Richer, qui était présent, fut appelé à s'expliquer et comme il différait de jour en jour de répondre, le sixième jour il fut sommé de le faire. Après quoi, les évêques de sa province firent leur soumission et on lui accorda un délai de deux jours pour faire la sienne. Mais n'ayant pu s'y résoudre, il fut condamné à être privé du pallium et de toute juridiction sur ses suffragants, jusqu'à ce qu'il eût promis d'obéir aux décisions du Concile. L'archevêque de Rouen était absent; la même peine fut portée contre lui si, dans les trois mois, i n'avait fait sa soumission au primat de Lyon, au moins par écrit s'il ne le pouvait de vive voix. C'est ainsi que fut définitivement établie la primatie de l'église de Lyon (1).

2° Le titulaire du siège de Dol, Roland, qui n'était que simple évêque, avait reçu le pallium. Profitant de cette distinction purement honorifique et personnelle, il avait pris le titre et les insignes d'archevêque et cherchait à se soustraire à la juridiction du métropolitain de Tours.

Déjà Urbain II avait condamné des prétentions si peu justifiées, mais l'archevêque de Tours, dans la crainte que les successeurs de Roland ne suivissent son exemple, demanda au Pape de faire sanctionner par le Concile les décisions déjà prises à ce sujet, et Roland fut contraint de reconnaître Rodulf pour son métropolitain et de lui obéir.

3° Guy, archevêque de Vienne, et Hugues, évêque de Grenoble, se disputaient l'un et l'autre la possession de l'archidiaconé de Salmorenc, situé sur les confins de leurs diocèses. Plusieurs fois déjà, ce différend avait été résolu en faveur de l'évêque de Grenoble. Pour contraindre l'archevêque de Vienne à s'exécuter, les Pères ordonnèrent que l'évêque de Grenoble serait délié de toutes ses obligations de suffragant envers son métropolitain, tant que celui-ci ne se serait pas soumis à la décision du Concile.

4° Outre l'affaire de l'archevêché de Dol, l'archevêque de Tours, Rodulf, en avait aussi une autre avec les moines de l'abbaye de Marmoutiers, qui se plaignaient d'avoir été excommuniés par lui et d'être traités comme tels.

L'archevêque se disculpa devant le Concile d'un semblable abus de pouvoir et fit connaître au contraire les privilèges qu'il avait cru devoir accorder à ce monastère. Lecture faite de ces privilèges, comme on n'y trouva rien qui ne pût être approuvé par le Saint-Siège, l'archevêque, « en vertu de l'autorité de Dieu, du bienheureux apôtre Pierre, des autres

---

(1) V. le décret du pape Urbain II, dans *Mansi* et dans Dom Ruinart.

Apôtres et de la sienne propre », renouvela et confirma lesdits privilèges.

5° D'autres privilèges du même genre en faveur de plusieurs autres églises et monastères furent aussi renouvelés. Nous citerons les privilèges du monastère de Vendôme. On excommunia un seigneur, nommé Eble, qui s'était emparé de l'église d'Oléron, appartenant à ce même monastère de Vendôme.

6° Nous citerons également les privilèges insignes de l'abbaye de Sainte-Marie de Saintes, placée par les fondateurs sous la juridiction immédiate de l'Eglise romaine. La confirmation de ces privilèges par Urbain II porte la date du VI° des Calendes de décembre.

7° Deux jours après, le Concile eut à s'occuper de la restauration de l'évêché d'Arras. Le Souverain Pontife ordonna la lecture en session générale du décret concernant cette affaire importante. Ce décret fut « lu et publié distinctement et ouvertement et entendu, dans le plus profond silence, par le Concile, » qui en approuva et consacra la teneur. C'est ainsi que l'église d'Arras, absorbée dans celle de Cambrai, recouvra depuis lors une existence distincte.

8° Le schisme qui troublait l'église de Cambrai ne pouvait d'ailleurs que favoriser cette reconstitution de l'église d'Arras. Ce schisme venait d'éclater entre Manassès, archidiacre de Reims, régulièrement promu à l'archevêché de Cambrai, et Gaucher, qui s'était emparé de ce siège par simonie. Ce dernier s'était rendu au Concile de Clermont pour y faire prévaloir les prétendus droits de son église, contre celle d'Arras, mais l'assemblée, ayant examiné d'abord son élection, le trouva indigne de la charge épiscopale. Effrayé, Gaucher prit la fuite. Rappelé au sein du Concile pour y défendre sa cause, il n'y voulut point reparaître, et, après trois monitions, il fut déposé de l'épiscopat avec menaces d'excommunication s'il tentait de reprendre son titre, qui fut adjugé à Manassès.

9° Gervin, évêque d'Amiens, fut aussi l'objet des sévérités

du Concile. De moine de l'abbaye de Saint-Remy de Reims, devenu abbé de Saint-Riquier, il avait obtenu, non sans simonie, paraît-il, son évêché, et n'avait point renoncé pour cela à son titre d'abbé, qu'il cumulait avec celui d'évêque, au préjudice de son monastère, dont il dilapidait les biens. Dans cette extrémité, les moines de Saint-Riquier, ne comptant plus sur aucun amendement de sa part, portèrent plainte au Souverain Pontife, et comme Gervin se trouvait au Concile, le Pape le fit comparaître devant lui en présence de tous les Pères. Après lui avoir reproché son indigne conduite, Urbain II prononça contre lui la sentence suivante : « Parce que tu as maltraité l'abbaye de Saint-Riquier, autrefois si noble et si riche ; parce que tu l'as dépouillée de ce qui faisait sa richesse et sa gloire, et que tu as envoyé en exil la plupart de ses moines qui résistaient à tes vues, tu mériterais maintenant d'être dépouillé à ton tour de toute dignité ecclésiastique comme un bourreau des brebis du Christ, *veluti ovium Christi mactator*, et comme un dissipateur des biens de l'Eglise. Mais pour ne point paraître te frapper deux fois, je consens à ce que tu restes sur le siège épiscopal d'Amiens, où tu as eu tant de peine à monter, à condition toutefois que les moines de Saint-Riquier auront, dès à présent, la faculté de se choisir un autre abbé et que tu n'auras jamais la présomption d'aller contre cet arrêt, que nous te signifions en ce moment au nom du Saint-Esprit. » Ce disant, le Pape lui fit immédiatement déposer sa crosse abbatiale et lui retira entièrement le titre et la qualité d'abbé (1).

10° L'évêque de Maguelonne, Bertrand, se plaignit au Concile que l'abbé d'Aniane, Pierre, invitât, de son chef, sans l'assentiment de l'évêque diocésain, des évêques étrangers à venir consacrer des églises ou remplir d'autres fonctions épiscopales dans les dépendances de son abbaye, qu'il

---

(1) Gervin quitta le Concile et se retira dans son pays. Peu après, il se démit de sa charge d'évêque et s'ensevelit dans le monastère de Marmoutiers, où il mourut.

relevât, de sa propre autorité, de l'excommunication portée par l'évêque, et qu'il se permît encore d'autres atteintes aux droits de l'église de Maguelonne. Le Pape reconnut sans difficultés et sans hésitation le bien-fondé des griefs de Bertrand et rappela au devoir l'abbé et les religieux d'Aniane en renouvelant contre eux la sentence portée déjà par Alexandre II dans une circonstance semblable.

11° L'union déjà résolue des monastères de Conques et de Figeac reçut un commencement d'exécution par la sentence de déposition prononcée contre un nouvel abbé, que les moines de Conques avaient cru pouvoir élire, malgré le décret d'union antérieurement promulgué.

12° Les chanoines de Saint-Etienne de Toulouse réclamaient la possession pleine et entière de l'église de Sainte-Marie de la même ville, sur laquelle les moines de Cluny prétendaient aussi avoir des droits. Le différend fut soumis aux appréciations des Pères, qui le tranchèrent en faveur des chanoines dont les droits étaient antérieurs à ceux des Clunisiens.

13° Des conflits analogues s'étaient élevés entre Hugues, abbé de Cluny, et Pons, abbé de La Chaise-Dieu, au sujet de certaines possessions et de certains droits. Portés à la connaissance du Concile par les deux parties en présence, ces différends y furent non moins équitablement tranchés.

14° Hugues de Cluny renouvela les griefs des moines de Souvigny contre Archimbaud V de Bourbon. Celui-ci, n'ayant donné jusque-là aucune satisfaction aux plaignants, avait au contraire, malgré toutes ses promesses et tous ses serments, continué à exercer contre eux les mêmes vexations et les mêmes violences. Il fut cité à comparaître devant le Concile, qui exigea de lui l'engagement formel et absolu de se soumettre à l'avenir, en ce qui concernait ses démêlés avec le monastère de Souvigny, aux décisions de l'archevêque de Bourges et des évêques du Puy et de Clermont. Il le promit, et, cette fois, il tint parole.

15º Etienne, prieur de Saint-Flour, à l'autre extrémité de la province, se plaignit, à son tour, du préjudice considérable que venait de causer à son monastère la perte de l'église de Saint-Martin de Chaudesaigues, qui lui avait été ravie par un seigneur, nommé Bernard, et par ses fils. La plainte du prieur fut entendue et examinée, et le Concile l'ayant trouvée juste, Urbain prononça contre les envahisseurs la sentence d'excommunication.

Enfin, nous ne pouvons passer sous silence, en terminant cet exposé sommaire, une importante association de prières qui se forma entre les abbés de plusieurs grands monastères présents à l'assemblée. Ces sortes d'associations étaient alors d'un assez fréquent usage parmi les moines; elles s'ouvraient même à des personnes du monde, aux bienfaiteurs, aux évêques, aux princes. Ceux qui en faisaient partie étaient obligés, après la mort de chaque associé, de réciter certaines prières, d'acquitter ou faire acquitter un certain nombre de messes. Tous les membres de l'association, maisons ou individus, étaient mis au courant des décès survenus, par des espèces de circulaires appelées *Rouleaux des Morts*.

Ce fut une association de ce genre qui s'établit, au Concile, entre les abbés de Saint-Alyre, de Saint-Cyprien de Poitiers, de La Chaise-Dieu, de Port-Dieu, de Maurienne et de Saint-Symphorien de Thiers.

L'initiative de cet engagement fraternel remonte à l'abbé de Saint-Alyre de Clermont, Pierre de Pontgibaud (1).

Les conciles ont coutume de résumer leurs décisions dans une série de formules brèves appelées Décrets ou Canons.

Les *actes* d'un concile consistent, la plupart du temps, dans la publication du texte officiel de ces Canons.

Entendus dans ce sens, les actes du Concile de Clermont n'existent pas. Car, si jamais ils ont été publiés dans leur

---

(1) V. Labhe : *Concilia* ; Ives de Chartres: *Epistola* ; Baluze : *Miscellan.*, t. v ; Coffridus : *Epist. ad Ulgerium Ande.*

texte authentique, ce texte a été perdu depuis et n'a plus été retrouvé.

Toutefois, un certain nombre de Canons nous ont été conservés, sinon dans leurs termes primitifs, au moins quant au sens, par divers auteurs.

Lambert, évêque d'Arras, l'un des Pères de Clermont, en a consigné 32 dans ses écrits.

Le chroniqueur Ordéric Vital en relate 25.

Cercius le Camérier vient ensuite avec une liste de 9 décrets.

Enfin, Pierre Pithou en cite 10 et Belleforest 13.

Toutefois ces formules n'ont pas toujours un objet distinct. Les unes ne sont que la répétition des autres sous des mots différents. Nous jugeons inutile de les reproduire ici. Ces décrets, roulant sur des points spéciaux de discipline, ce que nous avons dit sur l'œuvre du Concile suffit amplement pour les faire connaître. Nous avons indiqué leur contenu.

Pendant que l'assemblée délibérait sous les yeux du Pape, la foule qui se pressait aux abords de l'édifice conciliaire, ne resta certainement pas livrée à elle-même dans un dangereux désœuvrement. Il dut y avoir chaque jour des exercices religieux publics dans les principales églises de la ville, notamment à la basilique du Port. Là, on adressait la parole aux fidèles et on les entretenait journellement du grand projet qui occupait tous les esprits.

Ce fut sans doute dans une de ces cérémonies, présidées par Urbain, qu'on inaugura, en l'honneur de la B. V. Marie, la messe votive commençant par ces mots : *Salve sancta Parens*. La tradition, à ce sujet, est précise; Clermont a fait la garde autour de ce souvenir avec un soin jaloux. Dans les procès que le chapitre de Notre-Dame du Port a soutenus, pour affirmer ses droits, les chanoines ont toujours soin de rappeler cet honneur accordé à leur basilique. Dans une pièce, conservée aux archives du Puy-de-Dôme, nous lisons ces mots : *In quo tempore dicti Concilii horarum beatæ Dei*

— 119 —

genitricis et missæ Salve sancta Parens, officia ab ipso Urbano et Concilio primo instituta fuisse affirmatur (1).

Les légitimes prétentions de notre cité trouvent un singulier appui dans ce fait qu'aucune autre ville du monde chrétien ne se réclame de cette faveur. Ce silence est décisif.

On sait combien il est difficile d'attribuer non seulement à tel personnage, mais encore à telle compagnie, à tel ordre, à tel siècle, l'origine ou l'institution de la plupart de nos grandes œuvres liturgiques. Ici, la possession est pacifique ; rien ne trouble sa sérénité.

Si personne ne s'élève contre les prétentions de Clermont, en cette matière, il n'en est plus ainsi dès qu'il s'agit de prononcer entre l'église du Port et la Cathédrale, se disputant l'une et l'autre l'insigne privilège. Les chanoines du Port invoquent une prescription ininterrompue ; les chanoines de la Cathérale se couvrent de l'autorité d'une série de documents paraissant établir le bien-fondé de leurs réclamations (2).

Nous n'entrerons pas dans le vif d'une discussion aujourd'hui assoupie.

Nous ferons remarquer que la Cathédrale, comme le Port, était dédiée à la sainte Vierge. Comme le Port, elle fut longtemps le centre d'un pèlerinage si actif qu'au xiv⁰ siècle, l'évêque Jean de Mello, entreprit la construction d'un hôpital dans la rue appelée aujourd'hui rue des Grands-Jours, pour recevoir les infirmes et les malades qui se rendaient en

---

(1) Fonds du chap. du Port.
(2) Majour, chanoine de la Cathédrale, cite en faveur des siens, ce passage de la supplique de la bulle de Clermont, xiv⁰ siècle : « Officium est B. Virginis Mariæ, illudque diebus ferialibus, et festis trium lectionum, singulis horis canonicis constans, in ejus rei memoriam, quod olim sub Urbano II Summo Pontifice in Concilio Claromontano præsidente compositum fuerit, missaque ordinaria ejusdem B. Virginis Mariæ, quæ singulis diebus, paucis exceptis, cum modulatione decantatur post Primam, unde et frequens est etiamnum ad dictam Ecclesiam Claromontensem sub ejusdem sanctissimæ Virginis invocatione tituli sanctissimæ Mariæ de gratiâ religionis causâ fidelium concursus. »

foule aux pieds de la statue, vénérée dans la mère-église (1). Cette statue, détruite pendant la révolution, était adossée contre le trumeau de la grande porte septentrionale. Le pèlerinage perdit insensiblement de son importance, et celui du Port acquit toute prépondérance. A défaut de textes résolvant le doute, la tradition attribue la messe *Salve sancta Parens*, à Notre-Dame du Port.

(1) *Archives du Puy-de-Dôme.*

CHAPITRE X

Dixième et dernière session. — La Croisade. — Election d'un chef spirituel et d'un chef militaire.

Le grand jour, impatiemment attendu, arriva enfin. C'était le mardi, 28 novembre. Le peuple étant admis à la séance où devait être décidée la guerre sainte, il était facile de prévoir que nul édifice ne serait capable de contenir les foules.

On fit choix d'une place publique. « Exivit Dominus Papa, » dit un témoin, Robert-le-Moine, in quâdam spatiosæ latitu- » dinis platea, quia non poterat illos capere cujuslibet ædi- » ficii clausura (1). »

Quelle fut cette place ?

L'intérieur de la ville n'offrait aucun espace suffisant. Les places dites *Devant et Derrière Clermont*, se trouvaient trop étroites ; elles étaient encombrées, au Nord, par le palais des comtes d'Auvergne, au Midi, par les chapelles et par les demeures des dignitaires de la Cathédrale.

La place, située à l'ouest de la Poterne et appelée actuellement place Saint-Hérem, était en contre-bas des fortifications et offrait alors un glacis rapide, que des nivellements habilement exécutés, ont, dans la suite, considérablement adouci. La place Saint-Pierre était occupée par l'église de ce nom ; l'église de Saint-Genès s'élevait sur la place Renoux.

La place de Jaude ne présentait point son aspect d'aujourd'hui. A l'époque gallo-romaine, un temple, dont on a découvert les fondations, il y a une cinquantaine d'années, se

---

(1) « Le Seigneur Pape se rendit sur une place très étendue ; aucun édifice ne pouvait contenir la foule. » (Edit. Bongars, p. 31.)

dressait sur le terre-plein, indiquant que l'ancienne cité avait une prédilection marquée pour les pentes méridionales de la colline (1).

Le malheur des guerres obligea la ville nouvelle à resserrer son enceinte, et Jaude fut délaissé. La culture l'envahit ; le ruisseau qui jaillit de la gorge de Royat, n'étant plus maintenu dans son lit par les travaux romains, débordait librement sur ses rives et entamait sans obstacle les couches alluvionnaires qui, de nos jours, constituent la chaussée de notre belle promenade. Ce côté de Clermont était marécageux (2).

Restait, à l'orient de la ville, un vacant spacieux, préparé à souhait pour la tenue des grandes assemblées populaires. Cet emplacement s'étendait en terrasses au delà de la porte Champ-herm et allait mourir, en légères inclinaisons, dans les plaines plantureuses de Montferrand. Rien ne se pouvait rencontrer de plus propice au déploiement de la foule, dont les rangs pressés avaient en quelque sorte la liberté, grâce à la déclivité du terrain, de s'étager sans se gêner mutuellement. Les quartiers de la Gare, du cours Sablon, des Jacobins,

---

(1) V. à la Bibliothèque de Clermont le plan de ces substructions gallo-romaines.

(2) Les archives de Clermont conservent une série de délibérations prises, à différentes époques, soit par les échevins, soit par les corps consulaires, en vue de protéger la place de Jaude contre les inondations de la Tiretaine. Il fallut procéder à la confection de digues solides. On sait que le ruisseau qui passe aujourd'hui derrière le rideau de maisons, bordant la place à l'Ouest, coulait autrefois devant ces mêmes maisons.

Comme au XI° siècle, ces digues et ces maisons ne se rencontraient pas là, les eaux plus considérables alors qu'elles ne sont actuellement, allaient en toute liberté et faisaient de la région un vaste cloaque.

Les foules n'eussent pu évoluer à l'aise sur ce sol fangeux.

On a discuté beaucoup sur l'étymologie du mot Jaude. Il est inutile de reproduire ici les fantaisies auxquelles cette question a donné naissance. Il nous semble que ce terme ne peut provenir que d'une source celtique. Dans les dialectes anciens et dans les dialectes néo-celtiques, nous avons le radical *aud*, ayant la signification d'endroit humide, boueux, imprégné d'eau. Joze est une localité placée en bordure sur l'Allier. La parenté philologique entre Joze et Jaude nous paraît évidente. Aude (Allier), Auzon (Haute-Loire), ancié, ance, etc., noms de ruisseaux ou de villes situées sur un cours d'eau, se rattachent à la même racine celtique.

— 123 —

de la place Delille, n'existaient pas. Seul, l'îlot de Chantoin se dégageait sur la gauche. L'œil allait immédiatement sur les monts du Forez ou plongeait sans obstacle sur cette Limagne, que Sidoine Apollinaire avait célébrée dans des pages inoubliées et qu'un roi mérovingien, à ses derniers moments, regrettait de ne plus contempler.

C'est sur cette place Champ-herm que s'ouvrit, à la voix du Pape, l'ère des grandes expéditions de Terre-Sainte.

Une tradition constante a consacré ce souvenir. La topographie, on le voit, en démontre le bien-fondé en prêtant son concours à la croyance populaire (1).

Avant de décrire la scène dont ce jour conciliaire fut le témoin, nous devons examiner diverses questions que soulèvera notre récit.

Les historiens modernes sont unanimes à prétendre que Pierre l'Ermite prit la parole avant Urbain et refit le tableau des souffrances endurées par les chrétiens de la Palestine. D'aucuns avancent que l'Ermite ne parla qu'après le Pape, mais tous lui font jouer un rôle public à cette heure.

Après une étude sérieuse des sources, nous sommes dans la nécessité de contester ces assertions. Les trois auteurs contemporains et témoins oculaires, Baudric de Bourgueil, Robert-le-Moine et Guibert de Nogent, ne mentionnent nullement ce discours prêté à l'Ermite. Le silence de ces chroniqueurs ne constituerait, à la rigueur, qu'un argument négatif, si nous n'avions, pour appuyer notre sentiment, le silence significatif de Guillaume de Tyr. Cet historien s'est plu à mettre en relief Pierre, le héros de la Croisade, et à raconter minutieusement tous les faits qui le placent en évidence. Or, il est muet en ce qui concerne son intervention aux côtés du Pape. Il faut descendre jusqu'à Guillaume Aubert, écrivain moderne, pour trouver l'affirmation qui

---

(1) La porte Champ-herm tirait son nom de cette place, de cette étendue libre qui en formait le vestibule. Le mot celtique *herm* a le sens d'aride, d'inculte, de surface unie.

nous occupe. Non seulement Guillaume Aubert raconte que l'Ermite prononça un discours, mais il cite en entier ce discours (1). Et les preuves ? et l'indication des sources ? l'historien n'en a cure.

Pourtant, dans un événement de cette importance, il eût été très utile de nous faire connaître les références. A la simple lecture, il est facile de se convaincre que ce prétendu discours n'est qu'une œuvre de rhétorique, trahissant avec évidence l'époque récente de son apparition dans le monde de l'histoire. Du xie au xvie siècle, aucun historien n'a signalé les paroles prononcées par Pierre l'Ermite. Si donc, on vient aujourd'hui nous les mettre sous les yeux, nous avons le droit de demander dans quels manuscrits ou dans quelles archives elles étaient conservées. Nous pensons que cette pièce est sortie toute chaude de l'imagination d'Aubert.

L'Ermite a assisté au Concile de Clermont : la chose est certaine. A-t-il eu l'honneur de s'adresser à la multitude avant le Pape et par son ordre : la réserve des chroniqueurs du temps nous impose l'obligation de douter.

Une seconde difficulté se présente relativement au texte officiel du discours pontifical.

Nous possédons neuf variantes de ce texte. Baudric de Bourgueil, Robert-le-Moine, Foulcher de Chartres, Guibert de Nogent, Tudebode, Guillaume de Malmesbury, Guillaume de Tyr, et deux chroniqueurs anonymes, donnent chacun un discours, différant de celui de ses collègues, sinon par le fond, du moins par les expressions et le développement des idées.

De plus, ces auteurs prennent soin de nous prévenir qu'ils ne rapportent qu'approximativement les paroles du Pape. « *His, etsi non verbis*, dit Guibert, *tamen intentionibus usus est.* » — « *Qui hâc suadelâ rhetoricœ dulcedinis*, ajoute Robert-le-Moine, *generaliter ad omnes in hœc verba prorupit.* » —

---

(1) *Histoire des guerres faictes par les chrestiens contre les Turcs sous la conduite de Godefroy de Bouillon*. Paris 1559.
Nous reproduisons ce discours à l'Appendice.

Baudric termine ainsi : « *His vel hujus modi aliis a Domno, his qui aderant luculenter intimatis* (1). »

Ces diverses rédactions ont fait supposer à certains (2) que le Pape avait en réalité prononcé ces neuf discours, non à Clermont, mais dans les villes de France favorisées de sa visite. Plusieurs se sont figurés que le Pape les avait prononcés à chacune des séances du Concile. Cette double hypothèse est en formelle contradiction avec le récit des chroniqueurs dont nous venons d'énumérer les noms. Tous s'accordent à mettre le discours sur les lèvres d'Urbain au moment même de la proclamation de la Croisade.

Les divergences tiennent à ce fait que le Pape, pour se faire comprendre de l'immense auditoire, usa de la langue populaire, c'est-à-dire de la langue romane, qu'en sa qualité de Français l'ancien reclus de Cluny connaissait parfaitement. S'il eût agi autrement, la foule n'eût rien saisi. Ecrivant en latin leurs chroniques, les historiens en furent réduits à jeter le vêtement classique sur les paroles pontificales. Ils ne s'astreignirent pas à une sorte de sténographie exacte ; ils donnèrent une analyse générale, amplifiant les passages qui les avaient frappés ou même prêtant à l'orateur des sentiments que les circonstances exigeaient.

Le Pape, qui s'exprimait avec une extrême facilité, n'eut recours ni à la plume ni à la mémoire; il laissa déborder son âme. De là l'impossibilité où furent les témoins de fixer les mots mêmes du discours.

On se demande si, pour haranguer les futurs Croisés, Urbain employa réellement la langue romane. Aucun doute ne peut s'élever sur ce point. La *clergie* seule pouvait pénétrer dans les arcanes de l'idiome latin ; la plupart des seigneurs laïcs et les gens du peuple se servaient des dialectes que formait la langue romane en se décomposant.

(1) Edit. Bongars, pages 30, 88 et 479.
(2) Parmi lesquels Michaud, *Hist. des Croisades.*

En 813, les conciles de Mayence et de Tours ordonnent aux évêques de traduire les Ecritures en langue romane pour les rendre accessibles aux fidèles (1). En 847, un nouveau concile, tenu à Mayence, sous la présidence de Raban Maur, prescrivit la traduction en roman des Homélies des Pères. Un capitulaire de Charlemagne avait rendu ses prescriptions exécutoires dans l'étendue de l'empire. Saint Bernard, au témoignage d'un de ses amis, Philippe de Clairvaux, prêchait souvent dans sa langue natale, *natali linguâ, gallicanâ nimirum* (2).

Cherchant à exciter l'ardeur de tous, Urbain devait utiliser un parler entendu de tous. Les cris qui répondirent à son discours furent proférés en roman ; ils firent évidemment écho à un discours prononcé en roman.

Essayons maintenant de donner une idée de ce spectacle grandiose que la cité d'Auvergne vit le 28 novembre. Dès l'aube, s'échappent des beffrois de joyeuses sonneries. Les rues s'animent d'un intense fourmillement. Le contact des foules agitées est capiteux ; on se grise du bruit et de l'entrain général.

Au choc des lourdes armures, correspond le chant des psalmodies sacrées. Bientôt la place Champ-herm est envahie. Les plus pressés entourent l'estrade pontificale. Les autres se répandent au hasard, se groupent par provinces et par nationalités, et serrent leurs rangs pour mieux voir et mieux entendre. Le vaste espace ne tarde pas à être couvert ; le regard n'aperçoit qu'une immense nappe de têtes d'où émergent les lances des hérauts d'armes, et, flottant à la brise, les étendards des principaux seigneurs.

Le Pape paraît, précédé des Pères du Concile et entouré de ses compagnies de chevaliers italiens. Il gravit lentement les degrés du *pulpitum*. Le calme s'établit.

---

(1) Concile de Tours ; Canon xviiie (Labbe).
(2) *Histoire des origines de la langue française*, par A. Granier de Cassagnac.

« Frères bien aimés, dit le Pontife (1), avec une éloquence digne de la grandeur de son sujet (2), vous n'avez pu sans verser des larmes apprendre les désastres de Jérusalem, d'Antioche et de toutes les autres cités de l'église d'Orient. Pleurons tous, pleurons encore, que nos cœurs se fondent en larmes, nous tous, misérables et infortunés, à qui il était réservé de voir s'accomplir la prophétie du Psalmiste. « O Dieu, les gentils ont envahi votre héritage, ils ont souillé votre temple saint, ils ont fait de Jérusalem un monceau de ruines, ils ont livré les cadavres sanglants de vos serviteurs en proie aux oiseaux du ciel, les corps mutilés de vos saints à la dent des bêtes farouches. Ils ont versé leur sang comme l'eau dans les fossés de Jérusalem, et nul ne reste pour leur donner la sépulture. » La cité du Roi de tous les rois, celle qui a transmis à toutes les cités de l'univers les bienfaits de notre foi sainte, est contrainte de subir le culte impie des races infidèles. L'église de la Résurrection, le Saint-Sépulcre où dormit trois jours le Seigneur, ce tombeau où la mort n'a pu garder sa proie, ce tombeau d'où la victime est sortie vivante et glorieuse, en dépit des gardes; les Lieux-Saints où s'accomplirent les divins Mystères de notre rançon éternelle, qui abritèrent le Sauveur dans sa chair, qui virent ses miracles, furent illustrés par ses bienfaits, ces témoins irrécusables de la vérité de notre foi, sont aujourd'hui pro-

---

(1) « *Itaque residens in pulpito, sic peroravit.* » (Baudric de Bourgueil.)

(2) *Veluti tubam celestem intonuisset.* » (Lettre du pape Eugène à Louis, roi de France.)

On a cherché ici à reconstituer le discours du Pape en empruntant aux discours relatés par les chroniques les idées-mères qu'elles contiennent.

Nous donnons à l'Appendice le texte latin où ont été puisés les emprunts.

Il était d'absolue impossibilité à une voix, si puissante fût-elle, de parvenir aux derniers rangs d'une semblable assistance.

A Vezelay, raconte-t-on, saint Bernard, prêchant la 2ᵉ Croisade, plaça de distance en distance, des hommes d'armes, chargés de répéter ses paroles.

A Clermont, on put employer le même procédé.

fanés, souillés d'immondices, transformés en parcs pour les troupeaux, en étables pour les bêtes de somme. Les chrétiens de Jérusalem, les héritiers du peuple d'Israël que « le Seigneur des armées a béni », sont courbés sous le poids de la misère et d'un ignominieux esclavage. On enlève leurs jeunes enfants, ces tendres agneaux de la sainte Eglise notre Mère, pour les livrer aux brutales convoitises des gentils ; on les force à renier le Dieu vivant, à blasphémer son nom adorable. Ceux qui refusent sont égorgés et vont au ciel prendre place à côté des martyrs. La fureur sacrilège des barbares choisit de préférence les sanctuaires les plus vénérés pour théâtre des plus épouvantables forfaits. C'est là qu'ils égorgent les prêtres et les lévites, qu'ils traînent les vierges timides sous les yeux de leurs mères, pour les immoler ou les livrer à des outrages plus cruels que la mort. Chevaliers chrétiens, ce sont vos frères et les nôtres, des chrétiens comme vous, des membres du Christ, fils de Dieu et co-héritiers de son royaume, qui subissent cette tyrannie et souffrent ces outrages ! Ils se voient chassés de leurs domaines héréditaires ; ils viennent mendier parmi nous le pain de la pauvreté et de l'exil. C'est du sang chrétien, racheté par le sang du Christ, qui coule par torrents sous le glaive des infidèles ; c'est la chair des chrétiens, unie par les sacrements à la chair du Christ, qui sert de jouet pour de monstrueuses infamies. Des Turcs, race immonde, font courber sous la verge le front de nos frères ! et vous, cependant, vous portez le ceinturon de la chevalerie. Etes-vous vraiment les chevaliers du Christ ? Vous oppresseurs des orphelins, vous ravisseurs du bien des veuves, vous homicides, vous sacrilèges, vous violateurs du droit d'autrui, vous stipendiés à la solde de brigands qui font couler à flots dans notre Europe le sang chrétien, qui flairent leur proie comme les vautours un cadavre ! cessez donc d'être les soldats du crime pour devenir les chevaliers de Jésus-Christ. La sainte Eglise vous appelle à sa défense. C'est elle qui vous parle aujourd'hui par ma voix. Quelle gloire vaudra jamais celle d'aller affronter la mort en délivrant la cité où Jésus-Christ est mort pour vous ? Sous l'étendard du Christ, votre chef, formez une armée invincible. Les Israélites avaient moins de droit que vous à conquérir l'antique Jérusalem. Les Sarrasins et les Turcs sont plus abominables et plus dangereux que ne le furent les Jébuzéens. Plusieurs d'entre vous ignorent peut-être que ces infidèles oppriment, pillent, dévastent en Europe même de vastes provinces, de nombreuses cités. Ainsi les Français du centre de la Gaule, plus éloignés du péril, n'entendent pas les déchirantes lamentations des Espagnols et des Aquitains, traînés chaque jour en esclavage par les Maures, emmenés sur les plages africaines pour y mourir dans les fers. Mais vous, Germains, Saxons, Polonais, Hongrois, et vous fils de la belliqueuse Bohême, bien que vous ne sentiez pas encore la dent des Sarrasins et des Turcs broyer les entrailles de votre patrie, vous ne pouvez ignorer qu'ils sont à vos portes, à peine séparés par la largeur d'un sentier ou d'un petit ruisseau.

» J'en appelle aux Italiens. Y a-t-il si longtemps que les Sarrasins occupaient la moitié de leur territoire, qu'ils arrivaient jusqu'à Rome, la capitale de la chrétienté, le siège de Pierre, qu'ils l'inondaient du sang de nouveaux martyrs et saccageaient les deux basiliques des princes des Apôtres, saint Pierre du Vatican et saint Paul hors les murs ? Je vois ici des Vénitiens, des Dalmates, des riverains du golfe Adriatique. Qu'ils disent si chaque jour ils n'ont point à lutter contre les pirates sarrasins pour maintenir la sécurité du reste de l'Italie. Jusqu'à ces dernières années, aux extrémités septentrionales de l'Europe, l'empire de Constantinople formait une barrière, un mur infranchissable, qui arrêtait l'invasion barbare. Il empêchait les Turcs et les Sarrasins d'inonder comme un torrent la Hongrie, la Pologne, la Germanie, la chrétienté tout entière. Aujourd'hui, l'empereur d'Orient, refoulé dans les murs de sa capitale, est impuissant à défendre les contrées européennes qui relevaient de son sceptre. Voilà le péril, il est urgent, vous l'avez sous les yeux.

» Chevaliers chrétiens, vous avez depuis des siècles laissé les infidèles fouler aux pieds, profaner, souiller la Terre-Sainte et le tombeau de Jésus-Christ. Encore quelques mois de cette fatale indifférence, et vous verrez le glaive du Musulman sur vos têtes. Vos épouses et vos mères, vos fils et vos filles, arrachés à vos bras, iront réjouir de leur servitude la férocité des Turcs et des Sarrasins. Vous souvient-il d'un empereur qui se nommait Charlemagne? Germains, il fut vôtre par l'antique origine de ses aïeux ; Français, il fut vôtre et son nom est pour vous un titre de gloire immortelle. Le bras invincible de Charlemagne faucha par milliers les Sarrasins ; il les extermina en Espagne, en Aquitaine, aux frontières de la France ; il les chassa d'Italie. Vous autres, Français, vous prétendez même, sur la foi des récits populaires, *ut fama vos vulgatis*, qu'il alla jusqu'en Palestine les expulser de Jérusalem et des Lieux-Saints. Après un tel exemple, comment oseriez-vous encore vous dire la **nation très chrétienne**, la première nation du monde, *Solam esse vel primariam gentem Franciam, quam Christianam veram esse liceat,* si, endormis dans le sommeil de votre opulence, après avoir abandonné le sépulcre du Seigneur aux outrages des infidèles, vous laissiez lâchement les Sarrasins et les Turcs envahir, opprimer, égorger les derniers restes du peuple chrétien ? Réveillez-vous donc ! Debout, preux chevaliers, *viri fortes !* L'univers chrétien se précipitera sur vos traces, il suivra votre héroïque exemple. Revêtez vos armures, assemblez vos légions, vos cohortes, vos compagnies. Vous aurez d'autant plus de soldats que vous montrerez plus d'ardeur et d'intrépide confiance. Le Dieu tout-puissant sera avec vous ; du haut du ciel il enverra ses anges, qui marcheront devant votre face et dirigeront vos pas. Chrétiens, allez délivrer le sépulcre de Jésus-Christ ; la gloire vous attend, gloire éternelle dans les cieux, splendeur immortelle sur cette terre !

» Vous, mes frères et coévêques, vous prêtres, mes frères dans le sacerdoce et les cohéritiers du Christ, annoncez la grande nouvelle dans vos églises, prêchez virilement de toute la puissance de vos lèvres sacrées le voyage à Jérusalem. A tous les pèlerins qui se confesseront de leurs péchés, promettez sans crainte, au nom du Seigneur, le pardon de leurs fautes, sans autre pénitence que le saint voyage. Vous qui allez partir pour Jérusalem, vous aurez en nous des intercesseurs, priant jour et nuit pour le succès de votre entreprise, pendant que vous combattrez pour le peuple de Dieu. Notre arme à nous sera la prière, votre épée à vous sera la terreur des Amalécites. Comme Moïse, nous tiendrons nos mains sans cesse élevées vers le ciel ; allez donc dans votre force invincile; soldats de Dieu, tirez le glaive et frappez intrépidement les ennemis de Jérusalem. Dieu le veut ! » (1).

A ces mots, un frémissement circule dans l'assemblée. L'enthousiasme, contenu jusque-là avec peine, éclate violemment. De cent mille poitrines s'échappent ces acclamations : « *Do lo volt ! Diex li volt !* (2) » ; roulant comme un tonnerre, dans la vallée, elles sont renvoyées par les collines voisines. Les chevaliers brandissent leurs épées et agitent leurs casques. Les larmes coulent sous l'étreinte de l'émotion (3). Toutes ces énergies, toutes ces volontés ne forment qu'une âme, et sous le choc de cette âme, — l'âme même de la France, — le sol a comme des trépidations.

On vit alors, rapporte Baudric, Adhémar de Monteil, évêque du Puy, se lever de son siège et, le visage rayonnant de bonheur, s'approcher du seigneur Pape, fléchir le genou et demander le premier la permission de prendre la croix et de partir pour le saint voyage (4). Urbain s'empresse de lui imposer lui-même la croix et lui donne la bénédiction

---

(1) Traduction Darras.
(2) *Diex li volt*, en langue d'oïl; *Do* ou *Dio lo volt*, en langue d'oc.
(3) « *Alii suffundabantur ora lachrimis, alii trepidabant.* » (Baudric, p. 88.)
(4) « Nobis videntibus, vir magni nominis et summæ ingenuitatis Episcopus Podiensis nomine Adhaimarus, ad Dominum Papam vultu jocundo accessit, et genu flexo licentiam et benedictionem eundi poposcit et impetravit. » (It.)

apostolique. Guillaume, évêque d'Orange, imite l'exemple de son collègue. Viennent les ambassadeurs du comte de Toulouse, qui déclarent que leur seigneur, déjà illustre par ses exploits contre les Maures d'Espagne, veut participer à la nouvelle expédition. « Des milliers de soldats, disent-ils, sont déjà groupés sous ses étendards ; tous les hommes de ses États, capables de porter les armes, sont décidés à le suivre et n'attendent qu'un signal. Quiconque a l'intention de devenir le soldat du Christ, peut aller rejoindre le comte de Toulouse. Il fournira à tous, armes, vivres, solde, appui et direction. Nul ne sera rejeté » (1).

Le Pape, levant les yeux au ciel, rend grâces au Seigneur. « Mes très chers Frères, reprend-il, vous venez de voir au milieu de vous la réalisation de cette promesse du Sauveur : « Là où deux ou trois de mes disciples seront réunis en mon nom, je me trouverai parmi eux. » C'est parce que le Seigneur est au milieu de vous, dans vos esprits et dans vos cœurs que vos lèvres ont répété la même acclamation. Que le cri de *Dieu le veut!* soit donc désormais votre cri de ralliement et votre cri de guerre dans la lutte contre les infidèles. Je vous observerai que ni les vieillards, ni les infirmes, ni les enfants, ni ceux qui sont inhabiles au métier des armes, ne doivent point s'engager dans cette lutte. Les femmes ne doivent point non plus y prendre part, sinon pour accompagner leurs maris, ni les prêtres, ni les clercs, sans avoir au préalable obtenu l'autorisation de leur évêque. A ceux qui ont le désir de s'enrôler, je proposerai de se munir, comme signe distinctif, du signe même de la Croix du Sauveur, qu'ils porteront ostensiblement sur l'épaule ou sur le casque, à l'aller, et, au retour, entre les deux épaules, afin d'accomplir ainsi le précepte évangélique : « Quiconque ne porte point sa croix et ne marche pas à ma suite, n'est pas digne de moi. »

Les assistants tendent fiévreusement la main en témoignage d'adhésion. Le Pape fait distribuer des morceaux d'étoffe

---

(1) Baudric, it.

— 133 —

découpés en forme de croix et qu'il avait préalablement bénis (1).

Pour assurer l'heureuse issue de la guerre, il fallait déterminer les avantages spirituels et matériels dont jouiraient les Croisés par suite de leurs engagements et la nature même de ces engagements. Urbain décida que les fatigues et les dangers du voyage suffiraient pour la rémission et l'indulgence des péchés (2). Il promit en outre que les biens et les familles des pèlerins resteraient sous la protection de l'Eglise (3). Il fut ensuite statué que l'expédition durerait trois années consécutives, à partir du 15 août de l'année 1096.

Enfin, pour que rien ne restât livré ni à l'imprévu ni à l'arbitraire, il fut réglé que les cités arrachées, au delà des mers, au joug des Musulmans, seraient placées, sans contestation, sous la domination et la dépendance de la sainte cité de Jérusalem (4).

(1) Quelques auteurs modernes ont prétendu que les cardinaux de l'entourage du Pape avait déchiré leurs vêtements rouges pour fournir des croix aux assistants. Ils ont oublié de nous dire si les cardinaux étaient, à cette époque, vêtus de rouge. Le chapeau n'a fait son apparition qu'en 1245, sous le pontificat d'Innocent IV, et l'habit rouge ne date que de 1464. C'est le pape Paul II qui le donna aux cardinaux.

Les croix étaient de couleur rouge (*Alexiade* d'Anne Comnène).

Plus tard, dans les Croisades subséquentes, l'étoffe des croix fut de différente couleur, suivant les nationalités. Les Français conservèrent la couleur rouge ; les Anglais choisirent le blanc ; les Flamands le vert; les Allemands le noir, et les Italiens le jaune.

(2) V. Ordéric Vital. Relativement à cette absoute générale des péchés, voici comment le Pape l'a définie lui-même dans une lettre aux fidèles de Bologne : « A tous ceux qui entreprennent l'expédition de Jérusalem, non pour des raisons de cupidité, mais exclusivement pour le salut de leur âme et la liberté de l'Eglise, en vertu de notre autorité et de celles des conciles de France, nous avons accordé la remise entière de la pénitence, après une confession vraie et parfaite de leurs fautes. « Sciatis autem eis omnibus qui illuc non terreni commodi cupiditate, sed pro sola animæ suæ salute et Ecclesiæ liberatione profecti fuerint pœnitentiam totam peccatorum de quibus veram et perfectam confessionem fecerint... dimittimus. » (Citée par Dom Ruinart. Patrologie lat., vol. 151, p. 483.)

(3) Guibert de Nogent, édit. Bongars, p. 480 et 481.

(4) V. Robertus de Monte (ad Sigebertum) : « In concilio Arvernensi authentico et nominatissimo, ut quæcumque civitas, mari magno transito, a paganorum posset excuti jugo, sine ulla contradictione sub sanctæ Jerusalem dominio vel ditione perenniter obtineretur. »

Tout étant ainsi prévu, il ne restait plus qu'à recourir à la grande force sans laquelle l'Eglise n'a jamais rien entrepris ni au dedans ni au dehors, c'est-à-dire la prière. La série des prières qui doivent être récitées désormais dans le monde catholique, pour le succès de l'entreprise, est fixée. Ces prières sont les suivantes : pour les clercs, la récitation de l'office du samedi en l'honneur de la B. V. Marie et la récitation quotidienne du petit office de la Sainte Vierge, tel que saint Pierre Damien l'a institué chez les Camaldules (1) ; pour tous les fidèles, la récitation de l'*Ave Maria* ou salutation angélique, trois fois par jour, au son de la cloche de chaque paroisse, dès le début de l'entrée en campagne des armées chrétiennes (2).

Le Concile ayant rempli le programme arrêté, n'avait plus qu'à clôturer son œuvre. C'est ce qui se fit de la manière la plus solennelle. L'un des cardinaux présents, Grégoire Papareschi, le même qui devait, en 1130, sous le nom d'Innocent II, s'asseoir sur le siège de Saint-Pierre, vint sur un geste du Pape se placer devant lui. A un mot d'ordre tout le monde se prosterne à genoux. Le cardinal entonne à haute voix le *Confiteor*, auquel les assistants s'unissent en se frappant la poitrine. Le Pape se lève et prononce solennellement la formule de l'absoute générale. Il y joint ensuite la

---

(1) V. *Chronici Gofridi Vosiensis.* « Cum jam esset statutum, ut clerici septem horas canonicas quotidie dicerent ; totidem jussit in Concilio apud Clarummontem anno 1095, recitare quotidie in laudem B. Virginis, et instituit ipsius officium in sabbathis. » (Génébrard : *Chronologie*).

(2) Plusieurs écrivains avancent que l'origine de cette touchante et poétique institution de l'*Angelus* date du Concile de Clermont. Malgré notre désir d'assurer à notre pays ce fleuron chrétien, nous devons avouer que le fait n'est pas encore historiquement démontré. Sous sa forme trinaire, l'*Angelus* n'est pas une institution créée d'un seul jet. Il nous semble que la sonnerie du matin et du soir doit se rattacher à la coutume qu'on avait contractée dans les villes du moyen-âge d'annoncer par un coup de cloche le couvre-feu, vers les dix heures du soir, et l'ouverture des portes, vers les quatre heures du matin. Il se peut que la sonnerie de midi ait commencé à la première Croisade. Nous n'avons pour nous fixer aucun document décisif.

bénédiction apostolique. Après quoi, il donne autorisation à la foule de se retirer en attendant le jour du départ pour l'Orient (1).

Le lendemain, 28 novembre, les Pères du Concile furent convoqués en session ordinaire, dans le but de choisir le chef spirituel de l'armée chrétienne.

Les suffrages se portèrent sur l'évêque du Puy, Adhémar de Monteil, qui fut élu à l'unanimité. L'illustre prélat opposa à son élection la plus vive résistance ; il dut céder aux instances du Pape et finit par accepter, nouveau Moïse, la direction de ce peuple de Dieu qu'il s'agissait de conduire dans la Terre promise. Urbain lui imposa les mains, comme au temps des Apôtres, et lui confirma la bénédiction apostolique (2).

Nous verrons plus loin avec quelle supériorité de génie et de vertu, Adhémar sut remplir ce rôle de légat du Saint-Siège. Il fut toujours l'appui, le guide, le conseil et l'exemple de tous.

A l'expédition, il fallait encore et surtout un chef militaire. La préoccupation du Pape est donc de trouver un guerrier d'une réputation assez incontestée pour commander en maître aux troupes considérables qui vont se réunir.

Evidemment c'est à un roi que l'on doit, en premier lieu, s'adresser.

---

(1) « His ita completis, unus ex cardinalibus, nomine Gregorius, pro omnibus terræ prostratis dixit confessionem suam : et sic omnes pectora sua tendentes, impetraverunt de his quæ male commiserant absolutionem : et facta absolutione, benedictionem ; et benedictione consecuta, ad propria remeandi licentiam. » (Robert-le-Moine, édit. Bongars, p. 32.)

(2) « Urbanus in crastinum residere fecit conventum episcoporum : quibus residentibus accepit consilium, quem præponeret tantæ multitudini peregrinari cupientium, quia nondum erat inter eos aliquis nominatorum principum. Universi vero elegerunt Podiensem episcopum, afferentes eum rebus humanis ac divinis valde idoneum et utraque scientia peritissimum, suisque in actionibus multividum. Ille itaque, licet invitus, suscepit quasi alter Moses, ducatum ac regimen Dominici populi cum benedictione Domini Papæ ac totius concilii. » (Robert-le-Moine, it., p. 32.)

Or, le roi de France est absorbé par ses plaisirs ; l'empereur d'Allemagne cherche à recoudre, avec l'aide de l'antipape Guibert, les lambeaux disjoints de son empire ; le roi d'Angleterre s'obstine à remplir d'or, par tous les moyens, les coffres de l'État et compte bien profiter de la détresse des chevaliers croisés pour grossir ses trésors, et de leur absence, pour agrandir ses domaines (1). Ses calculs seront déjoués, mais, pour le moment, il espère réussir (2).

A défaut de ces monarques, l'opinion désigne universellement le roi de Hongrie, Ladislas.

Aux ouvertures qui lui furent faites, ce prince, si remarquable par ses qualités et ses vertus, eut la pensée de répondre par un refus motivé. Son humilité s'effrayait d'une si lourde charge.

Il accepta néanmoins. Sur ces entrefaites, le prince de Moravie, Zwentopolch, poussé sans doute par la faction de l'empereur Henri IV, se jette sur les États de Conrad, neveu du roi de Hongrie. Ladislas accourt ; atteint d'un mal mystérieux, qui devient rapidement mortel, il meurt avant l'heure du triomphe (3).

La Croisade perdait ainsi son généralissime. La Providence suscitera Godefroy de Bouillon.

---

(1) On voit que l'idée-mère de la politique anglaise est fort ancienne.

(2) Il est à remarquer que la première Croisade fut un mouvement essentiellement populaire. Le triomphe survint malgré l'indifférence, la réserve ou le mauvais vouloir des rois.

(3) V. les Bollandistes : *Vita S. Ladisl.*

Les démarches faites auprès de Ladislas eurent-elles lieu avant ou après le Concile ? La réponse à cette question est subordonnée à la date de la mort du roi de Hongrie. Plusieurs placent cette mort en 1096 ; d'autres en 1095. La même divergence existe sur le jour et le mois de cette mort. Le martyrologe romain indique le 27 juin ; Bonsinius, dans son *Histoire des rois de Hongrie*, le 20 juillet. Si Ladislas est mort en 1095, ce serait évidemment avant la tenue du Concile, que le Pape, certain du succès, aurait fait sonder les intentions du prince et aurait obtenu son assentiment.

CHAPITRE XI

Séjour et itinéraire du Pape en France jusqu'à son retour en Italie

Urbain resta encore deux jours à Clermont; il consacra ces deux journées — 30 novembre et 1er décembre — à l'expédition de plusieurs bulles et rescrits ayant pour objet l'exécution immédiate de diverses décisions conciliaires. La bulle concernant la primatie de Lyon est datée de Clermont, 1er décembre.

Le lendemain, samedi, dans la matinée, le Pontife quitta la cité arverne où il laissait un des plus réconfortants souvenirs de sa vie (1). Accompagné de sa cour, de la noblesse, du clergé et du peuple, il sortit de la ville, reçut les derniers adieux des habitants, et partit, à cheval, dans la direction du Midi, pour se rendre au monastère de Sauxillanges (2).

Ce monastère, situé non loin d'Issoire, relevait de Cluny. Il était alors gouverné par le prieur Eustache de Montboissier, oncle de Pierre-le-Vénérable.

La distance de Clermont à Sauxillanges étant de sept lieues, l'illustre voyageur put arriver le soir même. Le len-

---

(1) Papire Masson, historien du xvie siècle, raconte gravement que le pape Urbain II jeta, avant de quitter Clermont, les fondations de la Cathédrale actuelle. Un autre historien, brochant sur cette fantaisie, raconte non moins gravement que le Pape employa à cette construction l'excédant des sommes destinées à la Croisade.
Papire Masson et son collègue étaient de médiocres archéologues.
Est-il besoin de faire remarquer qu'au moment du concile de Clermont, le style ogival n'avait pas encore reçu le souffle de vie.
La cathédrale de Clermont ne fut commencée qu'au milieu du xiiie s., en 1248.

(2) On peut reconstituer le voyage du Pape, à travers la France, à l'aide des chartes, des bulles et des lettres pontificales. V. aussi Dom Ruinart, et le *Recueil des Historiens de France*.

demain, dimanche 3 décembre, il consacre l'église du monastère. Pleins de reconnaissance pour ce bienfait, les moines inscrivirent le nom du Pontife avec son éloge, dans leurs fastes conventuels ; on y lut longtemps, sous la date du 27 juillet, anniversaire de la mort d'Urbain, la mention suivante : « En ce jour, on célèbre ici chaque année un office solennel pour le repos de l'âme du seigneur pape Urbain, second du nom, en mémoire de ce que cet homme vénérable et vraiment apostolique a bien voulu, parmi des œuvres dignes de louange accomplies par lui, dédier et consacrer lui-même, en grande dévotion, l'église de ce monastère, le 3 des nones de décembre, et accorder à perpétuité pour les temps à venir, une indulgence plénière à tous ceux qui, s'étant confessés, viendraient en ces lieux y rendre leurs vœux et y célébrer à pareil jour l'anniversaire de cette dédicace solennelle. » (1)

De Sauxillanges, le Pape se transporta à Brioude qu'il atteignit le 4 décembre au soir. Ce lieu était célèbre dans toute l'Auvergne par le tombeau de saint Julien et par le collège de chanoines comtes qui en avaient la garde. Le chapitre s'empressa de déposer sous les yeux du Chef de l'Eglise la nomenclature détaillée des autels et des dîmes qu'il possédait, afin de les placer sous la protection du Siège romain (2).

(1) « IV kalendas Augusti, officium pro domno Urbano papa II. Hi venerabilis et Deo dignus apostolicus, inter cœtera laudabilia opera sua etiam istud monasterium cum magna auctoritate et devotione, III Nonas decembris dedicavit; in qua consecrationis die per successiones temporum omnibus peccata confitentibus, et ad istius diei festum convenientibus atque vota sua persolventibus maximam ac desirabilem absolutionem fecit. »

V. Sur le monastère et le prieuré de Sauxillanges, le *Gallia Christiana* le *Cartulaire de Sauxillanges*, les *Monumenta pontificia Arverniæ*, par M. l'abbé Chaix de Lavarène, p. 86 et suivantes.

(2) Trois voies romaines se rendaient de Clermont à Brioude :
La 1re passait à Beaumont, Opme, Tallende, Plauzat, Meilhaud, Saint Germain-Lembron, Lempdes ;
La 2e longeait l'Allier, et traversait Issoire ;
La 3e enfin partait du Pont-de-Nau, atteignait Les Martres, en suivant

C'est de Brioude qu'est daté le décret apostolique qui transféra le titre épiscopal d'Iria-Flavia à Compostelle, près des cendres de l'apôtre saint Jacques dont le pèlerinage attirait chaque année d'innombrables visiteurs. Avant de se retirer pour rentrer en Espagne, le titulaire de Compostelle, Dalmas, qui avait assisté au concile de Clermont, obtint que ni lui ni ses successeurs ne relèveraient d'aucun métropolitain. Plus tard, Compostelle devint à son tour métropole.

Le mercredi 6 décembre, le Pape contemple une dernière fois le pittoresque paysage dont Brioude est le centre, et se dirige sur Saint-Flour où il se repose dans le florissant monastère que dirige le pieux abbé Etienne. Là encore eurent lieu et une dédicace et la concession de divers privilèges. Confirmation fut faite, en faveur du monastère, du droit de propriété sur l'église de Chaudesaigues, ainsi que l'avait décidé le concile de Clermont. Les chanoines de Pébrac obtinrent pour leur prévôt le titre d'abbé, et les religieuses de Marcigny, au diocèse d'Autun, reçurent confirmation des privilèges dont elles jouissaient (1).

Sur ces entrefaites, le cardinal Jean, évêque de Porto, secrétaire d'Urbain II et de Grégoire VII, mourut. Il fut inhumé à Saint-Flour, emportant dans la tombe les regrets de son maître, ou plus exactement de son ami (2).

L'abbé d'Aurillac, Pierre de Cizière ou de Souillac, réclama avec instance l'honneur de posséder le Pape dans son monastère. Il avait assisté au concile de Clermont ; la visite pontificale fut la récompense de son zèle (3). Enfin, le jeudi 21, Urbain avait abandonné définitivement le sol d'Auvergne et franchissait le seuil du monastère d'Uzerche, en Limousin.

---

les rives du lac Sarlièves, traversait l'Allier à Longues, desservait les bains de Ste-Marguerite, et fuyait dans la direction de Vic-le-Comte, Sugères, Sauxillanges, Auzat, et atteignait Brioude. C'est cette dernière route que suivit le Pape.
(1) Voir Mabillon, *Annal. Benedict.* ; M. l'abbé Chaix, *loc. cit.*
(2) Dom Ruinart.
(3) M. l'abbé Chaix de Lavarène, *loc. cit.*

Son intention n'était pas, comme on aurait pu le croire tout d'abord, de regagner immédiatement l'Italie, par le sud de notre province et de la France. Il voulait parcourir à peu près la France entière pour prêcher lui-même la Croisade. Avant le Concile, il avait visité la région du sud-est. Nous allons le voir, après le Concile, porter le prestige de sa présence et de sa parole dans tout l'ouest, du Mans jusqu'à Toulouse et Nîmes.

Parti d'Uzerche, le 22 décembre, il arrive à Limoges, après deux journées de marche. Il célèbre la messe de minuit au couvent des filles nobles de Sainte-Marie de la Règle et celle de l'aurore à la basilique royale de l'abbaye de Saint-Martial. Porté en triomphe par la foule, à la cathédrale, il préside les offices de la journée.

Urbain reste à Limoges jusqu'après l'Epiphanie. Dans cet intervalle, il reçoit la soumission de l'évêque schismatique de Wurtzbourg, venu d'Allemagne pour se réconcilier avec le Pape légitime, et il expédie divers diplômes en faveur des monastères de Tulle, de Figeac, de Saint-Jean d'Angély et de Saint-Eparèse d'Angoulême. Il termine une affaire dont la gravité est exceptionnelle et où il fait preuve de cette énergie qui coûtait singulièrement à la douceur naturelle de son caractère. S'apercevant que l'évêque du lieu, Humbold de Saint-Sévère, avait altéré le texte des lettres pontificales qui lui avaient été adressées, le Pape le fit comparaître en sa présence. Le coupable, convaincu de falsification, avoua sa faute. Urbain prononça publiquement sa déposition. Humbold, dégradé aussitôt de la dignité épiscopale, est condamné à se retirer dans un monastère et à y finir ses jours dans la pénitence. Son archidiacre, Elie de Gimel, accusé de complicité, est frappé d'excommunication. Une élection régulière place sur le siège de Limoges, le prieur de Saint-Martial, Guillaume d'Uriel (1).

Le lendemain de l'Epiphanie, Urbain sort de Limoges et se

(1) Dom Ruinart, *loc. cit.*

dirige sur Charroux, monastère célèbre au pays poitevin. Il prend connaissance des bulles conférant des privilèges et des immunités à l'abbaye. Satisfait, il en ajoute d'autres et consacre le maître-autel de la basilique, une des plus belles de France. Le 14 janvier, il est à Poitiers où il se repose plusieurs jours près du saint évêque, Pierre, qui occupait le siège de cette ville.

Le mot repos, appliqué aux journées de cet homme dont l'activité est dévorante, est assurément impropre. Les lettres et les bulles expédiées de Poitiers le démontrent avec évidence. Vers la fin de janvier, nous le trouvons à Angers, où il se rencontre avec un orateur populaire qu'attend une légitime célébrité. Il s'agit de Robert d'Arbrissel. Urbain l'écoute. Jugeant des effets prodigieux obtenus par cette parole chaude, persuasive, qu'anime une conviction profonde et que rehausse une réputation de sainteté déjà assise, il mande l'ermite de la Forêt-de-Craon, et lui confère la mission de prêcher la Croisade dans les contrées de l'Ouest. D'Arbrissel s'acquitta de cette charge avec succès. Il fonda, plus tard, la congrégation de Fontevrault (1).

Glanfeuil, le 12 février, Chinon et Jablé, le 14, Le Mans le 16 et Vendôme le 19 du même mois, ouvrirent leurs

---

(1) V. Les Bollandistes ; v. aussi : *Vita Roberti de Arbrissello*, par Baudric de Bourgueil. Dans le but de donner une idée de la puissance d'attraction de son héros, l'historien Baudric racontant la cérémonie où parurent Urbain et Robert, au milieu d'une foule considérable, s'écrie : « *Confluxisse putares totam orbis amplitudinem* ; on eût dit que le monde entier était là. »

Robert naquit à Arbrissel, en Bretagne. Très versé dans l'étude de la théologie et du droit économique, il ne tarda pas à acquérir dans la prédication une réputation considérable. De nombreux disciples s'attachant à lui, il construisit, dans les bois de Fontevrault, une série de laures qui furent le commencement d'un ordre religieux dont l'obédience comprit des monastères d'hommes et de femmes relevant tous de l'abbesse même du lieu d'origine. En conférant une telle dignité à une femme, Robert avait en vue l'exaltation des privilèges de la Vierge Marie, invoquée sous le nom de Reine des Apôtres. D'odieuses calomnies accueillirent cet essai d'établissement religieux. Les calomnies, bien que répandues avec acharnement, tombèrent et l'œuvre resta.

portes au Pontife qui s'achemina enfin dans la direction de Tours où devait s'ouvrir, le 16 mars, un synode destiné à confirmer solennellement les prescriptions du concile de Clermont. Après avoir visité le monastère de Marmoutiers et le site sur lequel planait le souvenir de saint Martin, le thaumaturge des Gaules, Urbain présida l'assemblée synodale (1). 44 archevêques, évêques ou abbés y assistèrent. Un grand nombre d'affaires locales furent résolues (2). La clôture eut lieu le 22 mars 1096.

Le 13 avril, le Pape consacre, à Saintes, une crypte construite en l'honneur de saint Eutrope, premier évêque de la région ; le 1er mai, il fait la dédicace de la cathédrale de Bordeaux ; il traverse ensuite Nérac, Moissac, et, le 23 mai, Toulouse, où il est accueilli avec une magnificence véritablement digne de l'ardeur des peuples méridionaux.

Dans le but d'être agréable au comte Raymond de Saint-Gilles, l'un des premiers Croisés, il décida de parcourir toute la province du Languedoc, s'attachant à encourager les chevaliers qui s'apprêtaient à suivre, en Orient, la bannière de leur Seigneur.

Le 11 juin, il s'arrête à Carcassonne où il bénit l'emplacement d'une cathédrale projetée ; le 24 juin il célèbre la messe à Saint-Pons de Tomières ; le 28, il séjourne à Maguelonne et assiste au curieux spectacle d'une ville ruinée par les Sarrasins et se relevant d'un jet de ses ruines. De Maguelonne, il se transporte à Montpellier. C'est là qu'il reçoit les premières ouvertures de la soumission du roi de France. Elles lui sont présentées par l'entremise du bien-

---

(1) Hebdomada quæ tertia erat quadragesimæ, dominus Papa, synodum celebravit cum diversarum episcopis provinciarum in civitate Turonensi, ubi iterum suorum præteritorum statuta conciliorum generalis synodi assensione roboravit. » (Berthold, *chroniques*). Nous rappelons que Guillaume de Baffie, évêque de Clermont, fut présent à ce Concile.

(2) V. les détails des sessions dans Le *Gallia Christiana*, dans Orderic, Vital, et dans Baluze, *Miscellanea*.

heureux Ives de Chartres (1). Les négociations eurent un heureux résultat. Les dispositions de Philippe parurent sincères, et, dès ce moment, les vassaux qui relevaient de la couronne eurent toute liberté de participer à la Croisade. Il est à présumer qu'en renonçant ainsi à la liaison criminelle qui faisait rejaillir la honte sur son trône, le roi agissait surtout en politique habile. Il sentait qu'autour de lui le sol tremblait, si nous pouvons user de cette expression. D'un côté, les chevaliers ne dissimulaient pas leur désir de rejoindre les frères d'armes qui se préparaient au voyage d'outre-mer ; d'autre part, les chaînes de la vassalité les retenaient dans l'obédience royale. Résister au courant eût été un acte imprudent. Philippe le comprit. La levée en masse des hommes de ses États lui montra qu'il se conduisait sagement en ne s'obstinant point à maintenir une digue qui allait se rompre. Bertrade se récria ; la raison l'emporta sur la passion, au moins pour un instant.

Le synode de Nîmes, tenu du 1er au 9 juillet, fut témoin du rapprochement des deux pouvoirs (2). On se pose ici une question : le roi vint-il en personne se faire relever des censures ? Plusieurs historiens, s'appuyant sur le texte d'une lettre d'Urbain aux évêques de France : *paravit idem rex in manu nostra* (3), ont opté pour l'affirmative. Ces mots, à notre avis, sont susceptibles d'un sens moins étroit. Un fait d'une telle importance n'eût pas échappé aux chroniqueurs contemporains. Leur silence donne au passage du document papal sa véritable signification : c'est par procureur que l'affaire fut traitée et terminée.

Le synode ayant clôturé ses séances, la caravane apostolique se met en marche pour Avignon.

---

(1) V. dans la Patrologie latine de Migne : *Epistolæ*, Iv. Carnot.
(2) « Philippus, rex Galliarum, jamdudum pro adulterio excommunicatus, tandem, domino Papæ, dum adhuc in Galliis moraretur, satis humiliter ad satisfactionem venit ; et abjurata adultera in gratiam receptus est, seque in servitium domino Papæ satis promptum exhibuit. » (Berthold, *loc. cit.)*
(3) Dom Ruinart : *Epistolæ Urbani.*

Sa présence est signalée à Apt et à Forcalquier, dans les premiers jours d'août. Enfin, elle se dispose à traverser les Alpes, et à rentrer en Italie où l'attendent les ovations des populations lombardes. Le 14 septembre 1096, elle est à Mortara, près de Pavie (1).

Nous ne laisserons pas s'éloigner l'auguste voyageur sans jeter un dernier regard sur cette longue route qu'il vient de parcourir à travers la France. Jamais Pape n'a donné à notre pays un tel témoignage d'attachement. Dans l'espace d'une année, Urbain a contemplé nos vallées, nos montagnes, nos plaines, nos fleuves et nos grandes villes. Aucune autre nation n'a été honorée d'un tel privilège. Si le Pontife a visité l'Italie, c'est surtout en exilé. La France le reçoit en Roi. Il s'en retire avec regret comme un père se détache avec peine des bras de sa fille aimée. Il y laisse son cœur, et il est bien près de se demander pourquoi la Providence n'a pas placé le centre de la catholicité au sein de ce peuple si droit, si sincère, si expansif. Entre le caractère français et l'œuvre des apôtres, il y avait tant de points de contact! Ils semblaient si bien faits l'un pour l'autre! C'est à lui que la Papauté s'adresse à l'heure des plus solennelles résolutions. Par là il domine l'histoire de toute la hauteur même de sa mission. Est-il besoin de remuer l'Europe et de sauver l'idée religieuse, visée par le fanatisme des porteurs de cimeterres, c'est dans les mains de la France que l'Eglise dépose la croix du Christ. Et la France, se levant au cri arverne de *Dieu le veut*, le Pape juge son œuvre achevée, la civilisation sera sauvée.

---

(1) Le 18 avril 1097, Urbain data du palais de Latran une bulle adressée à Guillaume de Baffie, évêque de Clermont. Dans cette bulle, témoignage de sa reconnaissance, le Pape confirme l'église d'Auvergne dans ses privilèges. Il assigne à son évêque le premier rang, à la consécration de l'archevêque de Bourges; il émet des dispositions relatives à sa nomination épiscopale, et promet la paix à ceux qui respecteront les droits ecclésiastiques de l'église d'Auvergne. (L'original de cette bulle est aux archives départementales. V. le texte à l'Appendice.)

CHAPITRE XII

Ebranlement général provoqué par la Croisade. — Les corps expéditionnaires, leurs nationalités, leurs chefs, total des contingents. — Art de la guerre. — Les historiens modernes; contrôle incessant auquel il faut soumettre leurs assertions.

Telle était la puissance de la foi dans ces grands siècles du moyen-âge, si calomniés parce qu'ils sont peu connus, qu'à la nouvelle du « pèlerinage armé, » il se produisit une commotion générale. Les mouvements qui, plus tard, dans le cours des temps, agiteront les peuples, ne pourront donner une idée même approximative de cet élan universel. L'enrôlement pour la Ligue, au XVIe siècle, la poussée libérale, à la fin du XVIIIe siècle, ne seront que de pâles imitations de ce gigantesque soulèvement. Au pays des montagnes, il est d'ordinaire une chaîne rocheuse qui se dresse au sommet des plateaux, qui commande aux vallées, qui régit le partage des eaux et vers laquelle convergent les ondulations du sol. Pendant deux cents ans, cette date de 1095 dominera l'Histoire; elle en sera le centre; elle en sera l'âme.

Le peuple, ainsi qu'il arrive toujours, se décidera le premier; les duretés de l'existence épuisent moins rapidement en lui les réservoirs de l'idéal. Les seigneurs viendront ensuite : la perspective de beaux faits d'armes contre un ennemi nouveau plaira à leur humeur guerroyante. Le sentiment qui inspire la chevalerie sera là pour jeter sur les souffrances, sur les privations et sur les blessures, un manteau tissé de soie et d'or, et le ciel aura certainement de doux rayons pour réjouir le dernier regard du paladin mourant.

Durant l'hiver de 1095 à 1096, les chaumières et les châteaux, les villes et les hameaux, se remplissent de rumeurs. On arbore la croix sur l'épaule ; on s'entretient de l'expédition. Comme on se doute que le chemin sera long et le retour problématique, on met ordre à ses affaires.

Guibert de Nogent a tracé un tableau animé du spectacle qu'offrait alors notre pays, en proie à cette fièvre de l'héroïsme qui est un des éléments providentiels de son tempérament.

Nous lui laissons la parole :

« La voie de Dieu, car c'est ainsi que par antonomase on appelait l'expédition sainte, trouvait autant de défenseurs que de gens qui en apprenaient la nouvelle. On s'empressait de demander le concours de ses parents, de ses voisins et de ses amis. Les seigneurs en étaient encore à la volonté, les chevaliers commençaient leurs préparatifs, que déjà les foules se mettaient en marche. Personne ne songeait aux ressources nécessaires pour une telle absence. On délaissait sa demeure, sa belle vigne, le champ des ancêtres ; on les vendait à bas prix et on s'en allait joyeux. A ce moment, une disette profonde sévissait en France, une succession de récoltes défectueuses avait fait monter très haut le prix du grain. Les avares n'hésitèrent pas à spéculer sur la misère du peuple, suivant la coutume. Le pain, fort rare, était d'un prix élevé ; plusieurs demandaient aux racines et aux herbes sauvages l'alimentation nécessaire à la vie.

» Subitement, semblable « au vent violent qui brise les » navires de Tharsis, » l'appel du Christ éclata partout, rompant les chaînes qui fermaient les celliers. Tout était hors de prix quand on ne bougeait point, tout devint sans valeur quand il fallut partir. La famine se changea en abondance. Ceux qui riaient et se moquaient des ventes consenties par leurs voisins, ne manquaient pas de les imiter. « Insensés, disaient-ils, si vous parvenez à vaincre la » misère qui vous tend les bras sur les routes, vous serez » sans ressources à votre retour. » Et le lendemain ils partaient aussi après avoir tout vendu.

» Comment dépeindre le spectacle des troupes d'enfants, de filles timides, d'hommes et de femmes, de vieillards, qui s'enrôlaient pour la guerre sainte. Ils n'avaient ni la pensée ni la force de se mêler aux batailles ; ils recherchaient le martyre sous les armes ou dans les prisons des Sarrasins. « Vous, puissants et courageux, disaient-ils aux guerriers,
» vous porterez l'épée ; pour nous, nous gagnerons le ciel en
» nous unissant aux souffrances de Jésus-Christ. » Ce raisonnement n'était peut-être pas selon la science, mais, aux yeux de Dieu, il n'était pas sans mérite. C'était un spectacle curieux et qui pouvait amener le sourire sur les lèvres de voir les pauvres ferrer leurs bœufs à la manière des chevaux, les atteler à des charrettes sur lesquelles ils plaçaient leurs bagages et leurs enfants. Ces enfants, dès qu'ils apercevaient les fortifications d'un château ou d'une ville, demandaient si ce n'était pas cette Jérusalem vers laquelle on allait.

» Il se produisit dans tout le royaume de France une prompte et merveilleuse révolution. Les provinces étaient le théâtre de guerres locales ; le brigandage s'épanouissait partout ; les routes étaient remplies de voleurs et de pillards. Il n'était question que d'incendies, de violences et de rapines ; tous les désirs déchaînés ne trouvaient nulle part d'obstacles.

» Tout à coup, un changement général et inattendu s'opère à la voix du Pape. On se précipite aux pieds des évêques et des prêtres, et on demande la croix. Ce fut comme un ouragan apaisé par quelques gouttes de pluie. L'ordre et la paix se rétablirent. Ce fut manifestement l'œuvre du Christ lui-même (1). »

Cette page du vieux chroniqueur est précieuse au point de vue de la critique historique. On s'est obstiné à ne jamais vouloir considérer, dans les Croisades, deux courants très distincts, celui des Croisés-soldats et celui des Croisés-pèlerins. A la faveur d'une confusion dictée par l'esprit de

---

(1) Edit. Bongars, pages 481 et 482.

parti, on s'est plu à mêler ensemble ces deux courants, afin de montrer avec quelle naïveté les populations avaient obéi à l'appel de l'Eglise.

Dans leur aveuglement, elles étaient parties sans armes et s'embarrassant de bagages inutiles et ignorant les conditions les plus rudimentaires d'une marche en pays étrangers. Quelques extraits adroitement détachés du texte de Guibert de Nogent venaient appuyer la sonore déclamation, et nous assistions à la mise en branle d'un immense troupeau d'hommes, de femmes et d'enfants, errant à l'aventure, en quête des rivages d'outre-mer.

On peut lire ces choses dans presque tous les historiens modernes.

Or, toutes ces choses relèvent de la fantaisie.

Guibert s'attache à dépeindre presque exclusivement le pèlerinage qui s'organise partout à la faveur du soulèvement armé.

Au sein de ces bonnes volontés, il s'opérera un tassement tandis que les uns, le plus grand nombre, iront grossir les armées de Pierre l'Ermite et celles des chefs croisés, les autres, impatients du frein, s'avanceront au gré de leur humeur et attendront à Constantinople l'arrivée des avant-gardes. Urbain II avait formellement défendu aux vieillards, aux femmes et aux enfants, de se joindre aux compagnies de guerre (1). Le respect que l'on portait alors à la parole du Pape ne permet pas de supposer qu'on eût dédaigné une si grave recommandation.

C'est dans les rangs des pèlerins que nous rencontrons les éléments sur lesquels pèse d'abord l'interdiction. Nous ne

---

(1) La prohibition ne concernait point les femmes mariées, qui restaient libres de suivre leur époux. *Nec mulieres sine conjugibus suis*, avait dit le Pape, *aut fratribus aut legitimis testimoniis ullatenus proficiscantur* (Robert-le-Moine). Si les chroniqueurs et surtout Anne Comnène signalent la présence, à Constantinople, de femmes et d'enfants appartenant aux Croisés, nous estimons que ces recrues étrangères à la guerre, venaient surtout des régions voisines de l'empire grec. L'Occident de l'Europe n'en fournit évidemment qu'un faible contingent.

croyons pas que ces éléments aient pu atteindre les proportions supposées. Les chars et les bœufs revinrent promptement à leur lieu de départ. Les enfants ne résistèrent point à la fatigue de la première ou de la deuxième étape. Bien que la guerre, à ces époques, fut surtout un déplacement de population plutôt qu'un déplacement de troupes, il est évident que les routes, très rudes et très étroites, de la France, de l'Italie et de la Germanie, se fussent refusées à recevoir une semblable cohue. A la suite d'une série d'épreuves, il se fit une sélection ; les hommes, à peu près seuls, finirent par poursuivre un dessein à l'exécution duquel la famille entière avait, au début, coopéré.

Il n'en reste pas moins démontré, par les témoignages les plus clairs, qu'à côté des armées exercées et équipées suivant les usages, il y eut des corps détachés de pèlerins, recherchant uniquement la gloire de souffrir pour leur foi et convoitant la palme du martyre.

Pour ces forts, la Croisade revêtait la forme d'un jubilé.

On méconnaît donc un fait historique indiscutable, quand on vient dire que des bandes dressées au combat eussent été préférables à ces masses de débiles, venues de classes et de nations différentes et bonnes tout au plus à entraver les opérations des chefs militaires. Ces masses ne furent jamais une gêne ; elles n'embarrassèrent point le passage des troupes ; elles ne combattirent point ; elles ne demandèrent qu'à continuer la tradition séculaire des pèlerinages.

Il est de la plus extrême importance de rétablir ainsi la vérité. Il est faux que la Croisade ait eu l'aspect d'une mise en branle d'essaims désordonnés. A aucun moment, on ne songea à remplacer la qualité par le nombre. Des publications superficielles, ou des pamphlets intéressés, sont parvenus à égarer, sur cette matière, l'esprit des lecteurs. Il appartient à la critique de protester.

Le sentiment qui anima les Croisés fut une foi profonde. Sans doute, ce sentiment n'eut pas, chez tous, ni la même valeur ni la même intensité.

Plus d'un vassal suivit son suzerain parce que celui-ci prenait la croix ; de son côté, le suzerain cédait parfois à l'entraînement de ses tenanciers. Le goût des aventures fit naître un certain nombre de vocations. Les pauvres, aux prises avec les charges de l'existence, quittaient sans peine une région qui ne leur présentait que des déceptions. Les nomades, coureurs de grandes routes, ne demandèrent pas mieux que de lier connaissance avec les pays inondés de soleil. Les gens tarés ou chargés de dettes trouvèrent l'occasion excellente pour se reconstituer « un état civil » ou pour placer la mer entre eux et les menaces de leurs créanciers.

Ajoutons qu'au contact des influences ambiantes, une partie de la plèbe moutonnière se laissa gagner par le choc et se déplaça sans trop raisonner son ardeur improvisée.

Nous faisons, on le voit, la part large aux adversaires des Croisades. Mais nous prétendons, à l'encontre de plusieurs que vouloir juger ainsi, par les petits côtés, l'ensemble d'un tel mouvement, unique dans l'Histoire, c'est aller contre la logique ; c'est juger d'une cathédrale par la toile d'araignée échappée, dans l'ombre d'une colonnade, à l'attention du gardien ; c'est apprécier la stratégie d'une campagne par la manœuvre d'une compagnie isolée.

En réalité, le principe religieux créa l'enthousiasme et le domina continuellement. Il se produisit tout à coup, en Europe, un silence, le silence précurseur des grandes déterminations. Guibert de Nogent atteste qu'on n'entendit plus parler d'incendies, de violences, de coups de main. Cet apaisement, au sein d'une génération débordante de vitalité montre combien était élevée la pensée qui la dirigeait « Quelles souffrances, dit Foucher de Chartres, lorsque le Croisé s'arrachait aux bras des siens. Ses larmes coulaient abondantes et il sentait son courage défaillir ; mais l'espoir que son sacrifice serait agréable à Dieu le soutenait. Dans la pensée que Dieu lui rendrait tout au centuple, il délaissait tous ses biens. A sa femme, le mari disait : « Dans trois ans

» nous nous retrouverons heureux. » Mais, elle, abîmée par la douleur, s'évanouissait. Il partait, affectant de n'être point ému (1). »

« Une foi sincère, ajoute Anne Comnène, conduisait les multitudes vers les lieux que le Christ avait à jamais illustrés par sa vie et sa mort (2). »

Guizot le constate également : « L'enthousiasme religieux, écrit-il, fut non pas le seul, mais le premier et le motif déterminant de la Croisade (3). »

La réserve qu'établit ici l'éminent homme d'Etat s'explique par ses préjugés protestants.

Prévost Paradol est plus ferme dans son jugement.

« Le redressement d'une grande iniquité, dit-il, la délivrance d'un tombeau, la défense des pèlerins désarmés, le châtiment des oppresseurs du Christ et des fidèles, tels sont les nobles attraits qui entraînent vers l'Orient l'élite des sociétés nouvelles. L'histoire des Croisades est l'histoire même de la chevalerie. On n'avait pas vu jusqu'alors une guerre désintéressée, le sang répandu pour une idée, une foule d'hommes allant chercher loin de leur patrie et de leurs intérêts un périlleux devoir à remplir. Quand Rome envahit l'Asie, la sagesse intéressée du Sénat a prévu et dirigé les coups ; quand l'Europe moderne attaque l'Inde et la Chine, nos commerçants ont calculé l'avantage de la guerre ; le bien-être des nations l'a ordonné. Ici, rien de semblable ; la croyance a tout fait, un mouvement d'enthousiasme a précipité des armées. *C'est un moment unique dans l'histoire du monde ;* c'est un interrègne rempli par la foi entre les desseins de la politique et les calculs de l'industrie (4). »

Le Pape, que l'on a calomnieusement accusé d'avoir aban-

---

(1) Foucher de Chartres, Bongars, p. 385.
(2) *Alexiade,* l. x.
(3) *Histoire de France racontée à mes petits enfants.*
(4) *Essai sur l'Histoire universelle,* 2ᵉ édit., Hachette, 1845, p. 111.

donné la Croisade à elle-même après l'avoir suscitée, surveillait d'un œil attentif les enrôlements et les armements.

Il adressa à l'empereur de Constantinople la lettre suivante :

« Depuis le Concile de Clermont, en Arvernie, où d'un consentement unanime la guerre contre les Sarrasins fut votée, une telle multitude de guerriers a pris la croix, qu'on porte leur nombre à trois cent mille. Les chefs les plus puissants ont prêté leur concours avec une ardeur qui nous permet d'espérer la conquête de Jérusalem. Le premier de tous, Pierre l'Ermite s'est mis en marche, à la tête d'une foule innombrable. Godefroy de Bouillon, Eustache et Baudoin, ses frères, imitant l'Ermite, ont organisé des forces militaires plus considérables encore et prendront la même route. L'évêque du Puy, légat apostolique et chef spirituel de l'expédition, partira avec l'armée du comte de Toulouse, Raymond de Saint-Gilles. Une autre armée est en mouvement avec les princes Hugues-le-Grand, frère de Philippe, roi de France ; Robert, duc de Normandie ; Robert, comte de Flandre ; Etienne, comte de Blois. Enfin, le duc de Tarente, Bohémond, oubliant ses longues querelles, vient de confier à son frère Roger, duc d'Apulie, le gouvernement de ses propres Etats, et part pour l'Orient à la tête de sept mille chevaliers, l'élite de la jeunesse italienne. Ces attroupements d'hommes se rendent sous les murs de votre capitale, où ils espèrent trouver secours et approvisionnements. Je vous supplie donc avec instance de tout faire pour le succès de cette glorieuse et très légitime entreprise. Bien que je ne doute pas de votre zèle, j'ai voulu par cette lettre vous indiquer combien votre concours nous est précieux, à moi-même et à la république chrétienne (1). »

Ce document officiel énumère les noms des chefs officiels de l'expédition.

Pierre l'Ermite nous est connu. Godefroy de Bouillon va

---

(1) Dom Ruinart : *Epistolæ Urbani*. Voir le texte à l'appendice.

devenir le héros de ces temps légendaires. L'imagination populaire en fera presque un mythe; dans les déserts de l'Arabie, il sera le symbole du lion ; la poésie chantera ses prouesses en des vers au rythme sonore (1), et la chevalerie le revendiquera pour sa plus haute personnification.

Godefroy, duc de Lorraine, était de la race des comtes de Boulogne. Par les femmes, disait-on, il descendait de Charlemagne. Sa parenté avec le grand empereur résidait plutôt dans sa valeur. Aux heures de sa prime jeunesse, il avait embrassé le parti de la couronne d'Allemagne contre le Saint-Siège. Revenu de cet égarement à la suite d'une maladie, il fit vœu de participer à la guerre sainte. Sa bravoure imposait le respect à ses ennemis ; sa douceur, sa modération, son aménité lui attiraient les cœurs. Haut de taille, il était d'une force et d'une adresse extraordinaires (2).

On cite de lui des exploits qui tiennent du merveilleux. D'un revers d'épée, il tranchait la tête d'un taureau. Un cavalier sarrasin se précipitait-il sur son escorte, Godefroy brandissait son glaive, et, d'un coup, coupait en deux, de la tête aux reins, son malheureux adversaire (3). Sa prudence

---

(1) Le Tasse : *La Jérusalem délivrée.*

(2) « Hic vultu elegans, staturâ procerus, dulcis eloquio, moribus egregius, et in tantum lenis ut magis in se monachum quam militem figuraret. Hic tamen, cum hostem sentiebat adesse et imminere prælium, tunc, audaci mente concipiebat animum et quasi leo frendens ad nullius pavebat occursum. Et quæ lorica vel clypeus sustinere posset impetum mucronis illius ? (Robert-le-Moine, édit. Bongars, p. 33.)

Il était élégant par le visage, haut par la taille, agréable par l'éloquence, admirable par ses mœurs, et d'une telle douceur, qu'il faisait plutôt figure de moine que celle de soldat. Mais quand l'ennemi paraissait et que la bataille s'engageait, alors il était d'une audace sans pareille, et, frémissant à l'instar d'un lion, il ne reculait devant rien. Il n'était ni cuirasse ni bouclier qui pût résister à son épée.

Michelet a dit : « Godefroy n'était pas grand de taille, mais sa force était prodigieuse... Cet homme héroïque était d'une pureté singulière. Il ne se maria point et mourut vierge à 38 ans. (*Hist. de France*, t. II, ch. III.)

Michelet a lu précipitamment le texte du chroniqueur ; Godefroy était grand de taille, *staturâ procerus.*

(3) « Turcus duo factus est Turci : ut inferior alter in urbem equitaret, alter arcitenens in flumine nataret. » (Raoul de Caen.)

Godefroy, étant à la chasse dans les environs d'Antioche, rencontre un

tempérait sa vigueur ; la raison froide dominait ses calculs. D'une piété éprouvée, d'une sagesse de conduite à toute épreuve, il était le modèle de l'armée. Il n'eut jamais en vue que le triomphe de la justice et de la vérité. Avec un tel homme, une cause peut connaître les revers ; elle ne connaît jamais le déshonneur.

Hugues de Vermandois fut un des quatre chefs de la Croisade. Deuxième fils de Henri Ier, par conséquent frère du roi de France, Hugues devint duc de Vermandois par son mariage avec la fille d'Herbert IV et d'Hildebrante (1). Par suite soit d'une erreur de copistes, soit d'une fausse lecture de scribes, les chroniques imprimées sont unanimes à lui donner le surnom de Grand, *Magnus* (2). On s'explique d'autant moins le bien fondé de cette qualification, que les faits relevés à sa gloire n'ont rien de spécialement éclatant (3). La critique a prouvé que le surnom du prince était celui de *Maines* ou *Maisnes*, ayant le sens de puîné, par opposition à *aînnés*, impliquant l'idée d'une antériorité de naissance. L'ancien traducteur français de Guillaume de Tyr ne cesse d'appeler Hugues, *Huon le Meinne*, ou Hues-li-meins-nes. Cette explication résout le problème et rend au mot *magnus* sa véritable physionomie (4).

Courageux dans les combats, désintéressé dans les fruits de la victoire, le comte manquait de persévérance dans les

---

de ses soldats aux prises avec un ours énorme. Le soldat s'abrite derrière un arbre et se défend de son mieux. Godefroy va droit à l'animal et le frappe de son épée, mais l'ours furieux se précipite sur le cheval du nouvel adversaire et lui laboure les flancs de ses crocs. Le cheval se cabre et se renverse, entraînant dans sa chute son cavalier. L'ours se jette alors sur Godefroy ; il lui a déjà fait de profondes blessures à la cuisse lorsque, par un effort suprême, le héros se dégage et plonge son épée jusqu'à la garde dans les flancs de la bête, qui expire aussitôt. (Guillaume de Tyr, liv. 3, chap. 16.)

(1) *Art de vérifier les dates.*

(2) Collections Bongars, Duchesne, Migne, etc.

(3) Aussi un historien estime-t-il que le terme *magnus* désignait la taille très haute de Hugues de Vermandois.

(4) V. M. Paulin Paris : *Histoire d'Antioche* ; et M. Peyré : *Hist. de la prem. Crois.*

desseins. Il ne sut pas toujours profiter des avantages que lui procuraient son rang et ses qualités.

Le guerrier dont l'armée était la plus nombreuse, fut Raymond, comte de Saint-Gilles, marquis de Provence, comte de Bourgogne, de Toulouse et de Quercy. Marié à la fille d'un des compagnons du Cid, Alphonse VI, Raymond se fit remarquer non seulement par la constante prospérité de sa vie, mais encore par sa loyauté et par sa bravoure, parfois exubérante. Sa femme, Elvire de Castille, ne voulut point se séparer de lui, à l'heure des dangers ; elle l'accompagna en Palestine. Il eut également à ses côtés le légat apostolique, Adhémar de Monteil (1).

Le quatrième chef, la terreur des Grecs, avant qu'il fût la terreur des Sarrasins, était Bohémond. Il appartenait à cette colonie de chevaliers normands qui avaient conquis la Pouille et la Calabre.

Il était occupé à agrandir ses Etats lorsque l'annonce de la Croisade le décida à porter sur la terre infidèle l'ardeur inquiète de ses partisans. Il se signala par son courage.

Anne Comnène fait de ce héros un portrait défavorable. Jusqu'à la fin, elle craignit que Bohémond, au lieu de s'emparer de Jérusalem, ne s'emparât de Constantinople. Pour se venger de sa frayeur, elle n'a, sur sa palette, au service du chevalier, qu'une couleur : le noir. En retour, Raoul de Caen s'est constitué son panégyriste (2).

Sous la bannière de ces preux, honneur du dévouement militaire, se rangèrent des soldats de toutes les nations.

Tandis que Pierre l'Ermite entraînait à sa suite des troupes recrutées dans le Nord de la France, en Lorraine, en Belgique et en Germanie, les Lorrains se plaçaient en majorité

---

(1) V. Dom Vaissette : *Hist. du Languedoc.*
(2) Suivant que les historiens prennent leurs inspirations dans les écrits d'Anne Comnène ou dans ceux de Raoul de Caen, la figure de Bohémond présente les aspects les plus disparates.
La critique ne saurait user de trop de prudence pour porter un jugement.

sous la direction de Godefroy de Bouillon. Hugues de Vermandois commandait aux Français de l'Ile-de-France et des provinces circonvoisines. L'Ecosse, l'Angleterre, la Flandre fournirent un contingent considérable aux troupes du frère du roi. Les Provençaux, c'est-à-dire les habitants de la région qui s'étend de la Loire aux Pyrénées, reconnurent pour chef Raymond de Saint-Gilles. Les fils de l'Auvergne comptèrent parmi ses adhérents. Les Italiens marchèrent sur le pas de Bohémond. La Germanie fournit quelques enrôlements ; elle fournit surtout, nous le verrons bientôt, les *faux croisés* (1).

Ces quatre chefs, dévoués à la même cause, se trouvaient entre eux sur un pied complet d'égalité. Ils ne tardèrent pas à reconnaître l'autorité suprême de Godefroy de Bouillon.

On a dit que le commandement supérieur avait été, dès le principe, dévolu à Raymond.

C'est là une erreur. Si Adhémar parut auprès de Raymond, l'étendard de saint Pierre fut confié à Hugues. On laissa aux événements le soin de décider la question des relations hiérarchiques.

Etonnée par le nombre des flots que l'orage déchaîné sur le monde musulman jetait contre les murailles de la ville impériale, Anne Comnène s'écrie que la multitude des Croisés est comparable aux grains de sable du rivage et aux étoiles du firmament.

Ces expressions orientales n'ont point de signification précise. Aux champs brûlés par le soleil, le thermomètre est souvent à l'exagération.

Le pape Urbain donne, dans sa missive à Alexis, le chiffre de 300,000 hommes.

D'après certains historiens, s'appuyant sur Guillaume de Tyr, les Croisés seraient parvenus à réunir un total de 700,000 combattants (2). Foucher de Chartres prétend que

---

(1) L'Espagne, très occupée à se débarrasser des Maures, n'entra point en compte dans les contingents.
Le véritable effort eut, pour théâtre, la France.
(2) Guillaume de Tyr, liv. 2, chap. 23.

sans certains incidents survenus au début de l'entreprise, ce nombre aurait pu être triplé (1). Nous retombons dans « les comptes fantastiques » d'Anne Comnène.

Pierre l'Ermite et ses lieutenants n'eurent jamais à leur disposition qu'une trentaine de mille hommes (2).

70,000 soldats de pied et 10,000 cavaliers reconnaissaient le commandement de Godefroy de Bouillon (3).

Cent mille soldats obéissaient à Raymond (4) ; soixante ou quatre-vingt mille à Hugues, et trente mille à Bohémond (5). Admettons qu'à ces trois cent mille hommes soient venus s'adjoindre de 80 à 90,000 recrues, nous atteignons le total de quatre cent mille hommes. Tel est, à notre avis, le chiffre approximatif représentant la masse des corps alliés.

Nous ne savons si jamais l'Europe et l'Asie avaient vu une armée semblable.

Sans doute, les manuels classiques qui ont formé notre jeunesse, nous apprennent que les guerres romaines et les invasions barbares ont mis aux prises entre eux des peuples dont les effectifs de guerre formidables faisaient trembler le sol.

Mais la critique se permet, de nos jours, un doute touchant la valeur de ce renseignement, accepté sans contrôle suffisant.

Fustel de Coulanges ramène à des proportions assez modérées ces chiffres épiques de bataillons voraces, prêts

---

(1) F. de Chartres, liv. 1, chap. 4.
Dans l'ouvrage paru en 1838, sous ce titre : *Galeries historiques de Versailles*, nous lisons ce passage : « En calculant tout ce que la France, l'Allemagne et l'Italie fournirent de Croisés, on présume qu'il en sortit bien cinq millions. »
Un peu plus loin, l'historien dit que le camp des Croisés, à Nicée, c'est-à-dire au début des opérations, comptait 500,000 combattants. Ainsi, dans le temps nécessaire pour écrire quinze lignes, quatre millions et demi de Croisés se sont évaporés sous la plume de l'auteur.
(2) Ordéric Vital *et alii*.
(3) Anne Comnène.
(4) Dom Vaissette : *Hist. du Languedoc*.
(5) Albert d'Aix, liv. 2, chap. 18.

à s'entre-dévorer (1). La Croisade, examinée seulement au point de vue matériel du nombre des contingents qu'elle a groupés autour de son idée, pourrait bien être l'effort offrant, dans le passé, le plus de majesté et d'amplitude.

Les simples cavaliers portent un casque de fer ; chez les chefs, le casque est d'acier ou d'airain couvert d'argent ; il est ovale ou allongé en pointe pour les princes et il est en outre ombragé d'un panache. Une cotte de mailles protège la poitrine ; la cotte est elle-même protégée par la cuirasse de métal et le justaucorps de cuir. Les seigneurs revêtent un haubert recouvert d'écaille de fer ou d'acier. Sur les chevaux s'étend un treillis serré, fait de cordes très dures. Les armes sont la lance, où flotte d'ordinaire une banderolle, l'épée, la dague, la hache, la masse, le fléau, la fronde, l'arc, l'arbalète. Les ordres sont transmis par le tambour, la trompette, le cornet, le clairon, l'olifan, le cor, la crécelle (2). Le bouclier, oblong, est enveloppé de cuir bouilli.

Pour maintenir ce cuir, on l'entoure de bandes, et, pour le protéger contre l'épée, on fixe des plaques de métal figurant des animaux ou des oiseaux : lions, léopards, aigles, etc.

Dans le but de laisser le moins de prise aux coups et le moins de découvert à l'écu, on affuble ces animaux de fioritures. Le lion est armé et lampassé ; l'aigle a les ailes déployées. L'art héraldique s'empara de ces divers arrangements et en fit sa chose.

On a attribué aux Croisades l'origine des armoiries.

La question est encore pendante. On sait que Godefroy portait sur son écu un cygne, en souvenir vraisemblablement de la légende qui lui donnait un cygne pour ancêtre. Ce fait tendrait à prouver que les armoiries sont antérieures à la première expédition d'outre-mer.

Il est certain toutefois que les Croisades développèrent l'institution du blason. La nécessité de reconnaître sa

---

(1) Fustel de Coulanges, *loc. cit.*
(2) *La Chevalerie*, par M. Léon Gautier ; *Vie de saint Louis*, par M. Wallon.

nationalité, ses troupes, ses vassaux, ses suzerains, diversifia le champ de l'écu et obligea ses possesseurs à fixer le choix du dessin pour l'adopter définitivement comme signe caractéristique (1). Les termes héraldiques sont en partie de provenance arabe.

Gueule viendrait de l'arabe gûl, rose ; azur serait un mot persan ; sinople aurait sa racine dans la langue grecque ; les pièces d'or ou besant serait un terme byzantin. La croix est de forme grecque.

Les pièces du blason évoquèrent souvent un souvenir. Godefroy tua d'un coup de flèche trois alérions. Pour rappeler ce coup heureux, les ducs de Lorraine adoptèrent dans leurs armoiries les alérions.

La stratégie, dans son acception stricte, n'existait pas au xie siècle. La base de l'art de la guerre reposait uniquement sur la force musculaire.

La bataille consistait donc dans une multitude de duels. Les ruses, les déploiements, les retraites simulées, les retours subits, n'avaient nulle raison d'être avec ces bataillons bardés de fer et, partant, lents à se mouvoir. La lutte résidait dans un corps à corps toujours terrible, étant donné la vigueur des adversaires.

Voici quelle est l'ordonnance du champ de bataille.

Le principal corps d'armée occupe une seule ligne sur une vaste étendue de terrain. L'avant-garde, chargée d'attaquer dès le début, s'échelonne sur le front. Plus loin, se trouve l'arrière-garde, sorte de réserve destinée à prendre part à l'affaire, vers la fin de la journée, pour brusquer le dénouement et précipiter le succès. Le même plan est exactement suivi par le chef de l'armée ennemie. Les avant-gardes en viennent aux mains, puis les deux lignes de bataille s'ébranlent formidablement, et se heurtent dans un choc épouvantable.

(1) V. *Essai sur l'origine des armoiries féodales et sur l'importance de leur étude au point de vue de la critique historique*, par Anatole Barthélemy, 1872.

A un certain moment les réserves donnent. On ne frappe pas au hasard ; le combat se fractionne en une infinité de combats partiels.

Les deux chefs ennemis finissent par se rencontrer ; ils se défient et alors commence un duel véritablement émouvant. L'armée, dont le chef est renversé ou tué, est une armée vaincue (1).

« Deux armées arrivent en présence l'une de l'autre, dit M. P. Paris, les plus forts sortent des rangs et engagent la lutte. Des troupes de valets, écuyers et fantassins surviennent pour les débarrasser ou saisir les guerriers désarçonnés. En conséquence des bons ou mauvais succès de ces engagements particuliers, les masses avancent ou reculent jusqu'au moment ou l'on cède absolument le terrain (2) ». « L'idéal d'une bataille est de traverser l'armée ennemie et de la traverser de nouveau pour reprendre ses premières positions. Girart de Roussillon donne le conseil suivant : « Quand vous
» serez dans la mêlée, frappez, tuez, renversez tout jusqu'à
» ce que vous ayez traversé les rangs ennemis, et retournez
» tous ensemble sur eux (3) ».

La formation du soldat exige peu de temps. Ce que l'on demande au guerrier, c'est la puissance des muscles, c'est encore une verdeur de santé capable du maniement prolongé d'une arme au poids très lourd.

Le siège d'une ville offre peu de complications. On s'attache d'abord à investir la place et à l'affamer, opération d'un succès problématique, l'assiégeant ayant recours à des souterrains dont les ouvertures se dissimulent au loin, dans la campagne, et se procurant par là l'alimentation nécessaire.

Le moyen le plus employé est l'escalade. On comble de grosses pierres les fossés ou on les couvre de ponts et de

---

(1) V. Léon Gautier, *loc. cit.*
(2) P. Paris, *Hist. litt.*
(3) Léon Gautier.

radeaux. Sur ces ponts on dresse des échelles et on tente de parvenir jusqu'aux créneaux. L'ennemi ne s'endort point. Derrière les meurtrières et les créneaux, il surveille les préparatifs, et, au moment où les chevaliers arrivent aux derniers échelons et s'apprêtent à envahir le chemin de ronde, mille bras se tendent pour les précipiter dans le vide. Si les échelles ne suffisent point, on en vient au beffroi, la plus terrible machine de guerre de l'époque. Le beffroi se compose d'énormes madriers, dont l'assemblage présente l'aspect d'une tour carrée, aussi haute que les remparts de l'ennemi. Par des cordes et des leviers, on l'approche des murs; des peaux de bêtes fraîchement écorchées tapissent les poutres les plus exposées aux atteintes du feu grégeois. De la plate-forme supérieure, un pont s'abat sur le crénelage de la ville, cinq ou six cents cavaliers s'y engagent et livrent, à cette hauteur prodigieuse, un combat acharné. Des troupes montent sans cesse par des échelles pour combler les vides causés par la mort. Si, sur un seul point, l'adversaire fléchit, le succès du siège est assuré ; le vainqueur se hâte en effet de prendre à revers les assiégés, qui abandonnent le chemin de ronde et laissent ainsi libre accès aux soldats des beffrois voisins.

Avant de suivre les corps croisés dans les diverses péripéties de leurs opérations, nous devons dire quelques mots des sources auxquelles nous demanderons nos informations.

L'histoire des Croisades est à peine ébauchée. Nous avons eu déjà l'occasion de constater que la critique ne s'est occupée sérieusement des expéditions d'Orient que pendant la seconde moitié de notre siècle. Plusieurs publications ont paru, qui ont porté une assez vive lumière sur certains recoins obscurs de ces hauts faits de guerre ; une narration d'ensemble est encore à naître.

A la vérité, il existe plusieurs volumes décorés du titre d'*Histoire des Croisades*. Michaud en fut l'auteur. Ce travail, accueilli, à son apparition, par la faveur générale, a été longtemps considéré comme ouvrage classique. Il a eu l'honneur de figurer dans la plupart des bibliothèques graves, et d'occuper une place à part dans les livres à l'usage des distributions de prix.

En réalité, cette prétendue Histoire n'a jamais mérité le crédit dont elle a joui. Son seul mérite est d'avoir appelé l'attention sur une des phases les plus glorieuses des annales françaises. Abstraction faite de ce détail, l'œuvre de Michaud a tous les défauts d'une étude entreprise et continuée avec un médiocre souci de la critique. Ayant à choisir entre d'assez nombreuses sources, l'auteur s'est attaché à une seule, Guillaume de Tyr, et ne s'est jamais appliqué à contrôler les affirmations de ce chroniqueur par les affirmations des autres chroniqueurs contemporains. Cet exclusivisme l'a amené à émettre une foule d'appréciations que ne soutiennent point les faits. Si encore Michaud avait toujours mis les pieds là où il retrouvait la trace des pas de son guide, on pourrait accepter la plus grande somme de ses assertions, mais souvent il va aux caprices de sa propre initiative et se perd dans les fantaisies de son imagination.

On peut mettre en thèse que cet écrivain n'a rien compris à l'inspiration élevée des Croisades (1). Le terrain sur lequel il marchait devenait, dès lors, un terrain mouvant. D'où chutes nombreuses et claudication continuelle.

Le malheur est que Michaud a fait école. Ceux qui sont venus après lui ont cru à la conscience de ses recherches et l'ont simplement copié en le démarquant. Les écrivains catholiques n'ont pas su toujours secouer ce joug. Un des historiens modernes du pape Urbain II nous renvoie grave-

---

(1) Pour lui, le mobile des Croisades a été « la fureur des armes et la passion de la ferveur religieuse. »

« M. Michaud, a dit Darras, écrivit son « Histoire des Croisades » durant la période la plus sceptique du xixe siècle (1811-1822). Chrétien lui-même, il dut plus d'une fois cruellement souffrir de la contrainte où le réduisait l'incrédulité triomphante de son temps. C'est l'unique excuse à donner à toutes ses défaillances, d'ailleurs injustifiables. Deux drachmes de vérité valent mieux, pour la régénération sociale, qu'une montagne d'atténuation sophistique. » (*Hist. générale de l'Eglise.*)

ment à l'*œuvre capitale* de Michaud ! Notre grand Darras est le seul, croyons-nous, qui ait vu le mal ; il a cherché à réagir en des chapitres pleins d'une critique serrée. Les Allemands, nous l'avouons à regret, ont vu aussi le défaut et ils l'ont relevé, tandis que nos écrivains s'acharnent encore dans leurs errements à la suite de celui qu'ils se sont donné naïvement pour chef.

Mais enfin l'étoile de Michaud a pâli devant une étude mieux comprise des textes, et nous espérons bien qu'elle s'éteindra à jamais (1).

C'est aux sources, à peine est-il besoin de le prétendre, qu'il faut toujours se rendre, si l'on veut porter, sur ce remarquable soulèvement du peuple chrétien, un jugement sain, judicieux, dépourvu de partialité. Notre éducation, notre tournure d'esprit, notre manque d'initiative personnelle, notre absence de caractère individuel, notre effacement dans l'unité centralisatrice et administrative, constituent des éléments défectueux d'appréciation. Il est nécessaire, pour bien saisir, de se placer, par un vigoureux dégagement d'esprit préconçu, au véritable angle visuel, et de jamais oublier qu'il est d'une évidente injustice de juger des qualités et des défauts d'un siècle, par la considération exclusive des qualités et des défauts d'un autre âge.

L'étude approfondie des sources ouvre les arcanes d'une époque. Pour atteindre un résultat pratique, digne de la critique, il y a obligation de faire un choix parmi ces sources. En ce qui concerne les Croisades, les chroniques contemporaines sont loin d'avoir la même autorité.

Besoin est donc de les contrôler entre elles. L'expédition de Pierre l'Ermite, en particulier, a été l'objet des affirma-

---

(1) Michaud naquit à Albens (Savoie) en 1767. Il se rendit à Paris et collabora à divers journaux. Il fonda la *Quotidienne*, et fut incarcéré en 1795, à cause de ses opinions contre-révolutionnaires. Il échappa à l'échafaud, se rallia à l'Empire, devint membre de l'Académie française en 1812, et obtint, sous la Restauration, la fonction de censeur des journaux. Il mourut en 1839.

tions les plus contradictoires ; or, ni Guibert de Nogent, ni Foucher de Chartres, ni Baudric de Bourgueil, ni Guillaume de Tyr, ni Albert d'Aix, etc., n'ont été témoins de cette expédition ; des rapports verbaux, des on-dit, ont été les bases de la majeure partie de leurs récits. Sans doute, ces historiens très sincères ont recherché la vérité. Parfois, néanmoins, ils se sont trompés ; la preuve en est dans les contradictions assez nombreuses qu'on relève dans leurs récits, dès qu'on les compare entre eux.

L'historien a mission d'opérer une sélection parmi de tels témoignages. Grâce à ce travail de tamisage, si nous pouvons ainsi parler, la vérité a quelque chance de paraître et de rester. Guibert, homme du Nord, est d'ordinaire sans indulgence à l'égard des gens du Midi ; il se complaît à mettre en lumière leurs défauts. D'autres chroniqueurs sont, suivant le mot de La Fontaine, « taupes pour leurs nationaux et lynx pour les voisins. » Dans ces conditions, l'examen des textes doit précéder leur enregistrement.

Si, non seulement pour la question spéciale qui nous occupe, mais encore pour toutes les questions historiques, semblable travail était toujours entrepris par les écrivains amis de leur réputation, on n'aurait pas à dire à propos de l'Histoire ce qu'on disait, il y a une quarantaine d'années, à propos de la Constitution française : Que toujours très bien faite, elle était toujours à refaire.

CHAPITRE XIII

Pierre l'Ermite, sa marche à travers la Germanie, à la tête d'un corps d'armée, son arrivée à Constantinople. — Etrange contradiction des récits originaux à l'égard des faits d'arme de l'Ermite. — Les faux Croisés.

L'histoire de la première Croisade est à peine ébauchée, avons-nous affirmé dans le chapitre précédent. Le chapitre présent sera la preuve de notre proposition.

La ville de Constantinople avait été désignée pour rendez-vous aux armées alliées, et la date du 15 août 1096 avait été fixée pour le départ général. Dès le mois de mars, pourtant, des troupes se mettent en mouvement ; elles sont commandées par Pierre l'Ermite et par Gautier de Poix.

Il est fort difficile, sinon impossible, de se faire une idée de toutes les assertions gratuites dont l'expédition de l'Ermite a été le point de départ. Il semble qu'en cette circonstance chacun se soit efforcé de fausser compagnie à l'exactitude.

Assurément, nous ne nous chargeons point de porter la lumière dans ce fouillis inextricable ; nous voulons uniquement montrer avec quelle défiance le lecteur devra désormais accepter les jugements ou les appréciations qu'il est appelé à rencontrer chez les historiens.

Michaud, l'illustre ancêtre, ouvre le feu : « Trompé par l'excès de son zèle, dit-il, le cénobite crut que l'enthousiasme pouvait seul répondre de tous les succès de la guerre et qu'il serait facile de conduire une troupe indisciplinée qui avait pris les armes à sa voix. Il se rendit aux prières de la multitude, prit possession du commandement de la troupe et vit bientôt 80 ou 100,000 hommes sous ses drapeaux. Ces premiers croisés, traînant à leur suite des femmes, des enfants, des vieillards, des malades, se mettaient en marche sur la foi des promesses miraculeuses de leur chef. Dans la persuasion où ils étaient que Dieu les appelait à défendre sa cause, ils espéraient que les fleuves s'ouvriraient devant leurs bataillons et que la manne tomberait du ciel pour les nourrir (1). »

Il y a dans ces lignes autant d'erreurs que de mots. Il est d'un ridicule achevé de représenter le cénobite comme une sorte d'illuminé, attendant sans cesse des miracles, comptant bien que les collines se changeraient en plaines, que les fleuves, à sa vue, reculeraient à leurs sources ou que des ponts merveilleux uniraient subitement, à l'instant voulu, les rives opposées. Pierre, qui avait déjà exécuté le voyage de Palestine, connaissait par expérience les difficultés du chemin; il savait, ses épreuves en faisaient foi, que si, dans les entreprises sages, on peut compter sur la Providence, il faut aussi compter sur soi. Un écrivain sérieux ne se permet jamais, au début d'un récit, de semblables allégations. Le respect qu'il doit au lecteur lui fait au moins un devoir de les prouver.

Guillaume de Tyr nous dit que l'empereur de Constantinople, admettant en sa présence Pierre l'Ermite, reconnut en celui-ci les talents d'un homme d'Etat joints à l'énergie du caractère et à l'éloquence des grands orateurs (2).

Voilà, certes, une affirmation qui est de nature à jeter une ombre sur le tableau de Michaud. Le même auteur voit dans la « troupe indisciplinée de l'Ermite une armée de 80 ou 100,000 hommes. » Ordéric Vital nous donne le chiffre exact de cette armée : « Petrus Galterium... aliisque præclaris Gallorum militibus et peditibus fere xv millibus secum adduxit. » La troupe était composée de 15,000 hommes. Michaud voit encore des femmes, des vieillards, des en-

---

(1) Michaud, *Hist. des Crois.*, t. II, ch. 1.
(2) Guill. de Tyr., éd. Bongars, t. I, cap. 22.
Ordéric Vital désigne ainsi Pierre : *Vir doctrina et largitate insignis.* (*Hist. eccles.* livre 9, ch. 4.)

fants, même des malades. C'est le lieu commun. Un texte très précis serait ici le bienvenu et ferait mieux notre affaire. Quant « à la prière de la multitude » et à « son indiscipline », ce sont les accessoires ordinaires d'une rhétorique élastique.

Arrivons à l'histoire.

En précédant les armées régulières, Pierre n'avait nullement l'intention de commencer le premier les hostilités. Son but était de prêcher la Croisade en Germanie, et de recruter des éléments pour l'œuvre sainte. Il n'était pas à proprement parler le chef militaire de la troupe ; il en était plutôt le chef religieux. Le commandement était dévolu à Gautier de Poix (*de Pixeio*), aidé, dans sa tâche, par ses neveux Gautier-Sans-Avoir, Guillaume, Simon et Mathieu (1). Gautier de Poix était un chevalier plein de bravoure et d'une sagesse incontestée. Sa marche, en Germanie, en est la preuve. Le plan de cette marche révèle de profondes connaissances géographiques.

Nous sommes donc bien loin des déclamations intéressées des écrivains qui s'obstinent à nous montrer le désordre d'une cohue allant à l'aventure. Un capitaine consommé, ayant à remplir le même thème, c'est-à-dire partir de la Lorraine pour gagner Byzance, ne suivrait pas d'autre voie, étant donné l'absence de grandes routes, rectifiées suivant les règles modernes.

Nous avons indiqué l'effectif de la petite armée. Ce qui a induit en erreur Michaud, c'est un texte d'Anne Comnène, où nous lisons que les troupes de l'Ermite, à leur arrivée dans la capitale de l'empire, comptaient 70,000 piétons et 80,000 cavaliers (2).

La fille d'Alexis a cédé, comme presque toujours, aux ardeurs de son imagination orientale. Pour elle, les Croisés

---

(1) Walterius Sens-Aveir, suivant l'expression de Guillaume de Tyr. Ce mot *sens-aveir* désignait un cadet de famille ne possédant ni fief ni suzeraineté. Ce qualificatif n'avait rien de ridicule ni d'ironique.

(2) *Alexiade*, livre x^e.

étaient plus nombreux que les grains de sable du littoral. Elle distribuait sans retenue et un peu partout les centaines de mille.

Pour comble, elle fait partir Pierre l'Ermite non de la Lorraine, mais de la Lombardie (1). Nos chroniqueurs d'Occident ramènent les choses au point. « Pierre, écrit Foucher de Chartres, s'adjoignit un assez grand nombre d'hommes allant à pied, mais peu de soldats : *Petrus heremita, multis sibi adjunctis peditibus, sed paucis militibus per Hungariam perrexit* (2). » La phrase est obscure : certains traduisent *peditibus* par fantassins et *militibus* par cavaliers. Quoi qu'il en soit, il appert de ce texte qu'il ne s'agit point ici de centaines de mille de soldats. Ordéric Vital est explicite. « L'an de l'Incarnation 1096, indiction quatrième, au mois de mars, Pierre d'Achère partit de France, emmenant avec lui Gaulier de Pexeio et ses neveux et d'autres Français de qualité et des fantassins et cavaliers au nombre de près de 15,000 (3). »

Les pèlerins arrivent à Cologne, le 12 avril, et s'apprêtent à rester dans cette ville la semaine de Pâques (4).

---

(1) *Alexiade.*
(2) Bongars, p. 385.
(3) « Igitur anno ab Incarnat. Dom. 1096, indictione IV, mense martio, Petrus de Archeris monachus, doctrina et largitate insignis, de Francia peregre perrexit, et Galterium de Pexeio cum nepotibus suis, Galterio cognominato Sine-Habere, et Gulielmo, Simone et Mathæo, *aliisque præclaris Gallorum militibus et peditibus fere XV milibus, secum adduxit.* » (*Hist. ecclésiast.*, l. IX, chap. IV).

Albert d'Aix n'attribue à l'armée qu'un contingent de *huit chevaux*.

Michaud, d'une part, Henri Martin, Michelet, etc., d'autre part, acceptent pour véridique ce chiffre ridicule.

Une lecture assidue de la chronique d'Albert montre que, sous la plume de cet écrivain, les chiffres, la plupart du temps, désignent un nombre indéterminé. Nous en avons la preuve dans le chiffre sept du même auteur. Dans le récit d'un combat, il nous parle de sept barques, de sept radeaux, de sept captifs, de sept jours passés dans les forêts, etc. D'après un critique allemand, Kugler, cité par Hagenmeyer, ces chiffres sont un caractère typique.

(4) « Sabbato Paschæ Coloniam venit, ibique septimatana Paschæ requievit, sed a bono opere non cessavit. » (Ordéric, *Hist. ecclés.*, liv. IX.)

Pierre met à profit ce repos pour porter à la connaissance des populations germaines l'annonce de la « bonne nouvelle ».

Le succès couronne ses efforts.

Voici le témoignage d'Ekkéhard, témoin oculaire : « En voyant défiler tous ces chevaliers et ces hommes de pied, les Germains traitaient cette expédition de folie... Mais peu à peu ils se pénétrèrent de la grandeur du but des Croisés, et se firent un devoir de s'attacher à la cause et de l'embrasser en grand nombre (1). »

La réflexion qui s'offre ici d'elle-même à l'esprit est que si ces prétendues bandes que l'on représente comme une cohue désordonnée vivant d'aumônes, pillant et rançonnant au besoin (2), avaient été telles qu'on nous le dit, jamais l'Allemagne n'eût accepté de les suivre. On les eût traquées et repoussées. Le résultat opposé se produit ; leur présence fait œuvre de prosélytisme. Ainsi tombent les accusations.

Soit désir d'arriver plus vite, soit crainte d'appauvrir le pays par le ravitaillement nécessaire, une partie des troupes prit les devants sous la conduite de Gautier de Poix (3). Reçu avec bonté par le roi de Hongrie, le détachement arriva à Belgrade, en Bulgarie. Là se place un incident dont l'authenticité historique est loin d'être démontrée.

---

(1) Ekkéhard, *Hierosol.*, Migne.
(2) Michaud.
(3) Ordéric : « Superbi Francigenæ, dum Petrus Coloniæ remaneret et verbum Dei prædicando phalanges suas augere et corroborare vellet, illum expectare noluerunt ; sed iter inceptum per Hungariam agressi sunt. Columanus autem, Hunorum rex, tunc, eis favebat, necessariumque subsidium in terra sua præbebat. » (*Hist. ecclés.*)
Les Allemands traduisent le mot *superbi* par l'expression *gonflés d'orgueil*. Nous pensons que le terme latin désigne plus exactement l'impatience dans l'ardeur et le courage.
Nos *amis* d'outre-Rhin ne pouvaient laisser se perdre une telle occasion d'exprimer leurs sentiments à l'égard de nos ancêtres. La priorité des Français, dans la marche en avant, a toujours eu le don de les gêner.

Au dire d'Albert d'Aix (1), le prince de Bulgarie refusa à Gautier l'autorisation d'acheter des vivres ; les pèlerins, usant alors de la licence que confère dans ces circonstances le droit des gens, se répandirent dans la campagne pour trouver leur subsistance. L'armée bulgare, forte de 140,000 hommes, se mit à leur poursuite et leur infligea un cruel échec. Gautier rallia avec peine les débris de son armée et, grâce à la protection du prince de Nysse, atteignit Sternitz, Phixopolis, Andrinople, et enfin Byzance, où il put attendre dans le repos et l'abondance l'arrivée de l'Ermite.

On doute ici, avec raison, de la véracité d'Albert d'Aix. Les textes contemporains ne mentionnent aucune défaite de ce genre. Ordéric, d'ordinaire bien informé, écrit simplement ce qui suit : « Les Français traversèrent le Danube et vinrent en Cappadoce par la Bulgarie, et attendirent les troupes allemandes, amenées par Pierre (2). »

Un auteur allemand, M. Hagenmeyer, adversaire déclaré de la gloire de Pierre l'Ermite et partisan non moins déclaré d'Albert d'Aix, fait à ce sujet la déclaration suivante : « Quel est le degré de la véracité de la relation d'Albert ? Faut-il en tenir la plus grande partie pour un document historique ? Quelles sont les parties qui ne sont que des ornements brodés par l'auteur ? Nous ne sommes point en mesure de le déterminer, car on ne possède aucun renseignement d'autre source sur la marche de Gautier à travers la Bulgarie ; même dans la relation de Guillaume de Tyr, on ne peut reconnaître s'il a eu recours à des sources autres que le récit d'Albert, et s'il y a ajouté de sa propre imagination (3). »

Cette armée bulgare de 140,000 hommes, surgissant tout

---

(1) Liv. 1, c. 7.

(2) « Transito Danubio, per Bulgariam usque in Cappadociam venerunt, ibique præstolantes sequentibus Alemannis cum Petro sociati sunt. »

(3) *Le vrai et le faux sur Pierre l'Ermite*, traduction française par Furcy-Raynaud, Paris, 1883. Cet ouvrage est plein d'érudition à la façon allemande ; l'auteur y laisse percer continuellement ses préjugés et son parti-pris contre les Croisés.

à coup à une époque où les armées permanentes n'existaient pas, nous paraît être appelée à faire une excellente figure dans le chapitre des contes d'enfants. Nous allons avoir une autre armée de ce genre à reléguer très probablement dans le même chapitre.

Pierre, à son tour, se met en route. Les volontaires allemands comblent les lacunes du corps expéditionnaire. Ordéric fixe le chiffre de ces enrôlements au chiffre de 15,000 (1).

Le passage de la Hongrie s'effectua sans obstacle. Toutefois, à Semlin, d'après Albert, un événement grave transforma en défaite cette marche tranquille.

Les Croisés, apprenant que le prince de la ville se préparait à leur barrer le chemin, avaient résolu de forcer la cité et de s'en emparer. Les habitants, terrifiés par une attaque contre laquelle ils étaient sans défense, s'enfuirent, laissant aux pieds des remparts 4,000 cadavres des leurs. Coloman, successeur de Ladislas, accourt dans le but de venger ses sujets, mais Pierre passe la Save et se réfugie en Bulgarie, où un désastre l'attend sous les murs de Nisch. Dix mille des siens succombent ; les bagages et le trésor de l'armée restent aux mains des ennemis. Les débris se rejoignent dans le plus complet désarroi et parviennent avec peine à Constantinople. De son côté, l'ennemi ne perd, dans cette rencontre, qu'un seul soldat.

Telle est la version que nous transmet Albert d'Aix, et dont s'est inspiré Guillaume de Tyr.

Sybel, critique allemand (2), s'inscrit en faux contre la relation de ces faits, auxquels les contemporains ne font aucune allusion. Le texte d'Ordéric n'autorise nulle insinuation relative à ces événements (3). Sur quels documents

---

(1) « Alemannis sermonem fecit, et ex eis xv millia ad opus Domini traxit. » (Liv. IX, c. 4.)
(2) Cité par Hagenmeyer.
(3) « Petrus eremita cum multis Alemannis et Francis subsequens agmen præcesserat et regiam ad urbem applicuerat. » (Liv. IX.)

Albert a-t-il étayé sa narration? on l'ignore; a-t-il voulu donner un tour dramatique à sa chronique? toutes les hypothèses sont permises. Est-il loisible d'admettre qu'une armée en arrive à laisser périr dix mille de ses soldats sans se défendre, que le soi-disant vainqueur n'ait à regretter que la mort d'un homme, tandis que le vaincu, pourvu d'armes et de vivres et décidé à la lutte, laisse sur le champ de combat les deux tiers de son effectif. « Ce qui serait une chose inouïe dans l'Histoire, dit M. Hagenmeyer, forcé par l'évidence, c'est que du côté de Pierre 10,000 hommes eussent succombé, tandis que les Bulgares n'en auraient perdu qu'un seul. » « C'est un exemple typique, ajoute-t-il, du style légendaire d'Albert; personne, d'ailleurs, ne le croira (1). »

L'annaliste nous assure que l'Ermite perd dans une bizarre aventure son corps d'armée et voici que, sur les rives du Bosphore, Anne Comnène effrayée, voit arriver une armée de 70,000 fantassins et de 80,000 cavaliers, marchant dans un bel ordre et semant l'effroi par son aspect guerrier. Cette armée est celle qui vient de périr quelques jours auparavant! Et non seulement elle s'est retrouvée, mais encore elle s'est multipliée. Avant la défaite, elle ne comptait que 30,000 hommes; le lendemain, 150,000 hommes se dressent à l'appel!

Albert d'Aix ne prend même pas le soin vulgaire de se mettre en règle avec ses propres affirmations. Pierre est un héros maître de lui-même, et commandant à la victoire; deux jours après, il a peur; un rien l'épouvante; ses ordres sont des incohérences. « On ne sait véritablement plus où l'on en est avec ce chroniqueur, dit M. Hagenmeyer; on ne sait si l'on doit attribuer les mêmes faits qu'il raconte à un seul et même personnage (3). » Le critique termine ainsi une série de réflexions, où il s'efforce de donner aux assertions

---

(1) *Loc. cit.*
(2) *Alexiade.*
(3) *Loc. cit.*, p. 193.

d'Albert d'Aix une apparence de solidité : « Les détails que donne cet historien ne forment pas une base assez solide pour que nous osions nous en servir pour tracer un tableau plus achevé : il faudrait avoir à sa disposition d'autres sources plus sûres ; mais, nous l'avons déjà dit, elles n'existent pas (1). »

Si M. Hagenmeyer « ne sait plus où il en est » avec Albert d'Aix, M. Michaud, en retour, sait fort bien s'y reconnaître ; il accepte tout. Sans hésiter, il fait entrer au foyer de la famille historique tous ces éléments disparates sur la légitimité desquels planent les soupçons les plus fâcheux.

A notre avis, il se passa, en Bulgarie, divers incidents. Amplifié par la rumeur, et, en même temps, défiguré par les rapports verbaux, le récit de ces incidents a servi de thème à la rédaction du trop crédule Albert d'Aix.

La découverte et la publication des manuscrits d'Ekkéhard, ont permis d'apporter à la question des *faux Croisés* des éclaircissements souvent désirés.

A l'occasion des prédications de Pierre l'Ermite en Germanie, et à la suite de l'ébranlement qui en est la conséquence, des excès se produisent, les campagnes sont pillées et les Juifs mis à mort.

Albert d'Aix, Guillaume de Tyr, et, avant eux, Guibert de Nogent, rendent les troupes de l'Ermite responsables de ces déplorables abus.

Jusqu'à notre époque, on n'hésita pas, sur la foi de ces chroniqueurs, à répéter les mêmes accusations et à envelopper dans la plus injuste réprobation les vétérans du premier soulèvement.

Un des triomphes de la critique sera d'avoir rétabli, en

---

(1) *Loc. cit.*, p. 195.
La relation d'Albert d'Aix date de la seconde partie du xiie siècle. On était déjà loin des événements.

cette circonstance, la vérité, ignorée de presque tous les historiens qui se sont intéressés à la Croisade.

Deux points sont à examiner : Pierre l'Ermite a-t-il été coupable des désordres commis en ce temps, et, en particulier, des sévices exercés contre les Juifs ?

Quels en furent les auteurs ?

N'oublions pas que les chroniqueurs dont nous venons de citer les noms, ne furent point témoins des faits qu'ils ont relatés. Ekkéhard, au contraire, a vu. Son attestation a donc seule une valeur incontestable.

Sur le premier chef, la critique répond en absolvant complètement de toute faute le chef de l'expédition. « La persécution contre les Juifs, a dit récemment M. Hagenmeyer, écrivain dont personne ne récusera ici le jugement, n'éclata à Cologne que le 29 mai 1096, date à laquelle Pierre était déjà parti depuis bien longtemps. Par voie de conséquence, on doit admettre aussi que Pierre et ses gens restèrent en général étrangers à cette persécution, dont les premiers symptômes se déclarèrent le 3 mai, à Spire. La honte d'avoir donné dans les villes du Rhin le signal de ces abominables excès, doit retomber éternellement sur la mémoire d'Emich et de sa bande. » L'auteur Mannheimer exprime son étonnement, dans son ouvrage, de ce que les relations juives ne font pas mention de Pierre d'Amiens ; ce fait est une preuve certaine qu'il n'a pris aucune part à ces atrocités et qu'il n'a donné aucune prise à une accusation de ce genre ; sans cela, son nom se trouverait dans ces mémoires, tout aussi bien que celui d'Emich.

Montalembert était donc également dans l'erreur lorsqu'il écrivait dans *Les Moines d'Occident,* t. VII, p. 155 : « Il n'y avait que huit chevaliers dans cette foule impatiente et désordonnée, qui marqua du sceau de la réprobation humaine une œuvre d'inspiration divine, en massacrant les Juifs d'Allemagne, et en ravageant la Hongrie, avant d'aller eux-mêmes périr en Bulgarie. » Même erreur dans la *Nouvelle Biographie universelle,* t. 40, p. 185 : « Bientôt Pierre eut à sa suite une foule innombrable, qui commença par massacrer tous les Juifs et même les chrétiens qui lui refusaient les vivres (1). »

Ces lignes de l'historien allemand sont vengeresses.

La discipline fut toujours sévèrement observée parmi les soldats de Pierre. M. Hagenmeyer le constate : « Un contemporain, l'annaliste de Melk, ajoute-t-il, a été témoin du passage de ces bandes ; il fait cette simple remarque à l'année 1096: « Petrus heremita aliique plures tendunt Hierusalem ; » en dehors de ce simple fait, il ne voit rien qui mérite une mention spéciale ; la raison en est assurément que ces bandes voyageaient sans rencontrer d'obstacles, *mais aussi en s'abstenant de tout excès ;* sans cela, elles auraient provoqué une résistance énergique, dont on retrouverait nécessairement la trace dans les chroniques (2). »

Sur le second chef, l'Histoire se lève pour flétrir les trois imposteurs, dont la mémoire sera toujours vouée à l'exécration, Gothescale, Folcmar et Emich.

Gothescale était originaire des bords du Rhin. Utilisant habilement l'émotion provoquée par les événements, il lève une bande, que renforcent spécialement des Bavarois et des Souabes, et met la campagne en coupe réglée ; au vol, il joint l'assassinat. Coloman marche au-devant de ces bandits que leur chef livre par trahison aux glaives des soldats hongrois (3).

Folcmar s'attache à égaler son devancier en férocité. Sa proie, à lui, ce sont les Juifs. Pensant qu'avant de recon-

---

(1) Hagenmeyer, *loc. cit.*, p. 163. L'erreur de Montalembert s'explique par la confiance trop aveugle que l'illustre historien des moines accordait à Michaud. Nous devons nous rappeler que *Les Moines d'Occident* contiennent en grand nombre des pages qui sont des chefs-d'œuvre. Il est vrai qu'alors l'auteur puisait lui-même directement aux sources, sans intermédiaire pour l'égarer.

(2) Page 167.

(3) Albert d'Aix, complètement trompé sur le compte de Gothescale, couvre ce personnage d'éloges.

L'or et l'argent abondaient entre les mains de Gothescale. L'existence de ces sommes était de nature à légitimer bien des suppositions.

quérir le tombeau du Christ, il fallait exterminer ceux qui avaient creusé ce tombeau, il se jette sur les communautés israélites et en égorge les membres sans pitié. En Pannonie, ce misérable est arrêté et ses gens sont massacrés par les indigènes.

Emich devait être plus cruel encore. Renommé par le débordement de ses mœurs et par ses tyrannies, le comte Emich annonça que, répudiant son passé, il arborait la Croix. A cette nouvelle, près de 15,000 hommes vinrent se ranger sous ses ordres. Dans ce nombre, se rencontraient de vrais chevaliers ; l'ensemble était formé par la lie du peuple, flairant le meurtre et le pillage. La minorité, dès qu'elle vit le piège, se retira et abandonna cette collection de soudards au sort inévitable qui les attendait. Le carnage commence par les Juifs. En vain, les victimes implorent-elles la protection des évêques, qui ouvrent leurs palais ; les forcenés se précipitent sur les portes, les brisent, et passent au fil de l'épée tous les réfugiés. A Mayence, à Trêves, ces scènes de cannibales se reproduisent (1). Emich se répand ensuite dans les campagnes de la Franconie et de la Bavière et met tout à feu et à sang. Il comptait sur de nombreux succès encore, lorsque ses bandes, surprises par un détachement de Hongrois, sous les murs de Mersbourg, furent taillées en pièces et culbutées dans le Danube.

Ces détrousseurs de grands chemins étaient heureux de satisfaire leurs passions, sous le couvert d'un drapeau. Les annalistes, incapables à distance d'opérer la répartition des

---

(1) Un certain nombre de Juifs profitant du départ des Croisés, avaient dû acheter à très bas prix maintes propriétés, et, suivant l'usage, prélever sur les enrôlés besogneux des sommes usuraires. De là un émoi général sur lequel les forbans Folcmar et Emich ne manquèrent pas à leur tour de spéculer. Il est à remarquer que les Juifs poursuivis et traqués ne trouvèrent protection qu'auprès des évêques et des clercs, désireux d'épargner le sang et de conjurer les excès. En reconnaissance de cette courageuse attitude, quelques Juifs se font, en Allemagne, dans la Presse et dans les Universités, les ennemis implacables de toute action catholique, au moyen-âge.

responsabilités, ont inscrit ces atrocités à l'actif des armées parties pour la délivrance des Saints-Lieux.

Mais avec le témoignage d'Ekkéhard, le mot de l'énigme est désormais connu.

« L'adversaire de l'Eglise et de notre foi, lisons-nous dans le *Libellus Hierosolymita,* fit son possible pour enrayer l'entraînement de l'Europe vers le tombeau du Sauveur. De faux prophètes surgirent à l'instar de ceux qui semaient le mauvais grain dans le champ du père de famille, pendant que celui-ci dormait. L'adversaire eut pour but d'envelopper de déshonneur les troupes du Seigneur en mêlant aux eaux pures des eaux impures, produites par l'hypocrisie et le mensonge. Un certain nombre de ces imposteurs existent encore. Qu'ils disent à quel rivage ils ont abordé pour passer les mers. Où sont les batailles qu'ils ont livrées ? Quels sièges ont-ils entrepris ? Où était leur place sous les murs de la ville sainte. Ils ne répondront pas. Le désir du vol les a fait naître ; ils n'ont pour eux que la mort de victimes innocentes (1). »

Darras n'hésite pas à se prononcer nettement : « Une intrigue politique, dit-il, se cachait sous ces manifestations sacrilèges. Ekkéhard, sans la dévoiler entièrement, nous la laisse soupçonner dans un autre de ses ouvrages, le *Chronicon universale,* où il s'exprime ainsi, à la date de l'an 1096 :

« En cette année, le duc Welf de Bavière rentra en grâce vis-à-vis de l'empereur excommunié Henri IV, dont il avait depuis longtemps répudié la cause, et il put ainsi recouvrer tous ses domaines du Norique, précédemment confisqués. Or, en ce moment, Pierre l'Ermite traversait avec les premiers Croisés, au nombre d'environ quinze mille, les provinces allemandes de Bavière et de la Pannonie. *Vénéré comme un saint, cet homme de Dieu méritait les hommages dont les multitudes l'entouraient.* Il se trouva pourtant un

(1) Migne, Pat. lat., t. CLIV.

parti nombreux qui l'accusait d'hypocrisie, et l'on fit surgir des imposteurs, qui prirent à tâche de dénaturer son œuvre ; l'un, nommé Folcmar, qui se mit en marche à travers la Bohême et la Saxe ; l'autre, nommé Gothescale, qui prit sa route par la France orientale (Franconie). »

» Ces paroles de l'annaliste nous mettent sur la trace du complot schismatique organisé par le pseudo-empereur Henri IV et ses partisans, de concert avec le nouveau roi de Hongrie, Coloman, et les princes bulgares, pour faire échouer la Croisade. Ce fait, jusqu'ici absolument ignoré, ou du moins laissé complètement dans l'ombre par tous les auteurs modernes, méritait d'être signalé. Le schisme donnant la main aux Turcs pour la ruine de l'Eglise et de l'Europe, Henri IV d'Allemagne se faisant l'auxiliaire du sultan de Nicée, l'antipape Wibert prêtant à cette manœuvre impie l'autorité de son titre usurpé, le duc Welf de Bavière couronnant son apostasie par une intervention active dans ce pacte sacrilège, voilà ce qu'on ignorait jusqu'à ce jour, et ce que nous révèle la chronique d'Ekkéhard d'Urauge (1). »

C'est ainsi que se dégage la vérité. Est-il permis d'espérer qu'à l'avenir les écrivains se montreront plus circonspects dans leurs attaques contre la Papauté et qu'ils éviteront d'assimiler aux véritables Croisés des gens sans aveu, soudoyés dans le dessein d'avilir l'entreprise religieuse et de la compromettre aux yeux de la postérité ? Hélas ! rien n'est tenace comme une légende fausse (2).

Nous avons laissé le corps expéditionnaire à Constantinople où s'était rendue déjà l'avant-garde, commandée non plus par Gautier de Poix, mort à Philippopolis, mais par son neveu, Gautier Sans-Avoir.

---

(1) *Loc. cit.*, vol. XXIII.
(2) Cela dérangerait en outre trop de chapitres littéraires et en gâterait l'ordre harmonieux.

Le gros de l'armée arriva, à son tour, dans les derniers jours de juillet, et campa en dehors des murs (1).

Alexis manifeste le désir de s'entretenir avec Pierre l'Ermite qui, en effet, lui est présenté et qui obtient pour ses troupes les faveurs et bonnes grâces impériales (2).

L'armée ne séjourne que quelques jours dans la cité grecque ; elle traverse l'Hellespont et dresse ses tentes sur les côtes de Bythinie.

Ici encore, nous nous heurtons aux contradictions des chroniqueurs.

D'après les *Gestes,* les Croisés se seraient livrés, dans les environs de Constantinople, aux plus odieuses violences ; ils auraient incendié les églises, volant jusqu'au plomb des toitures pour le vendre aux Grecs. L'empereur, irrité, aurait intimé l'ordre à Pierre de passer la mer et de débarrasser le territoire de ses hordes de pillards (3).

Anne Comnène ne souffle point mot de ce vandalisme et de ces déprédations. Elle avait pourtant tout intérêt à les dévoiler pour justifier son père. Bien plus, elle affirme qu'Alexis fit tous ses efforts pour retenir les Croisés à Constantinople. Si la conduite des pèlerins avait été blâmable, c'est à Anne surtout qu'il faudrait demander l'exposé de leurs méfaits (4).

Une fois en Asie, les pèlerins, campant paresseusement sur le littoral, aurait continué leur existence de vol et de pillerie, au dire des *Gestes* (5) ; Albert d'Aix affirme au contraire que

---

(1) « Pierre exécuta son expédition avec une rapidité qui fit l'étonnement du monde. On sait que les Celtes sont inquiets, vifs, et qu'ils ne peuvent souffrir le moindre retard. » (Anne Comnène.)

(2) Albert d'Aix.

(3) « Ipsi nequiter deducebant se quia palatia urbis sternebant et ardebant, et auferebant plumbum, quo ecclesiæ erant coopertæ et vendebant Græcis : unde imperator iratus est, jussitque transmeare brachium. » (*Gesta*, l. 32.)

(4) *Alexiade*, liv. x.

(5) « Postquam transfretaverunt, non cessabant agere omnia mala, comburentes et devastantes domos et ecclesias. Tandem pervenerunt Nicomediam. » (*Gesta*, I, 35.)

les pèlerins, l'opération du débarquement terminée, se mirent immédiatement en marche pour Nicomédie (1). L'invraisemblance de la relation des *Gestes* est évidente. Depuis longtemps les églises de la région étaient devenues la proie des Turcs et avaient été saccagées. Rien ne manquait aux troupes; la violence eût été sans but. En outre, le caractère bien connu de l'Ermite le place au-dessus de pareilles accusations.

De Nicomédie, Pierre se rend à Civitot (2), ville nommée par Anne Comnène, Helenopolis (3).

Dans cette nouvelle localité, les désordres se renouvelèrent, s'il faut en croire la chronique de Zimmen (4). Le pillage s'opérait jusqu'à dix milles du camp.

La note est complètement différente chez Albert d'Aix : « Sur la recommandation de l'empereur, dit-il, les marchands s'approchaient avec leurs navires chargées de vivres ; les ventes se faisaient à juste poids et en toute équité. Les pèlerins passèrent là deux mois dans l'abondance, reposant en toute sécurité, loin des attaques de l'ennemi (5). »

Fortifier le campement et assurer les moyens de ravitaillement jusqu'à l'approche des armées, qui déjà couvraient les chemins de l'Europe occidentale, tel était le plan conçu par Pierre l'Ermite. Il l'eût exécuté sans peine si ses troupes, composées d'éléments hétérogènes, avaient obéi ponctuellement à ses ordres. Mais dans ce groupement, que formaient des apports de nationalités les plus diverses, on ne parvenait qu'avec d'extrêmes difficultés à imposer la soumission à une

---

(1) « Deinde diebus v completis, tentoria sua amoventes, brachium maris S. Georgii navigio et auxilio imperatoris superant, et terminos Cappadociæ intrantes, per montana ingressi sunt Nicomediam, ibidem pernoctantes. » (Alb. i, 16.)

(2) Albert d'Aix, *loc. cit.*

(3) *Alexiade, loc. cit.*

(4) Citée par Hagenmeyer, *loc. cit.*, p. 219.

(5) « Illuc ex precepto imperatoris assidue mercatores admovebant naves onustas cibarii, vini, frumenti, olei, et hordei caseoque abundantia, vendentes omnia peregrinis in equitate et mensura. Et curriculo duorum mensium illic in pace et lætitia epulati, moram fecerunt, securi ab omni hostili impetu dormientes. » (Alber. i, 16.)

unique direction. Les Français aimaient à faire preuve de leur bravoure (1), et les Allemands, volontiers jaloux, rivalisaient avec eux de témérité.

A la suite d'un coup de main contre la ville de Nicée, « ceux de France » amenèrent au camp un butin considérable (2) ; envieux à l'excès, « ceux d'Allemagne » prétendirent ne pas rester en arrière. Prenant pour chef l'Allemand Renald, ils se rendent maîtres, par surprise, au dire des *Gestes*, par violence, au dire d'Albert et d'Anne Comnène, du château de Xerigordon, situé au delà de Nicée. Surpris de cette audace, le sultan Soliman envoya son lieutenant Elchanes et des forces considérables pour dégager la forteresse. Les Croisés se défendirent avec leur vaillance habituelle ; ils repoussèrent tous les assauts et auraient fini par lasser leurs ennemis, si la trahison d'un de leurs chefs n'avait ouvert la porte aux assaillants (3).

Affecté par la désobéissance flagrante de la portion allemande de son contingent, Pierre partit de Civitot et se dirigea sur Constantinople, désireux d'entretenir l'empereur des craintes qu'il concevait pour l'avenir. La nouvelle de l'échec subi par les leurs enflamma d'ardeur les troupes ; elles prennent les armes, malgré les recommandations pressantes des chefs, et, sortant de leurs quartiers, se préparent à marcher sur Nicée.

Les Turcs, profitant du trouble que le désaccord entre les soldats et ceux qui les commandent jette inévitablement dans l'organisation du combat, se précipitent avec fureur sur le

---

(1) « Superbi Francigeni, superbia tumebant. » (*Gesta.*)
(2) Anne Comnène et Albert d'Aix. Comme toujours, les Croisés auraient commis d'affreux attentats ; Albert, qui mentionne cette marche, ne mentionne point ces désordres, les *Gestes* ne mentionnent pas même cette excursion.
(3) *Gesta.* Albert et Foulques ne parlent point de cette trahison. Foulques raconte que le château entra en composition après une série de pourparlers, d'où l'honneur des assiégés sortit intact. Les Turcs, manquant à leurs promesses, jetèrent en prison ou égorgèrent les soldats qui, sur la foi des traités, venaient de livrer leurs armes.

camp chrétien et refoulent les Croisés au delà de leur cantonnement.

Gautier Sans-Avoir, la poitrine percée de flèches, succombe glorieusement. D'autres seigneurs de marque périssent également. L'armée eût été écrasée, si les renforts envoyés de Constantinople n'eussent semé l'effroi parmi les Sarrasins et ne les eussent arrêtés dans leur élan.

A peine est-il besoin d'ajouter que, suivant la coutume, les annalistes se livrent, au sujet de cette échauffourée de Civitot, aux affirmations les plus opposées. On ne sait à quelle chronique donner sa confiance ; l'existence des succès turcs paraît certaine ; mais, en ce qui concerne les événements qui les ont amenés et les faits qui les ont suivis, on ne peut rien avancer qui ne se heurte immédiatement à l'invraisemblable.

Par la méthode à laquelle nous avons eu recours, dans ce chapitre, nous avons voulu montrer comment on parvenait, en s'adressant à des documents réputés sérieux, à diminuer ou à grandir la taille de Pierre l'Ermite.

Suivant les préjugés, on peut faire du personnage ou un héros ou un aventurier. Il suffit de laisser dans l'ombre les textes qui gênent. On arrive ainsi à dessiner ou un profil de médaille ou une caricature. Est-il besoin d'ajouter que, la plupart du temps, le dénigrement a su habilement profiter de l'équivoque. Pour beaucoup, l'Ermite n'a été qu'un impulsif dépourvu de modération et de jugement.

La critique interjette appel ; elle veut que le pour et le contre soient pesés dans une juste balance ; elle exige que les chroniqueurs comparaissent devant son tribunal et que leurs dires soient passés au crible. Entre les témoignages opposés, elle tâche de saisir la vérité. Aux amis trop ardents, elle dit qu'il y a doute ; aux adversaires acharnés, elle dit qu'il n'y a point de certitude.

La renommée de Pierre l'Ermite ne peut que gagner à ce verdict.

Un accusé, toujours condamné et privé de défense, entrevoit une ère de justice dès que l'on consent à l'écouter et à le juger.

On n'oubliera pas spécialement de recueillir les dépositions de Godefroy et de ses compagnons, qui ne cessèrent, durant toute la campagne, d'entourer l'Ermite d'un respect persévérant et d'une vénération continuelle. De semblables attestations sont décisives ; elles prouvent que le prédicateur populaire de la Croisade fut toujours digne de ses débuts héroïques.

CHAPITRE XIV

Départ et arrivée à Constantinople des armées de Godefroy de Bouillon, de Hugues de Vermandois, de Raymond de Toulouse et de Bohémond.

« Parmi les chefs étrangers dont on annonçait la venue, on citait spécialement Godefroy, qui, pour se rendre à Jérusalem, avait vendu les domaines de ses pères. On vantait ses richesses, sa générosité, sa bravoure. Par ses titres de noblesse, il égalait les rois : il devint plus tard le chef de toute l'expédition. Son but véritable était la délivrance de Jérusalem, et sa piété au Saint-Sépulcre était réellement l'inspiratrice de ses actions. »

Ces paroles sont d'Anne Comnène (1).

Il fallait que le mérite du héros fût réellement au-dessus de toute atteinte, pour que la fille de cet empereur, que le chef des Croisés eut plusieurs fois l'occasion de ramener énergiquement au devoir, ne craignît point de le proclamer de la sorte.

Godefroy se mit en route le 15 août 1096.

Ses troupes traversèrent dans un ordre parfait la Haute-Germanie, suivant à peu près les traces de Pierre l'Ermite (2).

---

(1) *Alexiade*, liv. x.
(2) Sous les ordres de Godefroy, marchaient son frère, Beaudoin de Boulogne ; le comte de Hainaut, Beaudoin de Mons, célèbre dans la légende par les souvenirs de Geneviève de Brabant ; Beaudoin du Bourg ; le comte de Saint-Paul, Conon de Montaigu, etc. (Guillaume de Tyr, Bongars, p. 651.)

On arrive sans encombre en Hongrie. Les populations de cette région allemande sont encore sous l'émotion des désordres commis par les bandes du faux croisé Emich.

Ce n'est pas sans effroi qu'elles aperçoivent ce nouveau torrent d'hommes, envahissant leurs vallées et leurs champs. Le roi Coloman appartient de cœur aux ennemis de la Papauté. Par le plus étrange des aveuglements, il ne comprend point que si les Turcs s'emparent de Constantinople, c'est lui, ce sont les Etats hongrois, qui deviendront la proie convoitée des Musulmans.

Pour le moment, il est à ses haines à peine dissimulées.

Repousser par la violence les bataillons croisés, Coloman l'eût fait volontiers. Mais il n'avait plus en face de lui des hommes déterminés à courber la tête et à subir l'humiliation.

Celui qui était là, c'était le chevalier Sans-Peur. Le roi, en politique sournois, chercha à endormir la vigilance de son adversaire. Il protesta de son dévouement, accorda la licence commerciale et autorisa le passage dans le royaume, en échange de garanties et d'otages. Irrité par l'abus de telles précautions, Godefroy le prit de haut ; il laissa entrevoir qu'on n'attenterait pas en vain à sa loyauté et qu'il saurait, l'épée à la main, se frayer un chemin. Coloman revint immédiatement à une attitude pacifique. Il intima à ses sujets l'ordre d'apprêter partout les approvisionnements nécessaires, avec défense, sous peine de mort, de surenchérir sur les prix ordinaires. L'armée poursuivit sa marche, parvint à Belgrade, s'engagea dans les forêts de la Bulgarie et trouva, à Nissa, d'immenses magasins de blé, que l'empereur Alexis mettait gratuitement à sa disposition. Elle campa enfin à Philippopolis (1).

Dans les premiers jours de septembre, Hugues de Verman-

---

(1) Guillaume de Tyr, Bongars, p. 682 et suiv.
Albert d'Aix, Bongars, p. 198 et suiv.

dois, frère du roi de France, donna à ses vassaux l'ordre du départ (1). Cette seconde armée comprenait la fleur de la chevalerie française. On voyait, aux côtés du général en chef, Robert, comte de Flandre, Etienne de Blois, comte de Chartres, Eustache, comte de Boulogne, Robert Courte-Heuse, Etienne d'Aumale, Alain, duc de Bretagne, etc., entraînant à leur suite des soldats recrutés spécialement dans le Nord de la France, en Angleterre, en Normandie, dans les Flandres et en Bretagne (2).

De Paris, les troupes se dirigèrent sur les Alpes, qu'elles franchirent à Suse ; à Lucques, le pape Urbain remit à Hugues l'étendard de saint Pierre et donna aux Croisés une solennelle bénédiction. L'armée visita, en passant, la Ville Eternelle, alors au pouvoir du pseudo-pape Guibert, et, longeant la côte, elle parvint d'abord dans les environs de Naples, et ensuite à Bari, port sur l'Adriatique (3).

Le programme de Hugues de Vermandois comportait le transbordement sur les côtes de l'Epire, à l'aide d'une flottille. Les navires firent défaut, ou du moins, le nombre en fut insuffisant. Un nouveau programme est rapidement élaboré. Hugues prend avec lui l'élite de ses gens et s'embarque, laissant en Italie le gros des troupes qu'il confie aux soins d'Etienne de Blois et d'Eustache de Boulogne. L'hiver approchant et le froid devenant rigoureux, on ne peut songer à imposer aux populations du littoral italien la lourde charge de pourvoir à l'alimentation d'une foule de soldats aussi considérable. Tandis qu'une portion des troupes se cantonne à Bari, un fort contingent va demander un asile aux rivages grecs (4).

A Dyrrachium, l'affront le plus sanglant attendait le chef croisé.

---

(1) « Hugo signifer et dux tantæ militiæ. » (Robert-le-Moine, Bongars, p. 35.)
(2) Guillaume de Tyr, Bongars, p. 663.
(3) Foucher de Chartres.
(4) Foucher de Chartres, Bongars, p. 382 et suiv.

Alexis avait intimé l'ordre au gouverneur de la ville de se saisir adroitement de Hugues et de l'amener sous bonne escorte à Constantinople où, sous prétexte de s'entretenir avec lui et de le féliciter de ses succès, il se proposait de le retenir prisonnier.

Alexis était la parfaite incarnation de l'astuce et de la fourberie.

Après avoir fait appel aux princes de l'Europe, il s'était pris à redouter leur intervention. Placé entre les Turcs qui s'emparaient de ses Etats, et les Occidentaux qui accouraient les défendre, il ne savait où se dissimulaient ses plus grands ennemis. Il craignait qu'une fois vainqueurs des Musulmans, les Croisés ne s'arrogeassent le droit de se partager entre eux son empire, et de dépouiller de son trône un roi trop faible pour assurer le fruit de la conquête. Cette pensée se transforma rapidement chez lui en obsession. S'il maudissait les Turcs, il haïssait plus encore peut-être ses nouveaux hôtes. Passant tour à tour des promesses flatteuses aux attitudes hautaines, il trouvait le moyen, dans la même audience, de menacer avec superbe ses libérateurs et de se jeter en rampant à leurs pieds. Cette politique, véritablement byzantine, devait avoir pour résultat de froisser d'abord, puis d'irriter les chefs de la Croisade ; ils en arrivèrent souvent à se demander si, pour s'emparer de Jérusalem, il ne serait pas, au préalable, nécessaire de s'emparer de Constantinople et de précipiter dans la mer le caméléon bizarre qui présidait aux destinées des débris de l'empire romain. « Alexis, a dit M. Guizot, se conduisit envers ces redoutables alliés, avec un mélange de pusillanimité et de hauteur, de promesses et de mensonges, de caresses et d'hostilités, qui les irritait sans les intimider et leur rendait toute confiance impossible, comme toute estime. Tantôt il les remerciait avec effusion de l'appui qu'ils lui apportaient contre les infidèles ; tantôt il envoyait des troupes qui les harcelaient sur leur route, et quand ils avaient atteint Constantinople, il exigeait qu'ils lui jurassent fidélité et obéissance comme ses propres sujets ; un jour, il leur refusait des vivres et essayait de les dompter par la famine ; le lendemain, il leur prodiguait les banquets et les présents (1).

Le gouverneur de Dyrrachium s'acquitta avec adresse de sa mission. Entouré d'une garde qui le comblait de prévenances, Hugues se rendit au palais de l'empereur et apprit qu'ayant violé les lois de l'Etat, il restait à la disposition du maître des demeures impériales (2).

Le récit de cet événement parvint aux oreilles de Godefroy de Bouillon. Le cœur du chevalier bondit dans sa poitrine. Il dépêche une ambassade à Alexis et le somme de rendre la liberté au frère du roi de France.

Alexis répond par un refus. Aussitôt, Godefroy donne à ses troupes l'ordre de se répandre dans la campagne et de la mettre en coupe réglée. L'empereur, effrayé, comprend sa faute et se hâte de délivrer le prisonnier. De son côté, Godefroy suspend les hostilités; mais pour donner une leçon aux Byzantins, il se rend à Constantinople à la tête de son armée rangée en bataille.

Grand fut l'émoi des officiers de l'empereur quand ils virent cette forêt de lances, au sein de laquelle étincelaient les cuirasses d'argent et d'acier poli. Leur énergie s'éteignit subitement. Alexis proposa une audience à Godefroy. Connaissant par expérience la mauvaise foi du souverain et pressentant un piège, le général refusa. Furieux, Alexis

---

(1) *Hist. de Fr.*, ch. xvi.
En vain, dans son *Alexiade*, Anne Comnène se livre-t-elle aux efforts les plus énergiques pour pallier les fautes de son père et pour couvrir sa mémoire, elle ne parvient pas à donner le change à l'histoire. Elle n'hésite point pourtant à recourir aux subtilités de langage, à violenter les faits, lorsqu'elle ne peut les passer sous silence, et parfois à les altérer hardiment.

A tous les défauts de son caractère, Alexis ajoutait le crime de sa couronne. Il avait usurpé l'empire sur son bienfaiteur Nicephore Botoniate, en 1081.

La famille Comnène, qui fournit plusieurs empereurs à Byzance, eut une existence très mouvementée. Chassée du sol oriental, au xvi° siècle par Mahomet, elle se réfugia en Italie et en Corse.

(2) Robert-le-Moine, Bongars, p. 35 et suiv.

retira la licence commerciale et prohiba toute vente de denrées aux Croisés. Godefroy revint à son procédé ; les soldats envahirent les environs et commencèrent le pillage. Une fois encore, l'empereur, renonçant aux conseils maladroits de son entourage, céda à la pression de la peur, rouvrit les marchés et proposa un traité de concorde et d'amitié.

Les palais qui dominaient les rives du Bosphore furent assignés, à titre de campement, aux troupes chrétiennes, qui y trouvèrent des vivres en abondance. Dès ce moment, Alexis conçut pour Godefroy de Bouillon un respect mêlé d'épouvante (1).

La majeure partie de l'armée, restée sur les côtes italiennes, prit ses quartiers d'hiver en Apulie. Elle utilisa ce repos forcé, soit pour parfaire son armement, soit pour combler les lacunes produites par les défections et pour se procurer des navires. Le 5 avril 1097, elle s'embarqua et leva l'ancre à Brindes. L'Epire et la Macédoine réservèrent aux troupes divers obstacles, que la vaillance des chefs surmonta avec courage, Montagnes à escalader, fleuves à traverser à la nage, rien ne put ralentir leur ardeur. Enfin, brisées de fatigue, elles se préparèrent à goûter, sous les murs de Byzance, une tranquillité achetée par les plus dures privations. Toujours défiant, Alexis exigea des serments de soumission et de fidélité. A ce prix, l'armée retrouva son général et les vivres lui furent distribués à profusion (2).

Robert, comte de Flandre, n'avait pas attendu le retour du printemps pour distraire le groupe de vassaux relevant de sa suzeraineté, du corps expéditionnaire disséminé dans les campagnes de Bari. Il prit les devants et dressa ses tentes dans l'Illyrie.

Dès que les chemins furent praticables, il gagna Constantinople, et, de nouveau, se plaça sous les ordres de son chef (3).

---

(1) Albert d'Aix, Bongars, p. 200 ; Robert-le-Moine, *loc. cit.*
(2) Foucher de Chartres, Bongars, p. 386.
(3) Guillaume de Tyr, p. 659.

Durant le mois d'octobre 1096, Raymond de Saint-Gilles, comte de Toulouse, acheva ses préparatifs (1). Le centre de ralliement des troupes était Lyon. Bientôt, l'armée se disposa à partir, ayant pour chefs les seigneurs les plus marquants de l'Aquitaine et de la Provence.

Adhémar de Monteil bénit solennellement les Croisés, qui se mirent en marche, au sein des ovations populaires (2).

L'itinéraire fut habilement fixé, de manière à éviter les régions qui avaient été parcourues par les armées précédentes. Remonter le Rhône, franchir les Alpes, traverser la Lombardie et le Frioul et gagner Dyrrachium par le rivage de l'Adriatique, tel était le plan. Son exécution offrait des difficultés ; on avait l'espoir de les surmonter à force d'endurance et de courage (3).

Tout alla bien, conformément aux prévisions. Dans les vallées glacées de la Dalmatie, les indigènes tentèrent de s'opposer au passage des troupes.

Un déploiement inusité de sévérité fut suffisant pour

---

(1) Dans son *Histoire de France*, Michelet, nous ne savons pourquoi, est très sévère à l'égard de Raymond de Saint-Gilles. Anne Comnène, autorité non suspecte sur ce point spécial, nous fait du comte de Toulouse un portrait différent : « L'auguste empereur, dit-elle, avait pour lui une affection marquée. Il la justifiait par ses vertus, sa foi sincère, sa prudence, sa remarquable loyauté, son dégoût pour la perfidie, sa simplicité de vie et l'intégrité parfaite de ses mœurs. » (*Alexiade*, l. x.)

(2) Parmi les chevaliers enrôlés sous la bannière du comte de Toulouse, se trouvait le contingent auvergnat.

Dans le *Nobiliaire d'Auvergne*, M. Bouillet, ou plus exactement, M. de Sartiges, cite plusieurs noms appartenant à l'armorial de notre pays. Aucune référence n'accompagnant ces noms, nous n'avons pu, en conséquence, nous livrer au contrôle nécessaire. Il serait urgent que des recherches patientes fussent entreprises à ce sujet et qu'on arrachât à l'oubli le souvenir de nos compatriotes qui continuèrent sur les champs de bataille de l'Asie, les traditions de vaillance arverne.

(3) Guibert de Nogent, homme de la langue d'oïl, nourrissait contre les gens de la langue d'oc une antipathie profonde : « L'armée de Raymond, écrivait-il, n'était inférieure à aucune autre, si ce n'est par l'éternelle loquacité de ses Provençaux. » (Bongars, p. 487.)

Raoul de Caen se souvient toujours de son titre de Normand. Les gens du Midi ont le don d'échauffer sa verve. « Autant la poule diffère du canard, dit-il, autant les Provençaux différaient des Francs, par les

calmer l'ardeur sanguinaire de ces hordes pillardes et pour les refouler dans leurs repaires. On entra enfin sur le territoire grec, où l'on put se réjouir de retrouver des alliés (1). C'était compter sans la perfidie de l'empereur de Constantinople. En dépit de ses échecs successifs, Alexis revenait sans cesse à sa politique ondoyante.

En apprenant la présence, sur le sol de l'empire, du comte de Toulouse, dont on lui vantait la valeur, il prit ombrage et résolut de recourir à ses moyens ordinaires. Il envoya à Dyrrachium une ambassade destinée à saluer le chef croisé, à lui exprimer la satisfaction du souverain et à le prier de se rendre seul, au plus vite, à Byzance, pour recevoir les honneurs dus à son rang et à sa réputation. En chevalier qui ne forligne point, Raymond répondit affirmativement et se mit en mesure d'assister au rendez-vous que lui demandait l'empereur. A peine était-il sorti du camp, que les soldats grecs firent aux Croisés une guerre continuelle d'embuscades, enlevant les pèlerins attirés traîtreusement dans la campagne, et massacrant les détachements en quête de vivres. Une nuit, l'armée fut attaquée au milieu de son sommeil. Le désordre s'ensuivit et le sang coula avec abondance (2).

Le comte arrive à la cour, ignorant les incidents. Alexis le reçoit avec des démonstrations vraiment orientales de respect

---

mœurs, le caractère, le costume, la nourriture : ils étaient économes, inquiets, avides, âpres au travail ; mais, pour tout dire, peu belliqueux. Leur prévoyance fit leur force et leur servit plus que le courage aux autres. Quand ils n'avaient point de pain, ils se contentaient de racines. De là ce dicton que chantent les enfants : les Francs à la bataille, les Provençaux à la victuaille. » Ailleurs, il ajoute : « La nation des Provençaux est économe ; elle ménage plus son avoir que sa réputation ; elle travaille non comme les Francs à se ruiner, mais à s'engraisser de son mieux. » (Ch. xv.) Ces critiques railleuses seraient sans importance, si elles ne dévoilaient pas une tendance évidente au parti-pris et à la partialité. De fait, ces chroniqueurs éprouvent une joie réelle à relever les insuccès de l'armée qu'ils jalousent. Nos historiens modernes n'ont pas toujours su se tenir en garde contre des assertions dictées par un esprit de « nationalisme » étroit.

(1) Raymond d'Agiles, Bongars, p. 139.
(2) Raymond d'Agiles, p. 140 et suiv.

et de prévenances. Mais Raymond apprend le guet-apens dont ses troupes ont été victimes. La colère s'empare de lui, il se répand en menaces, écrit à Godefroy et à Hugues et parle d'entrer en conquérant dans Constantinople et de passer au fil de l'épée l'empereur et tous les habitants (1).

Alexis savait que si, dans la hiérarchie des fauves, le lion passe pour être un roi débonnaire, il y a parfois des inconvénients à irriter son humeur souveraine. En entendant cette explosion de fureur, il se mit à trembler. De hautaine, son attitude devint modeste. Les courtisans durent, en toute hâte, recourir aux princes croisés, en les suppliant de calmer leur collègue qui, déjà, entrevoyait les ruines fumantes de la cité, asile du traître. Raymond céda aux observations de Godefroy; il comprit que, venus pour combattre les Turcs, les chrétiens ne pouvaient légitimement faire retomber sur les Grecs les conséquences de la folie de leur maître.

Alexis subit toutes les humiliations exigées; il se fit rampant. En séance publique, il nia sa participation dans les ordres donnés et promit toutes les réparations que les seigneurs latins demanderaient. De leur côté, les princes s'engagèrent à lui restituer les provinces que les Turcs lui avaient ravies (2).

Levantin modèle, Alexis s'estima heureux des résultats de sa campagne diplomatique. Son orgueil avait été blessé sans doute; mais de cela il n'en avait souci, il avait reconquis son territoire !

Les hostilités ayant cessé, l'armée provençale se déploya sur les routes de la Macédoine et, enseignes flottantes, se dirigea sur Constantinople.

Bohémond, nous l'avons vu, s'était taillé un royaume au sud de l'Italie. Avec une rare persistance, il arrondissait ses États aux dépens de ses voisins. La nouvelle du soulèvement

---

(1) Robert-le-Moine : « Si ei crederetur, tota civitas cum suis habitatoribus et ipso imperatore destrueretur, » p. 38.
(2) Robert-le-Moine, p. 38; Guillaume de Tyr, p. 672.

de la France vient le surprendre sous les murs d'Amalfi, place forte dont il faisait le siège.

Il écoute avec attention les récits de ses soldats. Son ardeur chevaleresque s'enflamme ; il lui semble que les ombres de ses ancêtres le poussent à prendre la croix, à s'associer aux luttes et aux victoires de ses anciens frères d'armes et à couvrir de gloire le berceau de son royaume naissant. Il appelle à lui les chefs de ses troupes et il leur expose ses desseins et sa détermination.

L'enthousiasme accueille ses paroles. Tous prennent la croix (1).

(1) Voici comment M. Michaud narre cet épisode :
« Bohémond avait accompagné son frère et son oncle au siège d'Amalfi. Personne ne savait mieux parler à propos le langage de l'enthousiasme et couvrir son ambition des couleurs du fanatisme religieux ; il prêcha lui-même la Croisade dans l'armée des assiégeants. Il parcourut les rangs, en nommant les princes et les grands capitaines qui avaient pris la croix. Il parlait aux guerriers les plus pieux de la religion à défendre ; il faisait valoir auprès des autres la gloire et la fortune qui allaient couronner leurs exploits. L'armée fut entraînée par ses discours ; tout le camp retentit bientôt des mots : Dieu le veut ! Bohémond s'applaudit en secret du succès de son éloquence et déchire sa cotte d'armes pour en faire des croix, qu'il distribue aux officiers et aux soldats. Il ne manquait plus qu'un chef pour la sainte expédition : les nouveaux Croisés viennent solliciter le prince de Tarente de se mettre à leur tête. Bohémond paraît d'abord hésiter ; il refuse ce qu'il désire avec ardeur ; les soldats assemblés autour de lui redoublent leurs sollicitations. Enfin, il a l'air d'obéir et de se rendre à leur impatience. Alors l'empressement, l'enthousiasme devient plus vif et plus général ; dans un moment, toute l'armée a juré de le suivre dans la Palestine. »

Donnons maintenant en regard le passage de la chronique, dont le texte a servi de canevas à cette brillante amplification.

« Lorsque cette armée eut débarqué dans la Pouille, Bohémond, fils de Robert Guiscard, en fut informé. Il assiégeait alors Amalfi. Il demanda le motif de ce pèlerinage, et apprit qu'ils allaient enlever Jérusalem, ou plutôt le Sépulcre du Seigneur et les Lieux Saints, à la domination des gentils.

On ne lui cacha pas non plus combien d'hommes, et de noble race et de haut parage, abandonnant, pour ainsi dire, l'éclat de leurs honneurs, se portaient à cette entreprise avec une ardeur inouïe. Il demanda s'ils transportaient des armes, des provisions, quelles enseignes ils avaient adoptées pour ce nouveau pèlerinage ; enfin quels étaient leurs cris de guerre. On lui répondit qu'ils portaient leurs armes à la manière française, qu'ils faisaient coudre sur leurs vêtements, sur l'épaule ou partout ailleurs, une croix de drap ou de toute autre étoffe, ainsi que cela leur

Or, parmi ces preux, se signalait un chevalier, sur le compte duquel la renommée racontait des choses merveilleuses. Tancrède était son nom.

Pieux autant que brave, Tancrède avait parfois d'étranges inquiétudes d'âme ; il ne parvenait point à concilier certains conseils de l'Evangile avec sa profession.

Ne point se venger d'une injure, offrir sa joue à un soufflet, le bon chevalier se scandalisait volontiers de semblables recommandations. Comme plus tard Crillon, il eût voulu assister au drame de la Passion pour exterminer d'un tour de bras la tourbe des bourreaux déicides. Puisque la Croisade bénissait la chevalerie, Tancrède était Croisé. Ses préparatifs furent courts. Il choisit un casque, une cuirasse, une masse d'arme, une épée et un cheval. Le reste, c'est-à-dire les préoccupations de l'existence matérielle n'existèrent plus pour lui ; il suffisait au héros qu'il eût champ clos à parcourir et mécréant à pourfendre ; la Palestine et le Turc lui offrirent l'un et l'autre (1).

Aux côtés de Tancrède se pressa la noblesse normande, devenue italienne par adoption et par droit de conquête.

Bohémond avait le privilège de peupler de fantômes les nuits sans sommeil de l'empereur de Byzance.

Alexis se souvenait de la terreur qu'avait semée dans ses Etats l'apparition des chevaliers normands, poussant d'audacieuses pointes jusqu'en Illyrie. Il sentit dès lors son empire menacé par cet ennemi tenace, qui n'attendait qu'un prétexte pour se précipiter sur sa proie.

Sans le vouloir, Anne Comnène trahit, dans ses *Mémoires*, les inquiétudes paternelles. Les épithètes les plus violentes se placent d'elles-mêmes sous sa plume ; il lui semble qu'elle

---

avait été prescrit ; qu'enfin, renonçant à l'orgueil des cris d'armes, ils s'écriaient tous, humbles et fidèles : Dieu le veut ! Emu, il se fait apporter une étoffe précieuse, qu'il divise en une multitude de croix. Il en prend une et en donne à ceux qui se dévouent comme lui. Tous les soldats partagèrent sa décision. » (Guibert de Nogent, p. 488.)

(1) Raoul de Caen : *Gesta Tancredi*, Migne, vol. CLV.

décharge son cœur en jetant à la face du duc de Tarente les mots les plus injurieux du vocabulaire hellénique. Elle en arrive enfin à traiter Bohémond de fourbe et d'astucieux. Sur des lèvres grecques, l'insulte ne manquait pas de saveur.

Alexis parlait moins ; sa politique tortueuse recherchait le silence et les ténèbres. Après avoir mûrement réfléchi, il s'arrêta à une combinaison digne de son passé.

Il donna à ses lieutenants des instructions précises, en vertu desquelles les troupes devaient s'opposer adroitement au passage de l'armée italienne. On procéderait d'abord à la stérilisation des régions que cette armée se proposait de traverser. Les Croisés n'hésiteraient pas à s'écarter de leur itinéraire pour trouver des subsistances. A ce moment, les Grecs se précipiteraient sur les compagnies en désordre et les massacreraient (1). Pour assurer la réalisation de ce plan hypocrite, Alexis n'hésita pas à soudoyer des mercenaires turcs et à leur communiquer ses intentions (2).

En même temps, une ambassade se présentait à Bohémond au nom de l'empereur et protestait des sentiments d'attachement du maître.

Le matois Normand flaira le piège ; il remercia les ambassadeurs et les chargea de porter à Alexis l'hommage de sa vénération (3). Redoublant de vigilance, il prescrivit les mesures les plus rigoureuses, soit pour sauvegarder la discipline, soit pour repousser les agresseurs.

Le 15 février 1097, l'armée s'arrêta sur les bords du fleuve Vardar. Les bateaux font défaut. Tancrède pousse son cheval dans la rivière ; un détachement le suit et aborde à la rive opposée. Tout à coup, les Turcs et les Grecs, massés dans un pli de terrain, surgissent et dirigent une nuée de flèches contre l'escadron. Tancrède met en ordre de bataille sa troupe

---

(1) Guillaume de Tyr, p. 658 et suiv.
(2) Anne Comnène, l. x.
(3) Guillaume de Tyr.

et se précipite contre l'ennemi, qu'il anéantit. Le gros de l'armée, s'apercevant du danger que court l'avant-garde, s'engage à son tour dans le fleuve, laissant sur le rivage les malades et les vieillards.

Tout à coup, les soldats d'Alexis, jugeant l'heure favorable, se jettent sur les pèlerins inoffensifs et s'apprêtent à les égorger. Entendant les clameurs de désespoir et les cris de mort, Tancrède revient sur ses pas, suivi de sa troupe ; il pousse à nouveau son cheval dans les flots et tombe à l'improviste sur les impériaux, dont il fait un affreux carnage (1).

Le récit de cette fatale journée plongea la cour byzantine dans une morne consternation. Alexis savait se ressaisir promptement. N'ayant à son arc que deux cordes, la courtisanerie et la trahison, il eut vite dressé son plan. On enverrait des excuses à Bohémond, on le comblerait de présents, on mettrait à sa portée des vivres en abondance, on l'inviterait à se rendre au palais impérial où, par des flatteries, on apaiserait son courroux. Le procédé avait vieilli. Bohémond se prêta néanmoins à ces avances pour le bien de son armée. Laissant le commandement à Tancrède, il s'achemina vers la demeure de l'empereur.

Les deux adversaires dissimulèrent leurs anciens ressentiments sous les apparences de la courtoisie la plus correcte. Ils cherchèrent à se sonder mutuellement. Malgré sa fougue naturelle, le duc de Tarente resta politique jusqu'à la fin. Aux protestations d'amitié, il répondit par des protestations de déférence. A les voir, on eût dit deux amis s'ingéniant à évoquer la mémoire classique d'Oreste et de Pylade. Un incident rendit visible la sincérité de cette attitude. Invité à un festin, Bohémond ne toucha à aucun mets. A ceux qui lui exprimaient leur étonnement, le chevalier se contenta de dire qu'il craignait d'être empoisonné (2).

---

(1) Raoul de Caen, *loc. cit.*
(2) Robert-le-Moine, Bongars, p. 37 ; Anne Comnène, liv. x.

De cette conférence, il résulta de précieux avantages pour l'armée normande. Le pays se transforma en éden, les vivres affluèrent ; à la disette succéda l'abondance.

Toutefois, Tancrède jugeant que son chef ravalait sa dignité en déposant des serments féodaux au pied du trône impérial, se refusa à l'entrevue que lui fit proposer Alexis. Il résolut même de fuir le contact du traître couronné ; il se détourna de Constantinople et passa avec les siens sur les rivages asiatiques (1).

En cette année 1097, Constantinople présente une animation extraordinaire. Les plus forts contingents de quatre armées campent à l'ombre de ses fortifications.

Le Bosphore, sillonné d'embarcations, retentit d'acclamations joyeuses, que répètent à l'envi les collines de la Bythinie. La joie éclaire tous les visages. A l'aube, les trompettes éclatent en sonneries guerrières ; les soldats s'arrachent au sommeil, et, agenouillés sur le sol, disent à haute voix la prière. Ils sortent des tentes ; le frais soleil du matin frappant leurs armures, l'air s'irradie de mille feux. Dans le jour, c'est un bourdonnement confus. Lorsque le soleil s'éteint à l'horizon et que les premières buées du soir enveloppent les cantonnements, le chant du *Salve Regina,* redit par d'innombrables voix, s'élève grave et majestueux.

L'armée chrétienne place ainsi son repos sous la protection de l'*Etoile des Mers* (2).

Un homme veillait toujours. L'empereur ne pouvait supporter la présence des alliés. Près de ces terribles voisins, il était loin de se sentir en sûreté. Godefroy ne venait-il pas de lui infliger un nouveau et suprême affront. Alexis insistait pour que le duc acceptât une entrevue. Ne pouvant rompre l'obstination de son hôte, il se répandit en plaintes et finit

---

(1) Guillaume de Tyr, p. 659.

(2) On attribue ordinairement à Adhémar de Monteil la composition du *Salve Regina,* appelé pour cette raison le chant de la Croisade.

Quelques écrivains en font remonter l'origine à la première partie du xie siècle. L'auteur serait Herman-le-Petit, mort en 1054.

par retirer de nouveau aux Croisés la licence commerciale. Fatigué de ces perpétuelles fluctuations, Godefroy évacue les palais du Bosphore, assignés à ses troupes, et ordonne d'y mettre le feu. En même temps, il organise une démonstration militaire contre la capitale. De son côté, Alexis se prépare à défendre la ville ; les soldats grecs se massent aux portes et à l'extrémité du pont qui relie la cité au camp des Croisés. Beaudoin s'élance le premier sur l'ennemi il le presse et le rejette au delà des forts avancés ; Alexis capitule et demande grâce. Ses trésors seront désormais le gage de ses bonnes intentions. Pour preuve de sa sincérité, il livre en otage son propre fils, et offre à Godefroy le titre de fils adoptif (1).

Le chef des armées croisées prend enfin le parti d'abandonner le territoire grec et de se transporter en Asie.

(1) Albert d'Aix, Bongars, p. 190, 200 et suiv. ; Guillaume de Tyr, p. 655 et suiv.

CHAPITRE XV

Les Croisés en Asie. — Siège et prise de Nicée. — Bataille de Dorylée. — Prise d'Edesse. — Siège et prise d'Antioche. — Mort d'Adhémard de Monteil.

Si « l'autocrator » Alexis Comnène avait été doué de qualités militaires, il se serait placé à la tête de l'expédition, et, grâce à l'appui inopiné que la Papauté venait de lui fournir, il aurait conquis auprès des peuples orientaux une de ces renommées qui imposent le respect et qui consolident pour de longs siècles les fondements d'un empire.

Mais le monarque n'avait d'autre génie que celui de l'intrigue.

Il se refusa soit à précéder, soit à suivre les Croisés, sous le prétexte que sa présence était nécessaire en Europe, pour intimider les ennemis héréditaires de l'Etat grec, les Bulgares et les Hongrois. Il faut reconnaître que son insuffisance notoire dans la science de la guerre eût singulièrement compromis le succès des opérations. Au point de vue de sa sécurité personnelle, il se montra adroit en faisant valoir les raisons supérieures qui attachaient sa grandeur au rivage.

Le commandement en chef revint à Godefroy de Bouillon. Celui-ci sut ménager avec un art suprême les susceptibilités de ses collègues. Il imposa rarement sa volonté, les grandes décisions étant toujours prises en conseil. Son autorité ne prévalait que dans le cas de partage des voix. Ses qualités étaient tellement éclatantes, que l'armée entière tournait instinctivement les regards vers lui lorsque les difficultés s'amoncelaient et que l'heure se présentait de frapper un grand coup. Il n'avait que trente-cinq ans (1) et il était dans toute la vigueur de son intelligence.

Après avoir établi ses cantonnements dans les plaines de Chalcédoine, Godefroy fixa son plan. En voici la donnée générale : longer le littoral afin de pourvoir avec facilité au ravitaillement ; enlever de force les villes qui barrent le passage et y placer des garnisons de façon à assurer avec l'Europe des communications régulières ; revenir au plus tôt au littoral lorsque le siège des villes ou la présence des chaînes de montagnes obligeront à s'en éloigner (2).

Sans attendre l'arrivée de Raymond de Toulouse, Godefroy lève le camp et se dirige sur la ville de Nicée qui est occupée par les Turcs (3).

Le blocus de la cité est entrepris rapidement, sauf du côté de la mer où le manque de vaisseaux ne permet pas d'organiser des croisières d'investissement. Dès que l'armée de Raymond a rejoint les assaillants, le siège est poussé avec vigueur. Deux espions turcs sont saisis au moment où, déguisés en pèlerins, ils tentent de pénétrer dans la place. Ils dissimulent sous leurs vêtements un message important qui apprend aux Croisés que le sultan Ralidji-Arsalan accourt dans le but de dégager la ville. Godefroy dispose aussitôt de ses forces ; une partie est chargée de faire face aux sorties opérées par les assiégés ; l'autre portion se tient prête à marcher contre les troupes de secours. Kalidji-Arsalan ne tarde pas à paraître à la tête de 50,000 hommes. Au cri de : Dieu le veut ! les Croisés se jettent sur l'ennemi ;

---

(1) 33 ans d'après plusieurs.

(2) Cet itinéraire fut tracé avec une exacte connaissance de la géographie. La construction d'une route reliant la capitale de l'empire aux provinces de l'Asie mineure ayant été décidée récemment par un décret du sultan, les ingénieurs choisirent la voie indiquée par le chef des Croisés. (Voir la *Carte de l'itinéraire des Croisades*, par M. Peyré.)

(3) Robert-le-Moine, Bongars, n° 39. Appelée d'abord *Antigonie*, par Antigone, son fondateur, Nicée est célèbre par le concile œcuménique qui s'y tint sous l'empereur Constantin en 325. Prise en 1076 par Soliman, elle devint la capitale de la sultanie de Konieh. Elle porte aujourd'hui le nom d'Isnik.

la mêlée est terrible. Au bout d'une heure d'efforts désespérés, les Turcs se débandent et prennent la fuite (16 mai 1097). Au lendemain de cette brillante victoire, le siège est repris avec une nouvelle énergie. Divers assauts restent infructueux. Les fortifications se relient à une tour aux assises inébranlables. C'est la tour Gonate, célèbre dans les légendes. Un maître d'œuvre, à l'esprit ingénieux, conçoit un projet qu'il obtient d'exécuter. Il construit à l'aide de poutres une vaste carapace qu'il applique contre les murailles et sous laquelle un groupe d'ouvriers se réfugie à l'abri des flèches et pratique dans l'épaisseur des fondations une large ouverture. Des étais habilement enchevêtrés soutiennent, de chaque côté, les blocs de pierres dépourvus de leur appui. A un moment donné, le feu est mis à l'appareil et la tour s'effondre en entraînant ses défenseurs. Les chevaliers se précipitent par la brèche béante et s'emparent de la ville (20 juin) (1).

A leur grande surprise, les Croisés aperçoivent, flottant sur les monuments, les étendards de l'empereur de Constantinople. Alexis se tenait en effet dans le voisinage. Dès qu'il apprit la capitulation de Nicée, il arriva par mer et prétendit, au nom des engagements contractés à Byzance, que la cité lui appartenait. Son droit était douteux (2). Une discussion assez vive surgit entre les intéressés. Le fait accompli fut néanmoins accepté. Mais le bouillant Tancrède ne laissa pas que de trouver fort byzantin ce procédé qui consistait à s'adjuger le fruit d'un combat sans participer aux aléas de la lutte (3).

Dans un conseil de guerre, il est décidé que l'armée, laissant une garnison à Nicée, se dirigera sur Antioche et se divisera

---

(1) Robert-le-Moine. p. 40 et suiv. ; Guillaume de Tyr, p. 666 et suiv. ; Albert d'Aix, p. 209 et suiv.
(2) Nicée avait été l'objet d'une cession régulière consentie aux Turcs par les empereurs de Byzance. Les engagements pris par les Croisés à l'égard d'Alexis ne concernaient donc point cette ville.
(3) D'après une lettre écrite en 1098 par les princes Croisés aux seigneurs d'Europe et publiée par D. Martène, les pertes de l'armée chrétienne, à Nicée, auraient été de 4,000 hommes et celles des Turcs de 10,000. (Migne, Pat. lat., vol. 155).

en deux corps, dans le but de ménager les ressources de la région de Roum, qu'elle aura à traverser (1). Godefroy, guidé par son coup d'œil militaire, s'oppose à cette détermination ; par esprit de concorde il se range de l'avis de ses collègues ; il prend le commandement du premier corps et laisse à Bohémond la direction du second.

De Moltke eût probablement approuvé un tel plan, lui qui avait adopté ce principe de stratégie : « Se séparer pour marcher et se concentrer pour combattre. » Napoléon, partisan du « déboucher en masse » (2) l'eût blamé et eût donné raison à Godefroy.

Le sultan Kalidji-Arsalan connaissait par ses espions les dispositions prises par les Croisés. Il jugea qu'il y avait là une faute de tactique et qu'il lui serait facile par une marche rapide d'isoler l'une de l'autre les colonnes chrétiennes et de les battre séparément. En effet, Bohémond voit fondre inopinément sur son camp toute la cavalerie turque, composée de 140,000 hommes. Ses soldats font face à l'agression avec leur vaillance habituelle, mais la valeur ne pouvant rien contre le nombre, le désordre commence à se mettre dans leurs rangs. Tancrède redouble d'efforts ; de son épée, ruisselante de sang, il accumule les cadavres autour de lui ; ses amis tombent frappés de flèches empoisonnées. Bohémond est sur le point de sonner la retraite, lorsque tout à coup on entend au loin les trompettes de Godefroy de Bouillon. Le héros, averti par des estafettes et aussi par les clameurs des combattants, se rend précipitamment sur le champ de bataille à la tête de 40,000 cavaliers. La mêlée reprend furieuse. Le sultan fait des prodiges d'énergie. Il encourage de la voix ses troupes. Enfin, rompus et écrasés, les Turcs cèdent et abandonnent la vallée de Dorylée, jonchée de leurs morts (1er juillet 1097) (3).

---

(1) Robert-le-Moine, p. 40 et 41.
(2) *Napoléon : hist. critique des campagnes de France*, par Von der Goltz.
(3) Foucher de Chartres, p. 388 ; Guillaume de Tyr, p. 674 et suivantes.

Assagis par l'expérience, les chefs croisés décident de ne plus marcher en corps séparés. Pourtant Tancrède et Baudoin obtiennent l'autorisation d'aller en éclaireurs et d'explorer les cols du Taurus, chaîne de montagnes fort élevées que l'armée doit franchir pour se rendre à Antioche. La voie étant ainsi indiquée par son avant-garde, Godefroy traverse le Taurus, assiège et enlève les forteresse situées sur sa route et occupées par l'ennemi, et débouche dans la vallée au fond de laquelle se dressent menaçantes les tours et les murailles de la grande cité syriaque.

Le passage du Taurus avait obligé le général en chef à gagner, sur sa gauche, l'intérieur des terres et à modifier gravement son itinéraire. Tancrède et Baudoin, poursuivant leurs explorations, se rapprochèrent du littoral et exécutèrent par des manœuvres habiles et rapides le thème fixé d'avance par le commandement supérieur. La ville de Tarse tomba au pouvoir de Tancrède qui, sur les conseils de Bohémond, l'abandonna à Baudoin (1).

Pendant que les troupes siciliennes opéraient leur jonction avec l'armée, Baudoin exposa à Godefroy et au conseil de guerre les avantages que l'on pouvait tirer d'une excursion en Mésopotamie, au sein de peuplades chrétiennes destinées à constituer, à l'entrée de la Palestine, un état feudataire soumis et fidèle. Le projet ayant été adopté, Baudoin, son auteur, est chargé de le réaliser. Le valeureux chevalier chasse de la région les garnisons turques et entre en triomphateur dans Edesse (2). Il parvient à conquérir l'affection des habitants. Au sein d'une émeute dirigée contre le gouverneur, homme cupide et universellement abhorré, il est pro-

---

(1) Raoul de Caen, chap. 33 ; Guillaume de Tyr, p. 676 et suivantes. Bohémond, qu'on nous dépeint toujours comme un vulgaire ambitieux, fit preuve dans cette circonstance d'un désintéressement et d'une loyauté incontestables. Délaisser une ville à Baudoin parce que celui-ci est le frère de Godefroy, c'est là le fait d'une âme grande. Anne Comnène a véritablement calomnié le prince sicilien.

(2) Le peintre Robert Fleury a rappelé cet exploit dans un tableau qui n'est pas sans mérite. (Musée de Versailles. Galerie des Croisades.)

clamé maître de la ville (1), et il se hâte d'illustrer sa jeune royauté par la défaite totale du sultan qui opprimait le pays (2).

Le siège d'Antioche et un des faits militaires les plus marquants du moyen-âge. Il paraît relever de la légende plutôt que de l'histoire. Il commença le 28 octobre 1097. La ville, défendue par son étendue même et aussi par la rivière qui l'alimente, et par les marais qui constituaient alors autour d'elle une demi-ceinture protectrice, ne put être investie complètement (3). Pourtant l'armée chrétienne comptait 300,000 hommes (4). Néanmoins, un fragment notable des fortifications fut laissé en dehors des opérations.

Les débuts furent malheureux.

---

(1) Guillaume de Tyr, p. 681 ; Albert d'Aix, p. 229 et suivantes.

(2) La conduite de Baudoin, dans ces circonstances, fut blâmable. En acceptant ainsi une distinction qui l'élevait au-dessus de ses collègues, il ouvrait la voie à une émulation dangereuse et rompait les digues dans lesquelles s'étaient renfermés jusqu'à cette heure l'esprit de corps et les susceptibilités nationales. Désormais, chacune des armées aura le droit de réclamer des honneurs pour ses chefs. Cette infraction au principe de l'égalité devenait subversif de toute discipline hiérarchique. C'était là un des résultats inévitables de la politique à courte vue d'Alexis. Si l'empereur avait su accompagner les Croisés et conserver la prééminence attachée à son rang, il ne serait jamais venu à l'idée de ses inférieurs de transformer en principautés particulières les provinces conquises. Mais pouvait-on guerroyer sans avantage en faveur d'un souverain qui, d'une part, ne tenait point ses engagements, et qui, d'autre part, eût été incapable de conserver par sa valeur personnelle le bénéfice des victoires. Les généraux chrétiens étaient donc dans l'obligation de se substituer au monarque absent.

(3) Créée par Antiochus, achevée par Séleucus, qui lui donna le nom de son fondateur, Antioche fut la capitale des Séleucides et devint la troisième ville de l'empire romain. En 638, elle tomba au pouvoir des Arabes commandés par Omar. L'ancienne *Reine de l'Orient* porte aujourd'hui le nom d'Antakieh.

(4) Guillaume de Tyr : *Nostrorum qui gladium poterant educere ad trecenta millia diceretur numerus...* (p. 689). Bien que dans l'énumération des effectifs, ce chroniqueur soit sujet à caution, nous acceptons volontiers ici le chiffre qu'il nous indique. A Constantinople, l'armée comprenait 400,000 hommes. L'occupation de l'Asie mineure, les garnisons, la mortalité durent faire subir au corps expéditionnaire une diminution de 100,000 hommes.

Godefroy de Bouillon et Raymond de Saint-Gilles étaient malades ; la discipline se relâcha.

Les soldats, fatigués par les marches et les privations des mois précédents, ne surent pas résister à la satisfaction qu'ils éprouvèrent en voyant affluer dans le camp les vivres que Beaudoin expédiait d'Edesse en abondance. En vain, les sages et les anciens s'entremirent-ils pour maintenir l'ordre ; on ne voulut rien écouter. La disette survint, la famine la suivit ; et, de l'excès, les cantonnements passèrent à la plus affreuse misère. Pierre l'Ermite avait essayé de faire entendre, avec l'autorité qui s'attachait à sa parole, des conseils à cette heure dédaignés (1). Constatant que son influence demeurait stérile, il prend le parti de quitter le camp. Tancrède parvient à le détourner de cette détermination et à le ramener au milieu des siens (2). Enfin Godefroy et Raymond reviennent à la santé. Les choses changent aussitôt d'aspect. Des pénalités sévères sont édictées contre les insoumis. Des cérémonies religieuses, présidées par Adhémar de Monteil, rappellent aux Croisés démoralisés le but de leur voyage. La confiance renaît. On s'aperçoit que le camp est envahi par les espions. Deux sanglantes exécutions ordonnées par Bohémond décident les traîtres à s'éloigner rapidement. Une sortie faite par les assiégés est repoussée. Ce succès partiel ranime l'enthousiasme ; on se reprend à espérer.

Sur ces entrefaites, le sultan du Caire, adversaire acharné

---

(1) Pierre l'Ermite avait rallié, à Civitot, les restes de son armée et avait attendu le passage de Godefroy de Bouillon. Nous ne comprenons guère que les Turcs, sachant la présence des soldats de Pierre l'Ermite dans les environs de Nicée, n'aient pas cherché à les surprendre et à les anéantir. Décidément les chroniqueurs rendent bien étrange la vie militaire du prédicateur populaire de la Croisade.

(2) La critique allemande nous représente l'Ermite fuyant, sous le poids de la peur et de la lâcheté ; elle nous représente encore Tancrède le ramenant au camp, non par la persuasion, mais par la force. (Hagenmeyer, *loc. cit.*) Les sources ne nous dévoilent rien de semblable. Si Pierre avait fui lâchement, il aurait perdu son prestige. Or, **nous le voyons** toujours remplissant les emplois les plus honorables.

des Turcs, envoya à Godefroy une députation chargée de lui offrir des présents et de lui proposer un traité d'alliance. Les ambassadeurs furent reçus au sein de brillantes fêtes militaires. Joutes, tournois, jeux, les Croisés mirent tout en œuvre pour frapper l'esprit des Orientaux qui revinrent émerveillés de la bonne tenue de l'armée, de l'adresse des soldats et de la valeur de leur chef. En se retirant, ils apprirent au généralissime qu'une armée turque s'était formée dans les environs d'Alep et de Damas et qu'elle arrivait à marches forcées pour dégager Antioche (1). Le conseil de guerre s'assemble. Il est statué que la cavalerie se portera au devant de l'ennemi, mais que pour éviter de donner l'éveil aux guets placés sur les tours, on partira en silence et la nuit. Tout réussit à souhait. Godefroy, que les Turcs croyaient encore sous les murs d'Antioche, se découvre tout à coup à la tête de ses cavaliers, traverse les rangs ennemis, les hache et les met en déroute (9 février 1098). Le gouverneur de la ville attendait encore le signal convenu pour opérer une sortie, lorsque les cris poussés par les vainqueurs lui apprennent la défaite des émirs (2).

Un incident, où se reflète assez exactement les mœurs rudes de nos pères, signale cette phase du siège. Dans la poitrine des chevaliers battait un cœur rempli de loyauté et de simplicité parfois naïve ; mais venaient-ils à être excités dans leur susceptibilité, ces preux se réveillaient féroces. La barbarie ancestrale reparaissait en eux. Pendant une sortie, un Turc s'empare de la bannière représentant la Vierge Marie, et, par dérision, fixe l'image vénérée au sommet des remparts, en plaçant la tête en bas. Un chevalier qui a fait la veillée d'arme peut-il supporter un semblable affront ? Voici la vengeance : les cadavres musulmans abandonnés sur le champ de bataille sont décapités, et les têtes sanglantes projetées dans la ville, au moyen de balistes, font connaître aux habi-

(1) Robert-le-Moine, p. 51 et suivante.
(2) Baudric de Bourgueil, p. 97.

tants que les Croisés ne restent point insensibles aux injures dirigées contre leurs croyances (1).

Les approvisionnements de la place diminuaient sensiblement. Le gouverneur prévenu par ses espions qu'une flotille, partie d'Italie, s'appprêtait à aborder aux côtes asiatiques dans le dessein de ravitailler le camp chrétien, conçut le hardi projet d'enlever le convoi et d'infliger en même temps aux assiégeants un échec qui relèverait l'ardeur morale des siens. Il dissimula dans les anses du littoral un corps nombreux de troupes, et, au moment où les Croisés sans défiance se dirigent sur leur camp, il se découvre et enveloppe les pèlerins. Une panique se produit. Déjà les Turcs poussent des cris de victoire. Mais Godefroy veille. Au risque de tomber, frappé de flèches, il pousse son cheval au milieu des rangs musulmans. Electrisés, ses soldats le suivent. Le convoi est dégagé et les Croisés rentrent sous leurs tentes, fiers de leur chef et des résultats de la journée. Le gouverneur demande alors un armistice qui lui est accordé ; il se hâte de le violer dès qu'il peut se convaincre que l'armée de Kerbogah est en route pour secourir la ville (2).

En effet, Kerbogah, émir de Mossoul et général du kalife de Bagdad, faisant un appel désespéré à toutes les forces turques, arrivait de l'Egypte et conduisait à sa suite une armée nombreuse.

Cette nouvelle jeta l'alarme dans le camp des Croisés. Le conseil de guerre s'assemble. L'une des deux déterminations suivantes est proposée à l'examen : ou abandonner le siège

---

(1) Les cruautés turques atteignirent, de leur côté, les limites les plus extrêmes. Un chevalier, nommé Vallo, saisi en dépit des traités, pendant un armistice, fut tué et les lambeaux de son corps furent disséminés dans la ville. (Robert-le-Moine, *loc. cit.*) De nos jours encore, les Arabes suspendent fréquemment à la selle de leurs chevaux les têtes de leurs ennemis vaincus. Durant nos guerres d'Algérie, le général Rovigo désirant mettre fin aux atrocités kabyles, donna une prime à tous les soldats qui rapporteraient dans le camp la tête d'un ennemi. Chaque soir nos fantassins amoncelaient ces trophées près de leurs tentes, et les y laissaient jusqu'à complète décomposition.

(2) Raymond d'Agiles, p. 145 et suivantes.

d'Antioche et courir au-devant de l'ennemi, ou tenter un assaut décisif. Bohémond prend la parole et propose un plan. Il a des intelligences dans la place, raconte-t-il ; un assiégé se charge, en échange d'une somme très élevée, de trahir le gouverneur et de rendre facile l'escalade des murailles. A un signal convenu, des échelles seront appliquées contre les créneaux, les chevaliers pourront facilement, durant la nuit, envahir les chemins de ronde et se répandre dans la ville avant le réveil des gardes. « A titre de rémunération, ajoute le prince Tarentin, je ne demande qu'une chose, la principauté d'Antioche. » Le temps presse ; la proposition est acceptée (1).

Dans la nuit du 2 au 3 juin, une série de signaux apprennent à Bohémond que l'heure est venue ; des échelles sont dressées contre les murs, les soldats les gravissent au milieu du silence le plus profond, ils enfoncent à coup de hache les poternes et se répandent dans la cité égorgeant les défenseurs qui se trouvent sur leur passage. Le gouverneur n'a que le temps de prendre ses vêtements et de se mêler aux soldats effarés qui fuient dans la campagne. Les paysans se mettent à sa poursuite. On le saisit, et sa tête, détachée du tronc, est offerte en spectacle aux habitants de la ville (2).

Les Croisés étaient depuis deux jours possesseurs de la place, lorsque l'avant-garde de Kerbogah se présenta aux portes. On eut à peine le temps de préparer la défense et de pourvoir à l'alimentation des troupes. Les approvisionnements se trouvaient épuisés. Il fallut néanmoins rompre toute communication avec le dehors. L'émir comptait sur une série de

---

(1) Guillaume de Tyr, p. 722 ; Albert d'Aix, p. 244.
(2) Bohémond fut proclamé prince d'Antioche. Cette investiture excita des mécontentements parmi les chefs croisés. Baudoin avait créé un précédent fâcheux. Sans doute il s'ingéniait à effacer l'impression produite. Par ses ordres, les présents et les vivres ne cessaient d'arriver chaque jour au camp. Néanmoins, il avait creusé un sillon où des germes dangereux devaient éclore. Etienne de Blois quitta l'armée. Les motifs de ce départ ne sont pas connus ; il est à présumer que le dépit n'y fut pas étranger.

combats ; c'était un siège qu'il devait entreprendre. Il commença par un blocus rigoureux. En quelques semaines, la disette se fit sentir. On abattit les chevaux. Les vivres finirent par disparaître complètement. On en vint jusqu'à faire bouillir le cuir des boucliers et à boire le liquide noirâtre résultant de cette décoction. Le frère du roi, Hugues de Vermandois, exténué par les privations, n'avait plus la force de monter à cheval, et le comte de Flandre en était réduit à tendre les mains dans la rue et à mendier son pain (1). Un espoir, rapidement déçu, vint luire un instant aux yeux des malheureux affamés. L'empereur Alexis, ayant eu connaissance de la prise d'Antioche, pensa qu'il était d'une suprême politique de renouveler l'acte d'audace qui avait réussi à Nicée. Accompagné d'une flotte chargée de vivres, il met à la voile dans la direction des rivages de la cité asiatique. Il espère qu'amenés à composition par les fatigues, les Croisés lui abandonneront, en échange de présents, la souveraineté du pays conquis. Mais à la vue de l'armée de Kerbogah, Alexis, redoutant un désastre, reprend la mer et laisse ses alliés à leur destinée. C'est ainsi que l'empereur exécutait les clauses du contrat.

La glorieuse épopée de la Croisade semblait vouloir sombrer dans un irrémédiable désastre. La famine, ce fléau contre lequel le génie est impuissant, terrassait les plus braves. Déjà les désertions s'accentuaient. A l'aide de cordes, les soldats se glissaient le long des murailles et gagnaient la campagne (2). On songeait enfin à organiser une sortie vigou-

---

(1) Albert d'Aix, p. 257 et suivantes.
Nous citons ces exemples pour montrer dans quelle exagération ne craignent pas de tomber parfois nos anciens chroniqueurs. Il est certain que Godefroy de Bouillon, qui partageait sa table avec de simples chevaliers, n'eût pas permis que les plus illustres gentilshommes de l'armée manquassent de l'absolu nécessaire. Dans ces récits, parfois fortement colorés, il est du devoir de la critique d'opérer des sélections.

(2) Les Provençaux, les Aquitains et les Auvergnats souffrirent moins que les autres peuples des maux causés par la famine. Ils possédaient déjà ces belles qualités d'ordre, d'économie et de prévoyance que les dictons et les chansons populaires ont cherché à ridiculiser. Les hommes

reuse et à périr les armes à la main lorsqu'un événement releva subitement les courages abattus. Le bruit se répandit que la lance dont la pointe avait transpercé la poitrine du Sauveur venait d'être découverte dans l'église dédiée à saint Pierre, sur les indications d'un prêtre de la suite de Raymond de Toulouse (1). Cette nouvelle transforme l'aspect de la ville. L'entrain remplace la morne stupeur. On brûle de se mesurer de nouveau avec l'ennemi. Godefroy n'eut garde de laisser s'écouler l'occasion que le Ciel paraissait lui offrir. Mais, mesurant, avec son expérience ordinaire, les conséquences terribles d'une bataille où de chaque côté on se battrait avec désespoir, il essaya de prévenir l'effusion de sang. Suivant la coutume féodale, il députa à l'émir de Mossoul Pierre l'Ermite, dans le but d'offrir au lieutenant turc l'une des trois alternatives suivantes : ou un combat général, ou un combat restreint entre un nombre déterminé de soldats chrétiens et de soldats musulmans, ou un combat particulier entre deux chefs.

Prenant cette proposition pour l'expression du découragement et de la peur, l'émir répondit avec fierté que des vaincus n'avaient jamais osé lui imposer de semblables conditions.

Pierre revient à Antioche et rend compte de sa mission. Des clameurs de colère répondent à ses paroles. On court aux armes.

Godefroy dispose son armée en douze colonnes. Hugues de Vermandois, précédé de l'étendard de saint Pierre, dirige la première colonne; Adhémar de Monteil, ayant près de lui la sainte lance, est en tête de la quatrième; le généralissime

---

de la langue d'oïl se grisaient de la poussière du champ de bataille ; les gens de la langue d'oc estimaient que pour conquérir des lauriers, il n'était pas nécessaire de mourir, au préalable, d'inanition. Si, immortels Tartarins, les Méridionaux étaient vantards, ils savaient, avec un sens pratique supérieur, se tirer des plus mauvais pas. On ne saurait le contester, le présent est encore souvent l'image du passé.

(1) Raymond d'Agiles, p. 142 et suivantes.

prend le commandement de la septième, formant le centre ; Bohémond est chargé de l'arrière-garde (1).

Kerbogah, placé en observation sur une hauteur, est saisi d'admiration à la vue du déploiement de ces rangs pressés de fantassins et de cavaliers marchant avec discipline au milieu de ce silence poignant qui précède les grands combats. Il donne l'ordre à un de ses lieutenants, Kilidji-Arsalan, d'opérer un mouvement tournant et d'attaquer l'arrière-garde chrétienne pendant que lui-même concentrera ses efforts contre l'avant-garde. Les adversaires se rapprochent et se prennent corps à corps. Le sol tremble sous le pied des chevaux haletants et sous le poids des armures s'entre-choquant avec fureur.

Bohémond, attaqué à l'improviste, se défend avec vigueur. Devinant la ruse de son adversaire, il envoie demander du secours à Godefroy, qui délaisse, pour un instant, la position qu'il vient de conquérir, et qui se rue sur le flanc des bataillons de Kilidji-Arsalan. Ceux-ci, rompus et écrasés, se désagrègent et fuient éperdus. A l'annonce du désastre de son général, Kerbogah fait sonner la retraite. Ce fut alors un carnage complet. Le camp turc et toutes ses richesses tombent au pouvoir des vainqueurs ainsi que d'immenses approvisionnements (28 juin 1098) (2).

L'été fut, en 1098, particulièrement chaud. Aucune pluie ne vint rafraîchir l'atmosphère embrasée. Atteintes par les privations du siège et les fatigues des opérations militaires, les santés les plus robustes fléchissaient. Dans ce milieu propice à l'éclosion d'une épidémie, la peste éclata. Une des premières victimes fut Adhémar de Monteil, légat apostolique et chef spirituel de la Croisade. L'annonce de sa maladie manifesta aux yeux de tous combien était profonde la vénération qui entourait le courageux et pieux pontife. Les

---

(1) Baudric de Bourgueil, p. 720.
(2) Guillaume de Tyr, p. 722 et suiv.
D'après la lettre des chefs croisés aux princes d'Europe, les chrétiens perdirent au siège et aux batailles d'Antioche 10,000 h. Les Turcs y laissèrent 70,000 h. (Dom Martène, *loc. cit.*)

larmes coulèrent; la foule se précipita vers la demeure du moribond ; les princes se rangèrent autour de son lit, suivant avec anxiété les progrès du mal. Sur le point de s'éteindre, Adhémar se plut à renouveler ses instructions et ses conseils; il recommanda la concorde, la discipline, l'obéissance ; il insista pour qu'on ne perdît jamais de vue le but élevé de l'expédition. Sentant ses forces diminuer, il leva péniblement la main et donna sa bénédiction. Dès qu'il eut rendu le dernier soupir (1er août), les pèlerins envahirent les rues de la cité donnant libre cours à leur douleur. Les funérailles furent dignes du héros. L'armée entière y assista.

Déposée dans l'église de Saint-Pierre, à l'endroit même où avait été trouvée la sainte Lance, la dépouille mortelle de l'évêque du Puy parut veiller sur le triomphe définitif de la cause sainte (1).

Le fléau continuant ses ravages, le conseil de guerre examina s'il était urgent d'entreprendre immédiatement la marche sur Jérusalem ou s'il valait mieux s'établir dans les campagnes voisines et attendre les fraîcheurs de l'automne. Ce dernier avis recueillit la majorité des suffrages. L'armée se fractionna en corps suivant les nationalités et chaque peuple fixa ses cantonnements dans les montagnes qui dominent le bassin d'Antioche (2).

Toutefois, avant de se séparer, les chefs croisés convinrent entre eux d'envoyer à Alexis une députation avec mission de rappeler à l'empereur les traités solennellement ratifiés, et d'écrire au pape Urbain II pour lui exposer la situation de l'armée et lui raconter ses exploits glorieux.

Munie des instructions des princes, l'ambassade chercha à se frayer un chemin à travers la Bythinie. Traquée par des

---

(1) Guibert de Nogent, p. 524.
Un chroniqueur nous fait connaître l'année de la mort d'Adhémar de Monteil par les deux vers suivants, conçus dans le goût de l'époque :
Undecies centum si subtrahis inde bis unum
Tunc tot erant anni Domini de Virgine nati.
(2) Guillaume de Tyr, p. 730 et suiv.

soldats turcs attachés au service de l'empereur, elle fut dispersée et se trouva réduite à errer à l'aventure dans les vallées du Taurus. Hugues de Vermandois, qui en faisait partie, parvint à gagner l'Europe et se réfugia en France (1).

Foucher de Chartres nous a conservé la lettre que les princes adressèrent au Pape au lendemain de la victoire d'Antioche (2). En voici la traduction :

« Au seigneur et vénérable pape Urbain ; Bohémond et Raymond de Saint-Gilles, le duc Godefroy et Robert duc de Normandie, Robert comte de Flandre et Eustache de Boulogne, salut, fidélité et soumission véritable dans le Christ, comme des fils à leur père.

» Nous désirons tous que vous sachiez combien la miséricorde de Dieu a été grande envers nous et par quel secours tout puissant nous avons pris Antioche ; comment les Turcs, qui avaient accablé d'outrages Notre-Seigneur Jésus-Christ, dans ses membres fidèles, ont été vaincus et mis à mort, et comment nous avons vengé les injures faites à notre Dieu ;

---

(1) Michelet, d'ordinaire peu impartial à l'égard des Croisades, juge ainsi la conduite du frère du roi : « Hugues de Vermandois et Etienne de Blois, dit-il, crurent l'armée perdue sans ressources et s'échappèrent pour annoncer le désastre de la Croisade. » (Hist. de France, éd. de 1879, t. II, p. 288.) Hugues et Etienne de Blois ne partirent pas en même temps. Etienne déserta ; Hugues sortit d'Antioche après la victoire des Croisés. Il n'avait donc aucun désastre à annoncer.

Michelet a été induit en erreur par Michaud : « Ce prince, arrivé à Constantinople, dit ce dernier, oublia les soldats de Jésus-Christ, et ne daigna pas même leur rendre compte de sa mission, soit qu'il craignît de retourner dans une armée où il ne pouvait plus soutenir l'éclat de son rang, soit que les travaux et les périls de la guerre eussent lassé son courage ; il prit la honteuse résolution de retourner en Occident. » (Hist. des Crois., édit. de 1857, t. I, p. 193.) Hugues ne se rendit pas à Constantinople. Aucun chroniqueur n'insinue ce fait. Il oublia si complètement les Croisés, qu'arrivé en France, il se hâta de recruter un corps d'expédition, rejoignit les siens en Palestine et y mourut avec héroïsme. Guibert de Nogent défend hautement la mémoire du prince français : « *De ejus reditu, juste nemo quœri debuit, qui postmodum, ad hoc idem post liminium faciens, martyriis et optimi semper militis nomine insigniendus, occubuit.* (Bongars, p. 523.)

(2) Foucher de Chartres, Bongars, p. 394.
Baluze, *Miscellanea*, et Dom Ruinart, *Vita Urbani*, ont également reproduit cette lettre.

comment nous avons été ensuite assiégés par les Turcs venus de Karasan, de Jérusalem, de Damas et de plusieurs autres pays; et comment enfin, par la protection du ciel, nous avons été délivrés d'un grand danger.

» Lorsque nous eûmes pris Nicée, nous mîmes en déroute, comme vous l'avez su, une grande multitude de Turcs qui étaient venus à notre rencontre. Nous battîmes le grand Soliman (Kilidji-Arsalan); nous fîmes un butin considérable; et, maîtres de toute la Samarie, nous vînmes assiéger Antioche. Nous eûmes beaucoup à souffrir dans ce siège, soit de la part des Turcs enfermés dans la ville, soit de la part de ceux qui venaient secourir les assiégés. Enfin, les Turcs ayant été vaincus dans tous nos combats, la cause de la religion chrétienne triompha de cette manière. Moi Bohémond, après avoir fait une convention avec un certain Sarrasin qui me livrait la ville, j'appliquai des échelles aux murailles vers la fin de la nuit, et nous fûmes ainsi les maîtres de la place qui avait si longtemps résisté à Jésus-Christ. Nous tuâmes Accien, gouverneur d'Antioche, avec un grand nombre des siens, et nous eûmes en notre pouvoir leurs femmes, leurs enfants, leurs familles et tout ce qu'ils possédaient. Nous ne pûmes point cependant nous emparer de la citadelle, et lorsque nous voulûmes l'attaquer, nous vîmes arriver une multitude infinie de Turcs, dont on nous avait annoncé l'approche depuis quelque temps; nous les vîmes se répandre dans les campagnes et couvrir toute la plaine. Ils nous assiégèrent le troisième jour; plus de cent d'entre eux pénétrèrent dans la citadelle, et menaçaient d'envahir la ville, qui se trouvait dominée par le fort.

» Comme nous étions placés, opposés à la colline sur laquelle s'élevait le fort, nous gardâmes le chemin qui conduisait dans la ville, et nous forçâmes les infidèles, après plusieurs combats, à rentrer dans la citadelle. Comme ils virent qu'ils ne pouvaient pas exécuter leurs projets, ils entourèrent la place de telle manière, que toute communication était interrompue, ce dont nous fûmes vivement affligés et désolés.

Pressés par la faim et par toutes sortes de misères, plusieurs chrétiens tuèrent leurs chevaux et leurs ânes, qu'ils menaient avec eux, et les mangèrent ; mais, à la fin, la miséricorde de Dieu vint à notre secours ; l'apôtre André révéla à un serviteur de Dieu le lieu où était la lance avec laquelle Longin perça le flanc du Sauveur. Nous trouvâmes cette lance dans l'église de l'apôtre Pierre. Cette découverte et plusieurs autres divines révélations nous rendirent la force et le courage, tellement que ceux qui étaient pleins de désespoir et d'effroi, furent pleins d'ardeur et d'audace, et s'exhortaient les uns les autres au combat. Après avoir été assiégés pendant trois semaines et quatre jours, le jour de la fête saint Pierre et saint Paul, pleins de confiance en Dieu, nous étant confessés de toutes nos fautes, nous sortîmes de la ville en ordre de bataille. Nous étions en si petit nombre, en comparaison de l'armée des Sarrasins. que ceux-ci purent croire que nous cherchions à prendre la fuite, au lieu de les provoquer au combat. Ayant pris nos dispositions, nous attaquâmes l'ennemi partout où il paraissait en force. Aidés de la lance divine, nous les mîmes d'abord en fuite. Les Sarrasins, selon leur coutume, commencèrent à se disperser de tous les côtés, occupant les collines et les chemins, dans le dessein de nous envelopper et de détruire toute l'armée chrétienne ; mais nous avons appris à connaître toute leur tactique. Par la grâce et la miséricorde de Dieu, nous parvînmes à les faire réunir sur un point ; et, lorsqu'ils furent réunis, la droite de Dieu combattant avec nous, nous les forçâmes de fuir et d'abandonner leur camp avec tous ceux qui s'y trouvaient. Après les avoir vaincus et les avoir poursuivis toute la journée, nous rentrâmes pleins de joie dans la ville d'Antioche. La citadelle se rendit à nous. Le commandant et la plupart des siens se convertirent à la foi chrétienne. Ainsi Notre-Seigneur Jésus-Christ vit toute la ville d'Antioche rendue à sa loi et à sa religion. Mais, comme toujours quelque chose de triste se mêle aux joies de la terre, l'évêque du Puy, que vous nous avez donné pour votre vicaire apostolique, est mort après la conquête de la ville et après une guerre où il avait acquis beaucoup de gloire. Maintenant vos enfants, privés du père que vous leur aviez donné, s'adressent à vous, qui êtes leur Père spirituel. Nous vous prions, vous qui avez ouvert la voie que nous suivons, vous qui, par vos discours, nous avez fait quitter nos foyers et ce que nous avions de plus cher dans notre pays, qui nous avez fait prendre la croix pour suivre Jésus-Christ et glorifier son nom, nous vous conjurons d'achever votre ouvrage en venant au milieu de nous, et en amenant avec vous tous ceux que vous pourrez amener. C'est dans la ville d'Antioche que le nom de chrétien a pris son origine; car lorsque saint Pierre fut installé dans cette église que nous voyons tous les jours, ceux qui s'appelaient galiléens se nommèrent chrétiens. Qu'y a-t-il de plus juste et de plus convenable que de voir celui qui est le père et le chef de l'Eglise, venir dans cette ville qu'on peut regarder comme la capitale de la chrétienté ? Venez donc nous aider à finir une guerre qui est la vôtre. Nous avons vaincu les Turcs et les païens ; nous ne pouvons de même combattre les hérétiques, les Grecs, les Arméniens, les Syriens, les Jacobites ; nous vous en conjurons donc, très saint Père, nous vous en conjurons avec instance, vous qui êtes le Père des fidèles, venez au milieu de vos enfants ; vous qui êtes le vicaire de Pierre, venez siéger dans son église ; venez former nos cœurs à la soumission et à l'obéissance ; venez détruire par votre autorité suprême et unique toutes les espèces d'hérésies ; venez nous conduire dans le chemin que vous nous avez tracé et nous ouvrir les portes de l'une et de l'autre Jérusalem ; venez délivrer avec nous le tombeau de Jésus-Christ, et faire prévaloir le nom de chrétien sur tous les autres noms. Si vous vous rendez à nos vœux, si vous arrivez au milieu de nous, tout le monde vous obéira. Que celui qui règne dans tous les siècles vous amène parmi nous et vous rende sensible à nos prières. *Amen* (1).

(1) Traduction Darras.

Grande fut la joie du bienheureux Pape au reçu de cette missive. Il investit immédiatement Daïmbert, archevêque de Pise, des fonctions de légat apostolique et lui intima l'ordre de se rendre sans retard en Palestine. Il eût voulu se transporter lui-même sur cette terre sacrée où, à son appel, la chrétienté, représentée par ses plus valeureux enfants, accomplissait des prodiges de valeur, mais les lourds soucis de la plus vaste des administrations avaient courbé, avant l'heure, ses épaules. Il adressa à l'armée victorieuse la bénédiction féconde du patriarche mourant.

CHAPITRE XVI

Marche sur Jérusalem. — Siège et prise de la Ville sainte. — Bataille d'Ascalon. — Organisation du royaume de Jérusalem. — Mort du pape Urbain II. — Retour de Pierre l'Ermite en Europe. — Fin de la Croisade.

L'automne étant arrivé, les Croisés songèrent à se mettre en marche pour atteindre la ville, objet de leurs aspirations. L'amélioration sanitaire sur laquelle on avait compté au retour des pluies ne se produisit point. Il fut décidé qu'on attendrait le printemps de l'année suivante et qu'on utiliserait cette halte forcée pour asseoir définitivement la possession des régions conquises.

Godefroy se dirigea sur Edesse, où s'était installé son frère Beaudoin ; Bohémond prit la route de Cilicie, enlevant aux Turcs les villes qui se refusaient à lui céder passage ; le duc de Normandie s'empara de Laodicée, et le comte de Toulouse battit à Albara une forte colonne musulmane (1).

Enfin, le 13 janvier 1099, les princes, cédant à l'impatience des troupes, donnèrent l'ordre du départ (2).

Godefroy trace l'itinéraire que l'armée doit suivre. Les bagages et les machines de guerre sont confiés à la flottille qui mouille sur le littoral d'Antioche ; de cette façon, ils ne peuvent être un embarras pour les piétons ou pour les cavaliers. Le corps expéditionnaire longe la côte, ayant, à sa droite, la mer, et, à sa gauche, une série de montagnes et de vallées, où le ravitaillement s'opère facilement.

Quel est le chiffre approximatif des forces dont dispose le

---

(1) Robert-le-Moine, p. 61 et suiv. ; Raymond d'Agiles, p. 161 ; Albert d'Aix, p. 263.

(2) Baudric de Bourgueil, p. 127.

général en chef? Sans hésiter, Michaud avance que l'armée ne comptait que 70,000 soldats. D'après lui, 250,000 hommes auraient péri au siège d'Antioche. C'est aller un peu vite ; c'est jouer vraiment avec les centaines de mille.

Michaud s'appuie sur un texte de Guillaume de Tyr, qui évalue à peu près à ce total le nombre des hommes en état de porter les armes (1). Nous avons déjà fait observer que le chroniqueur est un guide infidèle en matière de dénombrement.

Un si faible contingent n'aurait certainement pu ni entreprendre le siège de Jérusalem, ni soumettre la Palestine entière, ni repousser victorieusement les innombrables armées du sultan d'Egypte (2).

Nous avons vu par la lettre que les princes chrétiens adressent aux princes de l'Europe, à la suite de la prise d'Antioche, que les pertes de l'armée s'élèvent à 10,000 morts. Or, 300,000 hommes assiégeaient Antioche. Nous accordons que les incidents du siège, l'occupation du pays d'Edesse, par Beaudoin, et du territoire d'Antioche, par Bohémond, les désertions et la mortalité, aient réduit l'armée de 200,000 hommes, il nous reste encore un effectif de 100,000 hommes.

Nous estimons qu'en nous arrêtant à ce chiffre, nous nous éloignons fort peu de la vérité (3).

Sur ces entrefaites, une de ces révolutions, si fréquentes dans les milieux musulmans, où la possession du pouvoir

---

(1) Guillaume de Tyr écrit d'abord 50,000 et plus loin 20,000. Raymond d'Agiles s'évertue à être plus précis ; 13,000 hommes lui suffisent.

(2) Lorsque les historiens du xie ou du xiie siècle nous disent, par exemple, que *toutes* les hordes turques périrent dans tel combat, ou que *toute* l'armée chrétienne fut atteinte par telle épidémie, on ne saurait assurément donner à de pareilles assertions la valeur de documents officiels. Il y a là une façon de s'exprimer qui ne comporte point la méprise.

(3) Michaud fait périr 250,000 hommes sous les murs d'Antioche. Combien en fera-t-il périr sous les murs de Jérusalem et à la bataille d'Ascalon? Il n'en a gardé que 50,000 ! Il aurait dû, au moins, en conserver un plus grand nombre en faveur de son nécrologe.

était la source d'ardentes compétitions, renversa la dynastie des Turcs seldjoukides au profit des Arabes fatimites du Caire. La Palestine tomba sous la domination de ces derniers, qui tentèrent de sauver leur nouvelle proie en contractant une alliance avec les Croisés. L'entrée de Jérusalem serait libre à la condition que les pèlerins ne pénétreraient dans la ville que par groupes et sans armes.

Telle était la principale condition du traité.

Godefroy répondit avec fierté que Jérusalem, ayant été enlevée aux fidèles du Christ, devait revenir à ses maîtres légitimes, et que, d'ailleurs, l'Europe chrétienne ne s'était pas ébranlée pour s'arrêter au seuil du triomphe.

Surpris des succès persistants de ceux qui avaient été ses alliés, l'empereur de Constantinople ne craignit point de réclamer sa part des fruits de la conquête. Le conseil de guerre, se souvenant du siège d'Antioche et de la lâcheté dont Alexis donna des preuves manifestes en cette circonstance, décida que les Grecs n'avaient aucun droit à se réclamer de traités dont ils avaient les premiers oublié le texte (1).

La marche sur la Ville sainte s'effectua avec ordre. Elle eût été assez rapide, si l'humeur chevaleresque et batailleuse de Raymond de Saint-Gilles n'eût sans cesse créé des obstacles imprévus.

Il fallut toute l'autorité de Godefroy, jointe aux murmures des soldats, pour ramener le vieux comte, dont l'ardeur résistait au poids des années, et qui ne savait se maîtriser dès qu'une forteresse se dessinait à l'horizon ou qu'un turban s'égarait dans la plaine.

Un jour, les Croisés recueillirent un pigeon que poursuivait un oiseau de proie. Sous les ailes du volatile, ils découvrirent un mince rouleau de papyrus qui contenait un ordre transmis

---

(1) Pour M. Michaud, Alexis est l'honnêteté, la droiture même. « C'est un parti-pris chez cet historien, dit Darras, de présenter l'empereur comme un type de loyauté chevaleresque et les Croisés comme une troupe indisciplinée et barbare. » (*Loc. cit.*, xxiv° vol., p. 230.)

à un gouverneur par un émir arabe. Déjà ils avaient pu se convaincre (1) que les Orientaux se servaient de ce moyen pour communiquer entre eux à de grandes distances.

Dans leurs fatigues, les troupes rencontrèrent, non seulement un réconfort, mais encore une alimentation fort substantielle, dans une sorte de roseau qui croissait sur le bord des rivières, et qui, broyé au pilon, fournissait un liquide épais, ayant le goût du miel. Ce roseau, importé par les Croisés en Europe, est connu sous le nom de *canne à sucre* (2).

Abandonnant enfin la côte, l'armée s'engagea dans les terres, après avoir retiré des vaisseaux les bagages et le matériel de siège. Elle campa à Nicopolis, localité située à cinq lieues seulement de Jérusalem. Sortie de Nicopolis vers le milieu de la nuit, elle prit la direction du mont Moriah, impatiente de plonger les yeux dans cette ville pour laquelle, depuis près de trois ans, elle supportait les plus cruelles souffrances.

Tout à coup, Jérusalem profile, sur le ciel illuminé par les premières clartés de l'aurore, ses créneaux et ses dômes.

Un saisissement, rapide comme la foudre, s'empare des troupes. Les cavaliers mettent pied à terre ; les fantassins quittent leurs sandales ; tous se prosternent à genoux, les bras tendus vers la cité. Sur ces visages guerriers, hâlés par

---

(1) *Princeps de Hasart ex more solito aves domesticas pie suscipiens, chartas intitulatas a caudis earum solvit.....* (Albert d'Aix, p. 262.)
On voit par cette anecdote que le fait d'utiliser pour la guerre les pigeons voyageurs ne date pas, comme on l'a prétendu, de notre dernière guerre et du siège de Paris.

(2) Calamellos mellitos per camporum planitiem abundanter repertos, *quos vocant zucra*, suxit populus, illorum salubri succo lætatus, et vix ad saturitatem præ dulcedine expleri hoc gustato valebant. Hoc enim genus herbæ summo labore agricolarum per singulos excolitur annos. Deinde tempore messis maturum mortariolis indigenæ contundunt, succum collatum in vasis suis reponentes, quousque coagulatus indurescat sub specie nivis vel salis albi. Quem rasum cum pane miscentes, aut cum aqua terentes, pro pulmento sumunt, et supra favum mellis gustantibus dulce ac salubre videtur. (Albert d'Aix, p. 270.)

le soleil et amaigris par les privations, se répand une pâleur livide causée par la plus poignante des émotions. Un long cri de : Jérusalem ! Jérusalem ! s'élève de toutes parts. D'une voix entrecoupée par les larmes, les clercs entonnent les psaumes de David, auxquels répondent les échos longtemps assoupis des collines de Sion. (Mardi 7 juin 1099.) (1)

Au point de vue de la défense militaire, l'assiette de Jérusalem présente des dispositions qui, à chaque époque, ont attiré l'attention des stratèges et des tacticiens. Protégée, d'une part, par son plateau, et, de l'autre, par les vallées qui en échancrent profondément les bords et les flancs, la place échappe aux dangers d'un investissement complet. Titus ne put l'attaquer que sur trois côtés.

Godefroy, forcé par les nécessités topographiques, en fut réduit à renouveler le plan de l'empereur romain. Mais tandis que Titus eut recours à la famine pour contraindre l'ennemi, le héros français préféra, dans son élan chevaleresque, le réduire de haute main.

Empruntons, au chroniqueur Robert-le-Moine, le récit de ce beau fait d'armes :

« L'armée se rangea dans cet ordre autour de Jérusalem : le comte de Flandre et le comte de Normandie déployèrent leurs tentes du côté du Septentrion, non loin de l'église bâtie sur le lieu où saint Etienne, premier martyr, fut lapidé ; Godefroy et Tancrède se placèrent à l'Occident ; le comte de Saint-Gilles campa au Midi, sur la montagne de Sion, autour de l'église de Marie, mère du Sauveur, autrefois maison où le Seigneur fit la Cène avec ses disciples. Les tentes ainsi disposées, tandis que les troupes fatiguées de la route se reposaient et construisaient des machines propres au combat, Raymond Pilat et Raymond de Turenne sortirent du camp avec plusieurs autres pour visiter les lieux voisins, dans la crainte que les ennemis ne vinssent les surprendre avant que les Croisés fussent préparés. Ils rencontrèrent sur leur route

(1) Guillaume de Tyr, p. 745.

trois cents Arabes ; ils en tuèrent plusieurs, et leur prirent trente chevaux. Le second jour de la troisième semaine, 13 juin 1099, les Français attaquèrent Jérusalem ; mais ils ne purent la prendre ce jour-là. Cependant, leur travail ne fut pas infructueux ; ils renversèrent l'avant-mur et appliquèrent les échelles au mur principal. S'ils en avaient eu une assez grande quantité, ce premier effort eût été le dernier. Ceux qui montèrent sur les échelles, combattirent longtemps l'ennemi à coups d'épée et de javelot. Beaucoup des nôtres succombèrent dans cet assaut ; mais la perte fut plus considérable du côté des Sarrasins. La nuit mit fin à l'action et donna du repos aux deux partis. Toutefois, l'inutilité de ce premier effort occasionna à notre armée un grand travail et beaucoup de peine, car nos troupes demeurèrent sans pain pendant l'espace de dix jours, jusqu'à ce que nos vaisseaux fussent arrivés au port de Jaffa. En outre, elles souffrirent excessivement de la soif ; la fontaine de Siloë, qui est au pied de la montagne de Sion, pouvait à peine fournir de l'eau aux hommes, et l'on était obligé de mener boire les chevaux et les autres animaux à six milles du camp, et de les faire accompagner par une nombreuse escorte.

» Cependant, la flotte arrivée à Jaffa procura des vivres aux assiégeants, mais ils ne souffrirent pas moins de la soif ; elle fut si grande durant le siège, que les soldats creusaient la terre et pressaient les mottes humides contre leur bouche ; ils léchaient aussi les pierres mouillées de rosée ; ils buvaient une eau fétide qui avait séjourné dans les peaux fraîches de buffles et de divers animaux ; plusieurs s'abstenaient de manger, espérant tempérer la soif par la faim. . . . .

. . . .

» Pendant ce temps-là, les généraux faisaient apporter de fort loin de grosses pièces de bois pour construire des machines et des tours. Lorsque ces tours furent achevées, Godefroy plaça la sienne à l'Orient de la ville ; le comte de Saint-Gilles en établit une autre toute semblable au Midi. Les dispositions ainsi faites, le cinquième jour de la semaine, les Croisés donnèrent et distribuèrent des aumônes aux pauvres ; le sixième jour, qui était le douzième de juillet, l'aurore se leva brillante ; les guerriers d'élite montèrent dans les tours, et dressèrent des échelles contre les murs de Jérusalem. Les enfants illégitimes de la ville sainte s'étonnèrent et frémirent en se voyant assiégés par une si grande multitude. Mais comme ils étaient de tous côtés menacés de leur dernière heure, que la mort était suspendue sur leur tête, certains de succomber, ils ne songèrent plus qu'à vendre cher le reste de leur vie. Cependant Godefroy se montrait sur le haut de sa tour, non comme un fantassin, mais comme un archer ; le Seigneur dirigeait sa main dans le combat, et toutes les flèches qu'elle lançait perçait l'ennemi de part en part. Auprès de ce guerrier, étaient Beaudoin et Eustache ses frères, de même que deux lions auprès d'un lion ; ils recevaient les coups terribles des pierres et des dards, et les renvoyaient avec usure à l'ennemi.

» Tandis que l'on combattait ainsi sur les murs de la ville, on faisait une procession autour de ces mêmes murs, avec les croix, les reliques et les autels sacrés. L'avantage demeura incertain pendant une partie du jour, mais à l'heure où le Sauveur du monde rendit l'esprit, un guerrier nommé d'Etolde, qui combattait dans la tour de Godefroy, saute le premier sur le rempart de la ville : Guicher le suit, ce Guicher qui avait terrassé un lion ; Godefroy s'élance le troisième, et tous les autres chevaliers s'élancent sur les pas de leur chef. Alors, les arcs et les flèches sont abandonnés, on saisit l'épée. A cette vue, les ennemis désertent les murailles et se jettent en bas dans la ville ; les soldats du Christ les poursuivent avec de grands cris.

» Le comte de Saint-Gilles, qui de son côté faisait des efforts pour approcher ses machines de la ville, entendit ces clameurs. Pourquoi, dit-il à ses soldats, demeurons-nous ici ? Les Français sont maîtres de Jérusalem ; ils la font retentir de leurs voix et de leurs coups. Alors, il s'avance promptement vers la porte qui est auprès du château de

David ; il appelle ceux qui étaient dans ce château, et les somme de se rendre. Aussitôt que l'émir eut reconnu le comte de Saint-Gilles, il lui ouvrit la porte et se confia à la foi de ce vénérable guerrier.

» Mais Godefroy, avec les Français, s'efforçait de venger le sang chrétien répandu dans l'enceinte de Jérusalem, et voulait punir les outrages qu'ils avaient fait souffrir aux pèlerins. Jamais dans aucun combat il ne parut aussi terrible, pas même lorsqu'il combattit le Géant, sur le pont d'Antioche ; Guicher et plusieurs milliers de guerriers choisis, fendaient les Sarrasins depuis la tête jusqu'à la ceinture, ou les coupaient par le milieu du corps. Nul de nos soldats ne se montrait timide, personne ne résistait. Les ennemis ne cherchaient qu'à fuir ; mais la fuite pour eux était impossible ; en se précipitant en foule, ils s'embarrassaient les uns les autres. Le petit nombre qui parvint à s'échapper, s'enferma dans le temple de Salomon, et s'y défendit assez longtemps. Comme le jour commençait à baisser, nos soldats envahirent le temple ; pleins de fureur, ils massacrèrent tous ceux qui s'y trouvèrent. (Vendredi 15 juillet 1099) » (1).

Ignorant ces scènes de carnage, Godefroy de Bouillon se hâte de déposer son armure et de revêtir la robe de bure des pauvres. Suivant la coutume des pèlerins, il fait le tour de l'enceinte, franchit le Cédron et se prosterne sur le roc où fut creusé le sépulcre du Sauveur. Il reste là longtemps en prières, rendant à Dieu des actions de grâces pour les victoires qui lui ont permis d'entrer vainqueur dans la cité où ses ancêtres ne pénétraient qu'en tremblant sous l'œil des usurpateurs (2).

« Huit ou dix jours après la prise de Jérusalem, dit M. Guizot, les chefs croisés se réunirent pour délibérer sur l'élection d'un roi de leur conquête.

---

(1) Robert-le-Moine, p. 74. Traduction de Chateaubriant : *Itinéraire de Paris à Jérusalem.*

(2) Albert d'Aix, p. 282.

» Plusieurs étaient indiqués et pouvaient y prétendre. Le duc de Normandie, Robert Courte-Heuse, s'y refusa absolument, « aimant mieux, d'après un chroniqueur anglais, se livrer au repos et à l'indolence en Normandie que de servir en guerrier, dans la ville sainte, le roi des rois (1). » Le comte de Toulouse déclara « qu'il aurait horreur de porter le nom de roi dans Jérusalem, mais qu'il donnerait son consentement à l'élection de tout autre. » Tancrède n'était et ne voulait être que le premier des chevaliers. Godefroy de Bouillon réunit d'autant plus aisément les suffrages, qu'il ne les recherchait point ; il était vaillant, prudent, digne et modeste ; ses propres serviteurs, secrètement consultés, attestèrent en lui les vertus qui se pratiquent sans se montrer.

» Il fut élu roi de Jérusalem (2) ».

Mais par un excès d'humilité, il ne peut se résoudre, lisons-nous dans la Préface des *Assises de Jérusalem* « à estre sacré et corosné roy, parce que il ne vult porter corosne d'or là où le Roy des Roys, Iésus-Christ, le Fils de Dieu, porta corosne d'espines le iour de sa Passion. »

En conséquence, Godefroy ne prend que le titre de *défenseur et baron du Saint-Sépulcre*.

Voici que de l'Egypte, des bords de la mer Rouge et de l'Arabie, accourent les hordes soumises au kalife fatimite du Caire. Elles se pressent dans le dessein de renouveler, à Jérusalem, la manœuvre habile, en vertu de laquelle, sous les murs d'Antioche, les Croisés, d'assiégeants devinrent assiégés.

---

(1) Les historiens répètent à l'envi cette accusation du chroniqueur anglais. Nous ne savons ce qu'elle a de fondé. Le courage que Robert déploya en toute occasion, et spécialement à la bataille d'Ascalon, nous le montre sous un jour différent. Nous ne voyons guère dans ce soldat terrible qui, de son épée, fauche les têtes musulmanes et qui, à lui seul, enlève l'étendard ensanglanté du sultan, le personnage débonnaire qu'on nous dépeint.

On doit se défier des boutades humouristiques transformées en jugements historiques.

(2) *Loc. cit.*

Elles se massent autour d'Ascalon avec une telle promptitude, que Godefroy n'apprend qu'au dernier moment le danger qui le menace. On prévoit que les émirs, sentant leurs principautés perdues, vont jouer dans un sanglant effort leurs suprêmes espérances de salut. Tancrède, Bohémond, Raymond de Saint-Gilles, guerroyent au loin ; ils reçoivent ordre de se replier sur la Ville sainte. Toutes les dispositions étant prises, Godefroy se résout à surprendre par une marche rapide son adversaire, en voie d'organisation. Il se présente en effet à l'improviste dans les plaines d'Ascalon, range son armée en colonnes, et, de cette voix puissante qui porte le trouble dans les cœurs musulmans les mieux trempés, il donne l'ordre du combat. De part et d'autre on rivalise de courage. Sur le soir, les bataillons ennemis, décimés et épuisés, fléchissent et abandonnent la ville, où le vainqueur trouve en armes et en troupeaux d'immenses approvisionnements (1).

La victoire d'Ascalon fut le couronnement de cette héroïque campagne, à laquelle rien n'a manqué, sinon un Homère pour la chanter (2). Godefroy de Bouillon fit preuve de toutes les qualités qui caractérisent les grands capitaines. Il incarna l'œuvre militaire de la Croisade, œuvre de dévouement et de foi. Sur ce fond du moyen-âge, si riche en hommes illustres, sa physionomie se détache en lignes monumentales. Il vivra dans les mémoires aussi longtemps que la France aura une histoire (3).

Les princes, les évêques, les clercs et les plus notables d'entre les Croisés se réunirent dans le palais de Salomon, en vue de l'organisation féodale du nouveau royaume. Des délibérations qui eurent lieu à ce sujet, sortit le code qui a reçu le nom d'*Assises de Jérusalem*.

---

(1) Guillaume de Tyr, p. 768 et suiv.
(2) *La Jérusalem délivrée*, du Tasse, est plutôt un roman de chevalerie qu'un poème épique.
(3) Bruxelles a élevé à Godefroy une statue de bronze.

« Cette législation de Godefroy, qui s'accrut et s'améliora sous les règnes suivants, dit Rohrbacher, servit de modèle à saint Louis pour améliorer la législation de France (1). »

« Chose étrange, dit, de son côté, M. Edouard Laboulaye les chevaliers de la Croisade, ces hommes de combat, qui ne se plaisaient qu'aux grands coups d'épée dans les batailles, ne nous paraissent pas moins grands dans les œuvres de la paix que dans les exploits de la guerre.

» Je dirai plus, il règne en général dans leurs Assises un bon sens si exquis, une dignité si calme, une douceur si chrétienne, qu'on se refuserait à attribuer tant de sagesse à ces hardis courages, si la naïveté du langage et l'étrangeté de certaines institutions ne nous reportaient au milieu de ces anciens jours, si enfin tous les monuments contemporains n'étaient unanimes à nous attester que les Godefroy, les Beaudoin, les Amaury, les Lusignan, n'étaient pas moins fiers du titre de « chevaliers ès lois » que du renom de preux combattants. Aussi, dès que la sainte cité de Jérusalem eut été conquise sur les ennemis de la Croix et remise au pouvoir des fidèles de Jésus-Christ, le vendredi 15 juillet 1099, le premier soin de Godefroy de Bouillon fut d'instituer deux cours de justice, l'une pour les nobles et pour les feudataires, la cour des Barons, l'autre pour le menu peuple et la bourgeoisie, la cour des Bourgeois ; la première, composée de hauts barons du royaume et présidée par le roi ; la seconde composée de bourgeois et présidée par le vicomte de Jérusalem. En même temps, et pour donner à ces tribunaux une règle à suivre dans leurs décisions, Godefroy rassembla ce qu'il put réunir de chevaliers et de prud'hommes versés dans les coutumes de la patrie et leur fit rédiger par écrit ces usages. Ce fut leur travail qu'il présenta au patriarche, aux évêques, princes et barons réunis à Jérusalem. De leur avis il choisit les dispositions les plus utiles et les plus sages, et dressa ainsi un code officiel, destiné à devenir la loi du

(1) Edit. Gaume. t, xxiv.

nouvel empire. Ce code si précieux pour l'étude de la législation du moyen-âge, puisqu'il renferme, en quelque façon, la fleur des coutumes françaises, c'est ce que nous nommons les « Assises » de Jérusalem. Il devint l'objet d'une vénération presque religieuse.

» L'original, écrit avec tout le luxe imaginable en majuscules, avec des initiales d'or et des rubriques de vermillon, signé, en outre, et scellé à chaque feuille par le roi, le patriarche et le vicomte, fut renfermé dans le Saint-Sépulcre. Il fut défendu de sortir du saint tombeau ce Palladium des libertés franques, hormis lorsque les diverses cours étaient en désaccord sur un point de droit, et, dans ce cas même, il fallait que les trois garants de la paix publique, le roi et ses hommes-liges, le patriarche et les chanoines, le vicomte et les jurés de la bourgeoisie, assistassent au déplacement de ces précieuses écritures (1). »

Quelques jours après la prise de Jérusalem, le pape Urbain mourait sans connaître l'heureux résultat de cette gigantesque entreprise, née de son âme généreuse. L'Eglise, troublée par les menées schismatiques de Guibert, goûtait enfin la paix. La prudence et l'habileté du Pontife avaient aplani ou surmonté les difficultés.

Dieu appela au repos le serviteur courageux qui, en dépit des circonstances, continua sans relâche le dur labeur quotidien.

Rome fit à son roi des funérailles magnifiques.

La piété publique consacra plusieurs épitaphes à l'émule de Grégoire VII. Il en est une qui se distingue par la délicatesse des pensées. En voici la traduction : « L'enfant de bénédiction que la terre de France vit naître et qu'elle nomma Odon, la mort l'a frappé sous le nom pontifical d'Urbain II.

---

(1) Compte-rendu du livre de M. Victor Foucher : *Les Assises de Jérusalem.*
Perdu vers la fin du XIIe siècle, le texte des Assises a été rétabli en grande partie, au XIIIe siècle, par Gehan Ibelin, seigneur d'Ascalon.

— 230 —

L'éloquence, dont les accents remplissaient le monde, s'est éteinte. L'univers a perdu un guide et Rome son ami (1). »

L'Eglise rend au bienheureux Urbain un culte d'honneur. Un jour viendra sans doute où, de par un jugement du siège apostolique, le mot de *Saint*, que le pinceau d'un peintre a inscrit, au xii⁰ siècle, sur la fresque de l'oratoire de Saint-Nicolas, à Rome, au bas du portrait du Promoteur de la Croisade, sera répété par toutes les lèvres chrétiennes (2).

Reconnu par les fidèles de Palestine, Pierre l'Ermite fut accueilli partout comme un sauveur. On s'agenouillait devant lui, dit Guillaume de Tyr ; on lui baisait les mains ; on le remerciait des promesses réalisées. Jugeant sa mission achevée, Pierre revint en France et fonda, dans le diocèse de Liège, le monastère de Neufmoutiers, où il mourut, âgé de 62 ans, le 8 juillet 1115 (3).

Les princes croisés quittèrent, à leur tour, Jérusalem ; leurs adieux à celui qui les avait toujours conduits à l'honneur, furent touchants. Godefroy embrassa cordialement ses frères d'armes.

Les uns restèrent en Terre-Sainte, établissant sur des bases solides les principautés qu'ils avaient su se créer (4) ;

(1) Urbanum papam quem Francia dixit Odonem,
   Quæ regio tenerum protulerat puerum,
   Vitales auræ morientem deseruere,
   In quo sic orbis lingua diserta ruit,
   Ut simili careat doctore superstite mundus.
   Hic igitur posuit flens sua Roma suum.

(2) Consulter sur Urbain II, outre les ouvrages déjà indiqués : *Analecta juris pontif.* X. 517 (1868) ; Barjavel : *Biographie Vauclusienne*, II, 460 (1841) ; Cave : *Scriptores ecclesiastici* (1745) ; Contestin : *La vie et le pontificat d'Urbain II*, dans la « Revue des sciences ecclésiastiques » (1882) ; Jadart : *Du lieu natal du pape Urbain II*, dans le Recueil des travaux de l'Académie de Reims ; Jaffé : *Regesta Pont. Rom.* (1851) ; Pétin : *Dict. hagiographique* (1850) ; Riant : *Un dernier triomphe d'Urbain II*, dans la « Revue des questions historiques » (1883) ; Barthelmy : *Revue de Champagne* (1882) ; J.-B. de Rossi : *Revue de l'art chrétien* (1883).

(3) Vion, *loc. cit.*, p. 402.

(4) Tancrède mourut prince d'Antioche, en 1112 ; Bohémond s'éteignit dans sa principauté de Tarente en 1111. Michaud prétend qu'il périt de

les autres gagnèrent la mère-patrie ; en se retirant, ils rencontrèrent, soit sur les mers, soit dans les ports d'escale, les vaisseaux qui apportaient vers les rivages asiatiques, de nouveaux pèlerins. Désormais, l'Asie mineure est une annexe de l'Europe (1).

désespoir. « C'est là, dit Rohrbacher, une figure de rhétorique assez familière à M. Michaud, et qui n'a aucun fondement dans l'histoire. »
Raymond de Toulouse se tailla une principauté à Tripoli. Le premier évêque de cette ville fut un moine, nommé Arbert, que Raymond avait amené de la Chaise-Dieu. Avant de partir pour la Croisade, le comte de Toulouse s'était rendu en Auvergne, auprès du tombeau de Robert, fondateur de la Chaise-Dieu. Il avait déposé sur le corps du saint ses éperons d'or et avait demandé, en échange, le gourdon et la tasse de bois qui avaient servi au pieux cénobite. A la mort du comte, Arbert renvoya à la Chaise-Dieu les vénérables reliques, désormais célèbres à double titre. (Dominique Branche: *Les Monastères en Auvergne*).
Godefroy de Bouillon fut empoisonné; il éprouva, du moins, les atteintes de la fièvre qui devait l'emporter, immédiatement après avoir goûté d'un fruit que lui présentèrent les émirs arabes. Sa mort, survenue en 1100, frappa d'un deuil douloureux l'Europe et la Judée. Son corps fut enseveli sur le mont du Calvaire (23 juillet). La scène des funérailles a inspiré le pinceau de Cibot, dont la toile, fort remarquable, est au musée de Versailles.
En général, la peinture a peu demandé; soit au Concile, soit à la 1re Croisade. Nous espérons qu'une réaction s'opérera. Ce sera la réparation d'une injustice.
(1) M. Michaud cite, parmi ces pèlerins de la deuxième heure, l'Evêque de Clermont, en Auvergne. (Edit. de 1857, t. ɪ, p. 268.)
Encore une fois, l'historien a pris ces renseignements dans son imagination.
L'évêque de Clermont était alors Guillaume de Baffie, qui ne songea jamais au voyage d'outre-mer. Les charges de son administration le retinrent constamment dans son diocèse.

CHAPITRE XVII

Résultats des Croisades

Les contradicteurs de l'œuvre finale des Croisades se divisent en deux camps. Les uns avancent que les Croisades n'ont déterminé aucune conséquence, ni heureuse, ni néfaste, dans la marche des événements sociaux ; les autres se récrient, et, élevant la voix, prétendent qu'elles ont eu une influence désastreuse.

Aux premiers, nous répondons qu'ils nient l'évidence même. Il est impossible, en effet, qu'un si vaste déplacement de population, qu'un va-et-vient si régulier entre l'Europe et l'Asie, qu'un frottement si persévérant entre tant de peuples divers, que de telles explosions bouleversant périodiquement l'atmosphère sociale, n'aient pas modifié profondément les conditions vitales des nations.

Dans une *Histoire universelle*, en cours de publication (1), nous lisons que les progrès amenés par les Croisades, se seraient produits sans elles, par le seul moyen du temps. C'est là un sophisme. Que dirait-on si nous appliquions ce principe à toutes les grandes dates, et, en particulier, à celle de 89, et si nous affirmions que les progrès, dont nous sommes si fiers, auraient vu le jour, à la longue, sans la crise dont la fin du dernier siècle a été témoin. Une commotion, assurément, n'engendre pas, à elle seule, un ordre de choses nouveau. Toute révolution a des origines secrètes qui la préparent et qui l'annoncent. Il n'en reste pas moins vrai que

(1) Sous la direction de MM. Lavisse et Rambaud.

le choc opère une brusque rupture et rend le milieu propice aux opérations futures.

Des millions d'hommes ne se sont pas battus, durant plusieurs siècles, sur la lisière de deux mondes, le monde occidental et le monde oriental, sans bouleverser *quelque peu* l'air ambiant.

Aux seconds, nous répondons par l'exposé suivant des résultats des Croisades à l'*Intérieur* et à l'*Extérieur*.

Les Croisades ont été le triomphe de la chevalerie et celle-ci a été le triomphe de l'âme sur la matière, suivant le mot préféré de Michelet.

Pour la première fois, l'Europe, nous l'avons déjà dit et nous ne saurions assez le répéter, combattait pour une idée, pour une croyance. De la main qui bâtissait les cathédrales, notre ancêtre prenait la lance et partait pour une entreprise qui, dans sa pensée, se liait intimement à celle qu'il délaissait pour un instant. Si la guerre, comme l'ont écrit des esprits éminents, est le creuset mystérieux où s'épurent les nations (1), quels effets ne dût pas produire sur toute une génération cette guerre, d'où les ressorts purement humains, l'ambition, l'intérêt, étaient bannis et à laquelle présidait l'inspiration la plus élevée (2).

Il y avait des trésors inépuisables de virilité dans ces populations, qui s'enflammaient ainsi pour l'idéal.

L'avenir, qui appartient toujours aux forts de caractère, leur appartenait assurément. Les Croisades furent le stimulant moral des grands siècles chrétiens du moyen-âge.

Chez les peuples jeunes, la fièvre est ardente ; il y a tension des nerfs et exagération de vie. Les chevauchées lointaines offraient une issue à des bouillonnements que le sol natal ne pouvait contenir. Si l'Asie eût ouvert plus tôt son littoral, les Normands n'eussent point songé à la conquête

---

(1) V. de Maistre : *Soirées de Saint-Pétersbourg* ; Louis Veuillot : *La Guerre et l'Homme de guerre.*

(2) Ici, nous avons principalement en vue la première Croisade.

de la Grande-Bretagne. Quand le signal du départ pour Jérusalem retentit, les Normands de Robert Guiscard se trouvaient en Sicile, à mi-chemin de la Palestine. Les Croisades terminées, c'est-à-dire l'issue fermée, la guerre de Cent Ans éclata ; l'Europe redevint champ de bataille (1).

Les expéditions en Terre-Sainte modifièrent la féodalité ; elle ne disparut pas, son existence était une nécessité à cette heure de l'Histoire, mais elle s'humanisa.

Les classes se connurent et se rapprochèrent ; vivant sous la tente en compagnie de tenanciers, souffrant comme eux de la faim et de la maladie, exposé à des dangers communs, le seigneur se lia d'affection avec ses inférieurs. Souvent, il leur dut la vie, et il fut dans l'obligation de témoigner sa reconnaissance par des procédés qui comblèrent en partie les distances.

Les grands engagèrent leurs terres pour subvenir, soit aux frais de leur équipement, soit à la charge des hommes d'armes. Ils empruntèrent à leurs vassaux. De créanciers, ils passèrent ainsi au rang de débiteurs. La propriété se morcela au profit des déshérités.

Les villes furent gratifiées de franchises nombreuses. A la fin du xiii° siècle, toutes les villes de France possédaient une organisation communale.

---

(1) Du discours sur les Croisades, prononcé à la Faculté des Lettres, le 22 février de cette année 1895, par M. Desdevises du Dézert, professeur d'histoire à ladite Faculté, nous détachons le passage qui suit : « N'est-il pas vrai que la France soit la nation la plus prompte à l'enthousiasme, et la plus éprise d'idéal? Nous nous battons pour des idées, et quoique le monde en rie, nous voyons en cet idéal et en cet enthousiasme le meilleur et le plus pur de notre gloire. Nous nous sommes battus pour la Foi, pendant les Croisades, comme nous avons guerroyé pour l'Indépendance avec Jeanne d'Arc, comme nous avons lutté pour la Liberté sous la République, comme nous lutterons peut-être un jour pour la Justice sociale, si nos rêves, encore incohérents, mais généreux, viennent jamais à prendre corps et à se réaliser. Nous avons changé d'idéal à travers les âges, mais nos cœurs n'ont point changé ; et tous ceux d'entre nous qu'enflamme encore une parole sonore, un grand mot, une noble image, doivent reconnaître leurs pères dans ces héroïques soldats qui abandonnèrent famille et patrie pour retirer des mains des Infidèles le tombeau de leur Seigneur. »

L'homme de main-morte était attaché à la glèbe. En déclarant que personne ne pourrait empêcher un chrétien de se croiser, l'Eglise brisa du coup, sur ce point spécial, la chaîne qui rivait le tâcheron à la terre du maître ; le bris d'un premier anneau détermina d'autres ruptures.

Dans un ouvrage protestant que nous avons sous les yeux, il est dit que les initiateurs de la Croisade, ne pouvant prévoir les progrès qui devaient, avec le temps, surgir de leur entreprise, ne sauraient être déclarés responsables du bien qui en fut la suite.

L'objection est plaisante. Lorsque Christophe Colomb quitta les ports de l'Espagne pour cingler vers les côtes inconnues de l'Amérique, put-il prévoir l'illustration future de Washington et les magnificences récentes de l'Exposition de Chicago ? Son mérite, pour cela, en est-il moindre ?

A l'extérieur, les Croisades consacrèrent la suprématie de la France, non seulement en Europe, mais dans le monde entier. Longtemps, les Arabes n'ont désigné les Européens que sous le nom de Français. La réputation universelle de notre beau pays date d'Urbain II et de Godefroy de Bouillon. Sans doute, Charlemagne avait porté au loin la renommée du peuple qu'il commandait, mais la splendeur dont le grand empereur avait entouré sa couronne, ne dépassait guère les limites de l'Occident. C'est maintenant l'Orient qui s'incline à son tour et qui apprend que, là-bas, près de l'Océan, entre les Alpes et les Pyrénées, il est un pays, petit en étendue, fertile en héros, où les preux germent à l'envi.

C'est également des Croisades que date l'universalité de la langue française.

Au XIVe siècle, un Anglais s'exprimera ainsi dans un traité sur la manière de parler français :

« Du doulz françois, qui est la plus bêle et la plus gracious langage et plus noble parler (après latin d'escole), qui soit au monde et de tous gens mieulx prisée et amée que nul autre. Quar Dieux le fist si doulce et amiable principalement à l'oneur et loenge de luy mesme. Et pour ce, il peut l'en comparer au parler des angels du ciel pour la grant doulceur et biaultée d'icel. »

Un siècle auparavant, en 1284, le maître du Dante, Brunetto Latini, tenait à ne point se laisser distancer en éloges :

« Et ce aucuns, écrivait-il, demandoit porquoi cist livre est escris en romans, selonc le langage des François, puisque nos somes Italiens, je diroie que ce est porce que françois est plus delitaubles langages et plus communs que moult d'aultre (1). »

Mais, dira-t-on, la langue française, par les qualités de clarté, de précision et de logique qui la distinguent, est assurée d'une extension inévitable. Le latin aussi brille par les mêmes qualités. Si la légion conquérante ne l'avait pas portée jusqu'aux extrémités de l'univers, alors connu, la langue de Rome, en dépit de ses beautés, se serait étiolée sur place, à l'instar de la langue d'Athènes. Elle aurait fait les délices des lettrés ; elle n'aurait jamais été le parler de la ville et des nations, *urbis et orbis*. Au XIe siècle, la langue française n'avait aucun droit à l'empire du monde ; elle sortait des langes ; elle n'avait pas encore dépouillé les bégaiements de son berceau. Il fallut la prodigieuse poussée des Croisades pour la répandre en tous lieux.

Tout prospère en même temps. La navigation se développe ; les marines renouvellent leur matériel, les vaisseaux deviennent plus légers, plus confortables et d'un maniement plus facile et plus prompt. Le commerce se crée de nouveaux débouchés ; les produits exotiques envahissent les marchés ; la canne à sucre croît en Italie et en Espagne ; l'industrie cherche et trouve des ressources pour fournir en toute hâte à l'approvisionnement et à l'armement de nombreuses armées ; pour entrer en pourparlers avec les nations étrangères que les corps expéditionnaires parcourent, des interprètes sont nécessaires ; on étudie les dialectes orientaux, et, à Paris,

---

(1) Citations empruntées au *Bibliophile français*. (Livraison de mars 1873.)

des professeurs enseignent l'arabe. Il n'est pas jusqu'à l'astronomie, la médecine et l'alchimie, cette mère trop méprisée de la chimie moderne, qui ne gagnent à ces multiples explorations chez les Asiatiques méditerranéens, peuples fins, curieux et observateurs.

Nous ne dirons rien de l'architecture.

Il est difficile de savoir ce que nos architectes ont pris aux constructeurs de minarets et de mosquées. On peut présumer que les problèmes de statique et de perspective, résolus par les hardis ouvriers sortis de Bagdad et du Caire, attirèrent l'attention des maîtres d'œuvre croisés, à une époque où l'art roman s'ingéniait à s'enrichir de formules savantes et où l'art ogival brodait dans les airs ses arcs et ses flèches (1).

Les expéditions d'Orient, durant les deux siècles de leur durée, ont fait périr, dit-on, deux millions d'hommes. Oui, mais elles en ont délivré vingt millions (2).

La comparaison classique, empruntée aux inondations du Nil, est ici à sa place.

Périodiquement, le célèbre fleuve égyptien franchit ses rives, et envahit la campagne, roulant dans ses flots jaunâtres, arbustes, murailles et habitations.

L'étranger, témoin de ce spectacle, pourrait croire à une irrémédiable catastrophe. Les eaux se retirent ; elles déposent sur le sol un limon fertile, richesse merveilleuse de ce pays privilégié !

Les Croisades, dit-on encore, n'ont pas eu de succès.

Il faut distinguer.

---

(1) Pour plusieurs auteurs, l'idée première du style ogival serait originaire de l'Arabie. Il est, aujourd'hui, complètement acquis que l'art ogival est un art français. La Grèce et la France sont les deux seuls pays qui aient su créer un style d'architecture.

(2) La France fut si peu appauvrie en hommes, par le fait des guerres d'outre-mer, qu'au XIIIe siècle, après huit expéditions auxquelles elle participa dans une mesure toujours large, elle possédait un chiffre de population supérieur à celui d'aujourd'hui, et pourtant son étendue topographique était alors moins considérable. (V., sur la population au XIIIe siècle, L. Delisle : *Etudes sur la condition des classes agricoles au moyen-âge.*)

Au point de vue de la conquête militaire, elles ont échoué ; au point de vue des résultats pratiques, elles ont réussi.

On a remarqué que l'Europe n'avait jamais pu créer d'établissement considérable en Orient. Alexandre s'avança jusqu'aux bords du Gange et n'y fonda qu'un empire éphémère. Les Romains n'osèrent aller au delà de l'Euphrate. Napoléon s'est arrêté après avoir touché aux Pyramides.

Tout démontre que, là, le possesseur n'est qu'un locataire de passage (1).

Si la Croisade chrétienne n'arriva pas à arracher aux mains musulmanes le tombeau du Christ, elle arrêta la marche des peuples d'Orient, refoula le Croissant, purgea le lac méditerranéen des flottilles qui l'infestaient et blessa au cœur les monarchies asiatiques. Deux ou trois siècles de sécurité s'écouleront jusqu'à l'instant où les Turcs, qui absorberont de plus en plus les royaumes de Mahomet, redeviendront un sujet d'alarme. Un suprême effort de l'Europe chrétienne anéantira, à Lépante, les espérances du nouveau maître de Byzance et réduira à l'état de vieillard mourant cet athlète, qui avait juré d'étreindre dans ses bras le monde entier. La diplomatie prête aujourd'hui à la Turquie un semblant de vie. Si les intérêts plus ou moins éclairés des nations occidentales ne prolongeaient pas les derniers souffles de sa lente agonie, le corps musulman roulerait dans les eaux du Bosphore et irait, cadavre décomposé, échouer contre nous ne savons quel rivage.

Chateaubriant a laissé, sur les Croisades, une page éloquente que nous nous plaisons à citer :

« Les écrivains du dix-huitième siècle, a-t-il dit, se sont plu à représenter les Croisades sous un jour odieux. J'ai réclamé un des premiers contre cette ignorance ou cette injustice. Les Croisades ne furent des folies, comme on

---

(1) Grâce à sa marine, l'Angleterre a l'espoir d'accaparer l'Orient. Depuis que les progrès de la chimie ont permis à une torpille de renverser et de briser un cuirassé, quel peuple peut se flatter de posséder longtemps l'empire des mers.

affectait de les appeler, ni dans leur principe, ni dans leur résultat.

» Les chrétiens n'étaient point les agresseurs. Si les sujets d'Omar, partis de Jérusalem, après avoir fait le tour de l'Afrique, fondirent sur la Sicile, sur l'Espagne, sur la France même, où Charles Martel les extermina, pourquoi des sujets de Philippe Ier, sortis de la France, n'auraient-ils pas fait le tour de l'Asie pour se venger des descendants d'Omar jusque dans Jérusalem ? C'est un grand spectacle sans doute que ces deux armées de l'Europe et de l'Asie, marchant en sens contraire autour de la Méditerranée, et venant, chacune sous la bannière de sa religion, attaquer Mahomet et Jésus-Christ au milieu de leurs adorateurs. N'apercevoir dans les Croisades que des pèlerins armés qui courent délivrer un tombeau en Palestine, c'est montrer une vue très bornée en histoire. Il s'agissait non seulement de la délivrance de ce tombeau sacré, mais encore de savoir qui devait l'emporter sur la terre, ou d'un culte ennemi de la civilisation, favorable par système à l'ignorance, au despotisme, à l'esclavage, ou d'un culte qui a fait revivre chez les modernes le génie de la docte antiquité, et aboli la servitude. Il suffit de lire le discours du pape Urbain II au Concile de Clermont, pour se convaincre que les chefs de ces entreprises guerrières n'avaient pas les petites idées qu'on leur suppose, et qu'ils pensaient à sauver le monde d'une inondation de nouveaux barbares. L'esprit du mahométisme est la persécution et la conquête ; l'Evangile, au contraire, ne prêche que la tolérance et la paix. Aussi, les chrétiens supportèrent-ils pendant sept cent soixante-quatre ans tous les maux que le fanatisme des Sarrasins leur voulut faire souffrir ; ils tâchèrent seulement d'intéresser en leur faveur : mais ni les Espagnes soumises, ni la France envahie, ni la Grèce et les deux Siciles ravagées, ni l'Afrique entière tombée dans les fers, ne purent déterminer, pendant près de huit siècles, les chrétiens à prendre les armes. Si enfin les cris de tant de victimes égorgées en Orient, si les progrès des barbares, déjà aux portes de Constantinople, réveillèrent la chrétienté et la firent courir à sa propre défense, qui oserait dire que la cause des guerres sacrées fut injuste ? Où en serions-nous si nos pères n'eussent repoussé la force par la force ? Que l'on contemple la Grèce, et l'on apprendra ce que devient un peuple sous le joug des Musulmans. Ceux qui s'applaudissent tant aujourd'hui du progrès des lumières, auraient-ils donc voulu voir régner parmi nous une religion qui a brûlé la bibliothèque d'Alexandrie, qui se fait un mérite de fouler aux pieds les hommes, et de mépriser souverainement les lettres et les arts.

» Les Croisades, en affaiblissant les hordes mahométanes au centre même de l'Asie, nous ont empêchés de devenir la proie des Turcs et des Arabes. Elles ont fait plus : elles nous ont sauvés de nos propres révolutions ; elles ont suspendu, par la *paix de Dieu*, nos guerres intestines.

» Quant aux autres résultats des Croisades, on commence à convenir que ces entreprises guerrières ont été favorables aux progrès des lettres et de la civilisation. Robertson a parfaitement traité ce sujet dans son *Histoire du commerce des anciens aux Indes orientales*. J'ajouterai qu'il ne faut pas, dans ces calculs, omettre la renommée que les armes européennes ont obtenue dans les expéditions d'outre-mer. Le temps de ces expéditions est le temps héroïque de notre histoire ; c'est celui qui a donné naissance à notre poésie épique. Tout ce qui répand du merveilleux sur une nation ne doit point être méprisé par cette nation même. On voudrait en vain se le dissimuler, il y a quelque chose dans notre cœur qui nous fait aimer la gloire ; l'homme ne se compose pas absolument de calculs positifs pour son bien et pour son mal, ce serait trop le ravaler (1). »

À ces judicieuses réflexions, joignons le jugement de M. Guizot.

« Les Croisades, a-t-il dit, ont été toute autre chose que des

(1) *Itinéraire de Paris à Jérusalem*.

guerres et des conquêtes ; leur vrai et propre caractère, c'était d'être la lutte du christianisme contre l'islamisme, de la féconde civilisation européenne contre la barbarie et l'immobilité asiatique (1). »

Le célèbre Balmès, appelé à juste titre le Bossuet de l'Espagne, confirme, de son incontestable autorité, cet aveu de l'historien protestant.

« Les Croisades, écrit-il, loin d'être considérées comme un acte d'autorité, sont avec raison regardées comme un chef-d'œuvre de politique, qui, après avoir assuré l'indépendance de l'Europe, conquit aux peuples chrétiens une prépondérance décidée sur les Musulmans. L'esprit militaire grandit et se fortifia par là chez les nations européennes ; ces nations conçurent toutes un sentiment de fraternité qui les transforma en un seul peuple. L'esprit humain se développa sous plusieurs aspects ; la féodalité fut poussée vers sa ruine entière ; la marine fut créée ; le commerce favorisé aussi bien que l'industrie. La société reçut ainsi des Croisades la plus puissante impulsion dans la carrière de la civilisation. En un mot, il n'existe pas, dans les fastes de l'histoire, un événement aussi colossal que celui des Croisades (2). »

« Si l'on veut, dit M. de Falloux, peser exactement l'importance des Croisades, qu'on se demande quel serait aujourd'hui le résultat de ces expéditions si les Papes avaient été plus écoutés, si les peuples avaient été plus fidèles à leurs vrais intérêts ? L'Egypte et la Grèce seraient des provinces chrétiennes ; Constantinople rivaliserait avec Londres ; Jérusalem consolée se réjouirait avec Rome, et la barbarie, reculant de deux mille lieues, aurait cédé la place, avec moins d'effusion de sang qu'il n'en coûte à l'Europe, par siècle, en querelles intestines, sur un espace de cent lieues carrées (3). »

Aussi, le grave de Bonald n'avait-il pas raison de s'écrier :

---

(1) *Hist. de France*, chap. XVII.
(2) *Le protestantisme comparé au catholicisme dans ses rapports avec la civilisation européenne*; t. II, ch. XLII, p. 354, édit. Débécourt.
(3) *Vie de saint Pie V.*

« Malheur au temps et aux peuples chez qui les motifs qui inspirèrent les Croisades ont pu être attaqués impunément par des déclamations de rhéteur, ou défigurés par des subtilités de sophistes (1). »

Voltaire a ri des Croisades ; il a ri également de Jeanne d'Arc. Mais le rire n'a jamais constitué un jugement historique. Cet épisode de la vie de Voltaire eût été sans importance, si les encyclopédistes, qui prenaient le mot d'ordre à Ferney, n'eussent imité le maître. De là un long dédain pour la plus grande épopée du moyen-âge. Le jour viendra, et il commence à poindre, à en juger par les publications parues depuis une vingtaine d'années, où l'injustice sera réparée.

Ce problème de la disparition de l'islamisme et de son remplacement par un état chrétien, a tourmenté, dans le cours des temps, les plus grands esprits.

On sait que Christophe Colomb n'avait qu'un but, en cherchant, à travers l'Océan, la route directe des Indes, celui d'amasser des trésors pour entreprendre la délivrance du tombeau du Christ (2).

Le P. Joseph, le bras droit de Richelieu, la célèbre « Eminence grise », était hanté par l'idée d'une nouvelle Croisade. Il fit, en vue de son projet, le voyage de Rome. L'ambition de la Maison d'Autriche fut un obstacle à l'entreprise (3).

Un écrivain allemand, philosophe, mathématicien et homme d'Etat à large envergure, Leibnitz, avait conçu le plan de la disparition totale de l'empire mahométan.

Il s'en ouvrit à Louis XIV, dans un rapport remarquable (4). Après avoir fait cet aveu, douloureux à son patriotisme national, que la France seule pouvait exécuter le projet, il exposait au roi que le côté vulnérable de la puissance musul-

(1) *Législation primitive*; t. III.
(2) V. *Christophe Colomb*, par M. Roselly de Lorgues.
(3) Voir l'ouvrage : *Le P. Joseph*, par Gustave Fagniez.
(4) V. *Voyages en Hanovre, années 1803 et 1804*, par M. Mangourit, agent diplomatique.

mane était, non à Jérusalem, mais en Egypte, comme l'avait admirablement compris saint Louis (1); qu'en conséquence, il fallait frapper un grand coup aux pieds des Pyramides, s'emparer, de cette manière, de la clef des Indes, remonter ensuite vers l'Asie mineure, proie facile à saisir, et couper toute issue, en Orient, aux armées campées sous les murs de Constantinople. Privée de ses ressources nécessaires, la Turquie serait ainsi à la merci de la France. Occupé à combattre les alliés, Louis XIV n'eut pas le loisir d'examiner cette combinaison, qui dénotait chez son auteur la perspicacité d'un homme d'Etat.

Et maintenant, l'ère des Croisades est-elle fermée ?

Nos ancêtres luttaient *pro aris et focis*. L'avenir ne verra-t-il pas un autre soulèvement de l'Europe ? Ne viendra-t-il pas un jour où un Urbain II convoquera, à nouveau, sous un même étendard, tous les peuples ardents à défendre leurs autels et leurs foyers ?

Récemment, le chancelier allemand a prononcé de graves paroles : Au siècle prochain, a-t-il assuré, l'axe des champs de batailles sera déplacé, les nations européennes auront à se garder des attaques d'une autre partie du monde habité.

Ces mots, aux allures prophétiques, ont paru une énigme.

Un publiciste de talent, M. Arthur Loth, a peut-être soulevé le voile qui cache le mystère, lorsqu'il a écrit la page suivante :

« Chaque fois que des événements surgissent en Extrême-Orient, l'attention de l'Europe se trouve éveillée par une sorte de curiosité et d'angoisse mystérieuses. On sent que quelque chose d'extraordinaire est caché dans ces profondeurs de peuples. Il y a là un inconnu, un avenir qui font songer.

» Notre petit monde européen n'est rien comme étendue et comme population auprès de ces immenses contrées de l'Orient. Il les domine par la supériorité de sa civilisation ; mais du jour où nos arts et nos industries auront passé chez

---

(1) Napoléon l'avait compris également. De là l'expédition d'Egypte.

elles, du jour où celles-ci seront parvenues au même degré de culture morale et matérielle que nous, elles nous accableront de toute la force du nombre et de l'étendue.

» Tout ce qui se passe dans ces pays lointains intéresse de plus en plus notre Occident. Les mouvements de peuples, les conflits, les progrès de l'art militaire, les rapports plus intimes avec les Etats européens, tout cela rapproche cet avenir, plus ou moins voisin, qui mettra le vieux monde asiatique en contact direct avec l'Europe moderne.

» A cette époque-là, quand la Chine et le Japon, l'Inde et la Perse auront nos armées, notre outillage de guerre, nos moyens de communication, nos sources de richesse et de crédit, tout ce qui fait aujourd'hui notre supériorité, s'il survient un conflit d'intérêts, un choc de races entre les deux mondes, ce sera la lutte d'un petit continent de dix millions de kilomètres carrés et de trois cent millions d'habitants avec un immense continent d'une superficie quintuple et d'une population triple de la sienne (1). »

Lorsque l'heure de ce gigantesque conflit, qui apparaît déjà comme un point noir à l'horizon, aura sonné, les législations, les institutions, les trônes, que l'on croit volontiers aujourd'hui assis sur des bases inébranlables, se seront évanouis ; ils mêleront leurs débris à la poussière des archives et des chemins ; et la Papauté sera encore debout !

Les préjugés auront disparu. Les peuples tendront alors les bras vers le seul pouvoir que respectent les tempêtes.

Au nom de ces Croisades calomniées, qui les ont déjà sauvées du fanatisme asiatique, les nations européennes demanderont une fois de plus à Celui qui tient entre ses mains la Croix invincible, de les arracher à la barbarie.

(1) Journal *la Vérité*, 3 août 1894.

APPENDICE

I

LETTRE DE L'EMPEREUR DE CONSTANTINOPLE

A Robert, comte de Flandre, et aux princes chrétiens, pour leur demander du secours (année 1095).

(Martene, *Thes. Anecd. I*, 267, ex mss. duobus, uno monasterii S. Albini, altero monasterii S. Ebrulfi.)

(1) Domino et glorioso Flandrensium comiti Roberto et omnibus totius regni principibus, Christianæ fidei amatoribus, tam laïcis quam clericis, imperator Constantinopolitanus, salutem et pacem in eodem Domino nostro Jesu Christo, et Patre ejus, ac Spiritu sancto.

O inclytissime comes, et maxime fidei consolator, notificare prudentiæ vestræ volo quantum sanctissimum imperium christianorum Græcorum angustiatur fortiter à Pincinacis (2) et Turcis quotidie, et deprædatur et acquiritur sine intermissione, et fiunt cædes universæ, et inenarrabiles christianorum interfectiones et derisiones. Sed quia sunt multa mala, quæ agunt, et, ut diximus, inenarrabilia, de multis dicamus pauca, quæ tamen sunt auditu horribilia, et conturbant etiam ipsum aerem. Nam pueros et juvenes christianorum circumcidunt super baptisteria christianorum, et circumcisionis sanguinem in despectum Christi fundunt in eisdem baptisteriis, et desuper eos mingere compellunt, et deinceps in

---

(1) Scripta fuisse videtur anno 1095, quo Alexis ad Urbanum II concilium in Placentina civitate celebrantem legationem misit, ipsum, omnesque Christi fideles suppliciter imploravit, ut aliquod auxilium sibi contra paganos pro defensione sanctæ Ecclesiæ conferrent, quam pagani jam in illis partibus deleverant, qui partes illas usque ad muros urbis Constantinopolitanæ civitatis obtinuerant, inquit Bartholdus Constantiensis.

(2) Al., Pincinatis.

circuitu ecclesiæ eos violenter deducunt, et nomen et fidem sanctæ Trinitatis blasphemare compellunt. Illos vero nolentes, ex diversis pœnis affligunt, et ad ultimum eos interficiunt. Nobiles vero matronas ac earum filias deprædatas invicem succedendo ut animalia adulterando deludunt. Alii vero corrumpendo turpiter virgines statuunt ante facies earum matres, compellentes eas nefarias et luxuriosas decantare cantilenas, donec compleant stupra ipsa sua nefaria. Sic enim legimus actum in Dei populo antiquitus, quibus impii Babylonii post diversa delubria deridendo dicebant: Hymnum cantate nobis de canticis Sion (Ps. cxxxvi, 3). Sic et in stupro filiarum matres compellunt nunc cantare cantilenas nefarias, quarum voces non cantum, sed magis, ut credimus, plus resonant planctum sicut scriptum est in morte innocentium : Vox in Rama audita est, ploratus et ululatus multus: Rachel plorans filios suos, et noluit consolari quia non sunt (Matth., II, 18). Sed licet matres innocentium, quæ per Rachel figurantur, non valuerunt consolari pro morte filiorum, valuerunt tamen consolari pro salute animarum. Istæ tamen nullatenus, quod pejus est, consolari valent, quia et in corporibus et in animabus pereunt. Sed quid adhuc ! Veniamus ad deteriora. Totius ætatis et ordinis viros, id est pueros, adolescentes, juvenes, senes, nobiles, servos, et, quod pejus et impudentius est, clericos et monachos, et heu, proh dolor! et quod ab initio non dictum neque auditum est, episcopos Sodomitico peccato deludunt, et etiam unum episcopum sub hoc nefario peccato jam crepuerunt. Loca vero sancta innumerabilibus modis contaminant et destruunt et pejora eis minantur. Et ad hæc quis non plangit? Quis non compatitur ? Quis non horret ? Quis non orat ? Nam pene tota terra ab Jerusalem usque Græciam et tota Græcia cum suis regionibus superioribus quæ sunt Cappadocia minor, alia major, Phrygia et Bithynia et minor Phrygia, id est Troja, Pontum, Galatia, Libya, Pamphylia, Isauria, Lycia et insulæ principales Chios et Militina, et multæ aliæ regiones et insulæ, quas non valemus modo enumerare, usque Thracias, ab eis jam invasæ sunt, et fere jam nihil remansit, nisi Constantinopolis, quam ipsi minantur citissime nobis auferre, nisi auxilium Dei et fidelium Christianorum Latinorum velociter subvenerit. Nam et Propontidem, qui et aridus dicitur, et ex Ponto juxta eamdem Constantinopolim in mare Magnum decurrit, cum ducentis navibus invaserunt, quas Græci ab eis prædati fabricaverunt, et remigiis, velint, nolint, decucunt et minantur tam per terram quam per eamdem Propontidem Constantinopolim, ut diximus, velociter capere. Hæc pauca de innumerabilibus malis, quæ hæc impiissima gens agit diximus et scripsimus tibi, comes Flandrensium, christianæ fidei amator. Cætera vero ob fastidium legentium dimittamus.

Igitur pro Dei nomine et pro omnium Græcorum christianorum pietate rogamus, ut quoscumque fideles, Christi bellatores, tam majores quam minores, cum mediocribus in terra tua acquirere poteris ad auxilium mei et Græcorum christianorum, huc deducas, et sicut Galiciam et cætera Occidentalium regna anno præterito a jugo paganorum aliquantulum liberaverunt, ita et nunc ob salutem animarum suarum regnum Græcorum liberare tentent, quoniam ego, quamvis imperator, nullum tamen mihi remedium, neque idoneum consilium scio invenire, sed semper a facie Turcorum et Pincinacorum fugio, et tandiu in singula civitate maneo, donec adventum eorum prope sentio. Et melius subjectus esse vestris Latinis cupio quam paganorum delubriis. Ergo antequam capiatur ab eis Constantinopolis, certare totis viribus maxime debetis, ut gloriosam et ineffabilem mercedem in cœlo gaudentes recipiatis. Nam melius est ut vos habeatis Constantinopolim quam pagani, quia in ea habentur pretiosissimæ reliquiæ Domini, id est statua ad quam fuit ligatus, flagellum unde fuit flagellatus, chlamys coccinea qua fuit indutus, corona spinea qua fuit coronatus, arundo quam vice sceptri manibus tulit, vestimenta quibus ante crucem spoliatus fuit, pars maxima ligni crucis in qua crucifixus fuit, clavi quibus affixus fuit, linteamina post resurrectionem in sepulcro inventa, duodecim cophini fragmentorum de quinque panibus et duobus piscibus, caput cum capillis integrum et barba sancti Joannis Baptistæ, reliquiæ vel corpora multorum innocentium, quorumdam prophetarum et apostolorum, et martyrum et maxime sancti Stephani protomartyris, et confessorum et virginum, quæ ob nimium incrementum singulariter scribere intermisimus. Quæ tamen omnia prædicta Christiani, magis quam pagani habere debent et numinem magnum erit omnibus christianis, si hæc omnia habuerint; detrimentum vero et judicium, si perdiderint. Quod si ab hoc certare noluerint, et aurum magis amaverint, in ea plus invenient aurum quam in toto mundo. Nam soli thesauri ecclesiarum Constantinopolis in argento, auro, gemmis et lapidibus pretiosis et panicis sericis, id est palliis, sufficere possent omnibus mundi ecclesiis; quos tamen omnes thesauros inæstimabiliter thesaurus matris ecclesiæ, scilicet Sanctæ Sophiæ, id est Dei sapientiæ, superat, et absque dubio thesauro templi Salomonis coæquari potest. Quid iterum de infinito nobilium thesauro dicam, cum thesaurum negotiatorum rusticorum, nemo æstimare possit? Quid invenitur in præteritorum imperatorum thesauris? Pro certo dico non erit lingua quæ illum recitare valeat;

quoniam non solum Constantinopolitanorum imperatorum ibi thesaurus habetur, sed etiam omnium antiquorum romanorum imperatorum thesaurus ibi est translatus et in palatiis absconditus. Quid amplius dicam? Quod certe patet oculis hominum, nihil est quantum ad illud absconditum. Currite ergo cum tota gente vestra, et omnibus vestris viribus certate, ne talis thesaurus in manibus Turcorum et Pincinatorum cadat, quia cum sint infinita, adhuc LX millia exspectantur quotidie, et timeo ne per illum thesaurum paulatim nostros seducant cupidos milites, quemadmodum Julius Cæsar olim fecit, qui regnum Francorum cupiditate invasit, et quomodo Antichristus capturus totum mundum in fine mundi est acturus. Agite ergo dum tempus habetis, ne christianorum regnum, et, quod majus est, Domini perdatis sepulcrum, et inde non judicium, sed mercedem habeatis in cœlum. Amen.

II

CONVOCATION AU CONCILE DE CLERMONT

*Lettre du Pape Urbain II à Lambert, évêque d'Arras
(15 août 1095).*

Urbanus episcopus, servus servorum Dei, dilecto fratri Lamberto, Atrebatensi episcopo, salutem et apostolicam benedictionem.

Noverit dilectio tua nos in proximo novembri, in octavio videlicet Sancti-Martini, apud Clarummontem, annuente Domino, synodale concilium statuisse, ad quod tuam providentiam invitamus, ut, omni occasione seposita, statuto in tempore, prædicto in loco non omittas occurrere. Noveris præterea Cameracensem episcopum missis ad nos litteris ac nuntiis pro Atrebatensi ecclesia vehementer interpellasse, dicentem se et Ecclesiam suam romanis privilegiis esse munitam ; unde oportet prudentiam tuam ad hujus negotii responsionem paratam cum tuis clericis convenire.

Data apud Anicium XVIII kal. augusti.

III

DISCOURS PRÊTÉ A PIERRE L'ERMITE
AU CONCILE DE CLERMONT

Parmi la douleur que je souffre de la misérable tyrannie dans laquelle les chrétiens de la Terre-Sainte soupirent, je ne puis, quelque extrême tristesse dont j'ay l'âme saisie, que je ne me console ; prévoyant que je ne parleray point en un lieu où mes justes plaintes ne soient ouyes ni reçues. Je ne vous raconterai point ce que j'ai appris, mais bien ce que j'ai veu, et vous confesserez que ce sont les plus cruelles indignités que jamais un homme ait pu voir sans être transi de pitié. Votre attention et mon discours seraient mal employés, si je ne vous disais autre chose, sinon que ceux qui par dévotion ont été invités à visiter le Saint-Sépulcre de celui qui est mort pour nous faire vivre éternellement, sont volés, pillés, battus et assassinés, sans que les infidèles qui leur font tous ces outrages appréhendent aucun châtiment. Mais outre qu'il leur est impossible d'achever leur voyage, sans courir mille dangers de perdre la vie ; ils ne sont pas sitôt arrivés en Terre-Sainte qu'une infinité de très cruels tourments leur est offerte pour récompense des travaux de leur voyage. On leur ferme les portes de la Cité, ou bien on leur vend l'entrée bien cher, et dès qu'ils sont dedans, les infidèles leur font toutes les injures dont ils croient tirer quelque sujet de risée. Cela néanmoins serait peu de chose, si les pauvres pèlerins trouvaient tant soit peu de repos et de patience pour satisfaire à leur dévotion. Mais j'ai vu au milieu des cantiques que nous chantions à l'honneur de Dieu, entrer une troupe de barbares dans notre église, faisant plusieurs insolences pour se moquer du divin service. Ils renversaient les calices sacrés, ils déchiraient les ornements de nos autels, ils outrageaient de coups ceux qu'ils rencontraient à genoux et foulaient aux pieds les prêtres, souillant et profanant ce que nous avions de plus saint. Je vis outre cela qu'ils emmenèrent quelques-uns de notre compagnie ; lesquels sans autre forme de justice, ils battirent de verges un demi-tour par toute la ville, les menèrent sur le soir au lieu où l'on punit les larrons et leur firent souffrir la plus cruelle mort dont ils se purent aviser. Ces cruautés ne sont pratiquées qu'une fois l'an seulement, mais comme les barbares sont accoutumés à les exercer quand il leur plaît, les nôtres se sont aussi préparés à les endurer chaque jour. C'est pourquoi, Très Saint Père, je vous supplie très humblement, de vous représenter ces pauvres misérables, qui sont si souvent et si cruellement tourmentés pour garder une même loi que celle que nous embrassons. Ils n'espèrent d'autres remèdes à leurs afflictions, sinon que Dieu inspire ces grands princes et prélats qui assistent ici de leur donner le secours qu'ils leur doivent, et ne leur peuvent justement refuser. Il y a longtemps qu'ils fussent retirés de la Palestine pour vivre en vagabonds, ainsi que ceux qui sont bannis de leur pays. Mais ils ont toujours estimé qu'il n'y avait rien de plus reprochable aux chrétiens que d'abandonner la terre honorée de la naissance du Sauveur de nos âmes, illustrée par ses prédications, renommée par ses miracles et rendue admirable par son précieux sang. Au reste, je puis vous assurer que la grandeur des Turcs s'augmente de jour en jour, et si vous la laissez abuser plus longtemps de votre patience et de leur force, ils viendront un jour jusque dans vos villes, vous imposer le joug d'une honteuse et insupportable servitude; au lieu que dès cette heure vous les pouvez fort aisément asservir. Si donc, Très Saint Père, et vous princes et prélats qui êtes ici assemblés, l'amour de Dieu et de vos frères chrétiens a quelque pouvoir sur vos cœurs, et s'il vous reste quelques désirs de conserver la foi contre la rage des infidèles, oyez les larmes, les soupirs et les très humbles supplications des misérables chrétiens de la Judée. Ils implorent votre secours et vous conjurent de vous souvenir qu'en cette occasion vous ne soutiendrez point tant leur querelle particulière, comme vous défendrez la cause publique de toute la chrétienté. Et pour quel meilleur sujet pouvez-vous prendre les armes que pour la défense de la loi de Jésus-Christ, la liberté de son pays, l'honneur de sa sépulture, le soulagement de vos frères, votre religion et votre propre salut.

(Michel Vion : *Pierre l'Ermite et les Croisades*.)

IV

DISCOURS ATTRIBUÉS AU PAPE URBAIN II
A CLERMONT

Robert-le-Moine

Gens Francorum, gens transmontana, gens, sicut in pluribus vestris elucet operibus, à Deo dilecta et electa, jam situ terrarum, quam fide catholica, quam honore sanctæ Ecclesiæ, ab universis nationibus segregata. Ad vos sermo noster dirigitur, vobisque exhortatio nostra protenditur : scire vos volumus, quæ lugubris causa ad vestros fines nos adduxerit ; quæ necessitas vestra cunctorumque fidelium attraxerit. Ab Hierosolymorum finibus et urbe Constantinopolitana relatio gravis emersit, et sæpissime jam ad aures nostras pervenit : quod videlicet gens regni Persarum, gens maledicta, extranea gens prorsus a Deo aliena : generatio scilicet quæ nos direxit cor suum, et non est creditus cui Deo spiritus ejus : terras illorum Christianorum invaserit ; ferro, rapina, incendio depopulaverit, ipsosque captivos partim in terram suam abduxerit, partimque nece miserabili prostraverit ; ecclesias Dei aut funditus everterit, aut suorum ritui sacrorum mancipaverit. Altaria suis fœditatibus inquinata subvertunt, christianos circumcidunt, cruorem circumcisionis, aut super altaria fundunt, aut in vasis baptisterii immergunt. Et quos eis placet turpi occubitu mulctare, umbilicum eis perforant, caput vitaliorum abstrahunt, ad stipitem ligant, et sic flagellando circumducunt, quoadusque extractis visceribus solo prostati corruunt : Quosdam stipiti ligatos sagittant : quosdam extento collo et nudato gladio appetunt, et utrum uno ictu truncare possint pertentant. Quid dicam de nefanda mulierum construpratione ? De qua loqui deterius est quam silere. Regnum Græcorum jam ab eis emutilatum est, et suis usibus emancipatum, quod transmeari non potest itinere duorum mensium. Quibus igitur ad hoc ulciscendum, ad hoc eripiendum, labor incumbit ; nisi vobis, quibus præ ceteris gentibus contulit Dominus insigne decus armorum, magnitudinem animorum, agilitatem corporum, virtutem humiliandi, verticem capilli vobis resistentium ? Moveant vos et incitent animos vestros ad virilitatem gesta prædecessorum, probitas et magnitudino Carolimagni regis, et Ludovici filii ejus, aliorumque regnum vestrorum : qui regna Turcorum destruxerunt, et in eis fines sanctæ Ecclesiæ dilataverunt. Præsertim moveat vos sanctum Domini nostri Salvatoris Sepulchrum, quod ab immundis gentibus possidetur, et loca sancta quæ nunc inhoneste tractantur, et irreverenter eorum immundiciis sordidantur. O fortissimi milites, et invictorum propago parentum, nolite degenerare, sed virtutes majorum vestrorum reminiscemini. Quod si vos charus liberorum et parentum et coniugum continet affectus, en recolite quid in Evangelio dicat Dominus : Qui amat patrem aut matrem super me, non est me dignus. Omnis qui reliquerit domum, aut patrem, aut matrem, aut uxorem, aut filios, aut agros, propter nomen meum, centuplum accipiet, et vitam æternam possidebit. Non vos protrahat ulla possessio, ulla rei familiaris sollicitudo, quoniam terra hæc quam inhabitatis clausura maris undique et jugis montium circumdata, numerositate vestra coangustatur, nec copia divitiarum exuberat; et vix sola alimenta suis cultoribus administrat. Inde est quod vos invicem mordetis, et comeditis ; bella movetis et plerumque mutuis vulneribus occiditis. Cessent igitur inter vos odia, conticescant jurgia, bella quiescant, et totius controversiæ dissensiones sopiantur. Viam Sancti Sepulchri incipite ; terram nefariæ genti auferte, eam vobisque subjicite. Terra illa filiis Israel a Deo in potestatem data fuit, sicut Scriptura dicit, quæ lacte et melle fluit. Jerusalem umbilicus est terrarum, terra præ cœteris fructifera, quasi alter paradisus deliciarum. Hanc redemptor humani generis sui illustravit adventum, decoravit conversatione, sacravit passione, morte redemit, sepultura insignivit. Hæc igitur civitas regalis in orbis medio posita, nunc a suis hostibus captiva tenetur, et ab ignorantibus Deum ritui gentium ancillatur. Quærit igitur et optat liberari, et ut ei subveniatis non cessat imprecari. A vobis quidem præcipue exigit subsidium, quoniam a Deo vobis collatum est præcunctis nationibus, ut jam diximus, insigne decus armorum. Arripite igitur viam hanc, in remissionem peccatorum vestrorum, securi de immarcescibili gloria regni cœlorum. (Hæc et idgenus plurima ubi Papa Urbanus urbano sermone peroravit, ita omnium qui aderant affectus in unum conciliavit, ut omnes acclamarent, Deus vult, Deus vult. Quod ut venerandus Pontifex Romanus audivit, erectis luminibus in cœlum, Deo gratias egit, et manu silentium indicens, ait) : Fratres charissimi, hodie in vobis est ostensum, quod Dominus dicit in Evangelio : Ubi duo vel tres fuerint congregati in nomine meo, ibi in medio eorum sum. Nisi enim Dominus Deus in mentibus vestris fuisset, una omnium vestrum vox non fuisset. Licet enim vox vestra numerosa prodierit, tamen origo vocis una fuit. Propterea dico vobis, quod Deus hanc a vobis elicuit, qui vestris eam pectoribus inferuit. Sit ergo vobis vox ista in rebus bellicis militare signum : quia verbum hoc a Deo est prolatum. Cumin hostem fiet bellicosi impetus congressio, erit universis hæc ex parte Dei una vociferatio : Deus vult, Deus vult. Et non præcipimus aut suademus, ut senes aut imbecilles, et usui armorum minime idonei, hoc iter arripiant ; nec mulieres sine coniugibus suis, aut fratribus, aut legitimis testimoniis ullatenus proficiscantur. Tales enim magis sunt impedimento, quam adjumento ; plus oneri, quam utilitati. Divites inopibus subveniant, et expeditos ad bellum de suis facultatibus secum ducant. Presbyteris sine clericis cujuscumque ordinis absque Episcoporum suorum licentia non licet ire ; quoniam inutilis eis fieret hæc via, si irent sine illorum licentia. Quia nec laicis expedit peregrinari, nisi cum sui benedictione sacerdotis. Quicumque ergo hujus sanctæ peregrinationis animum habuerit, et Deo sponstinem inde fecerit, eique se litaturum hostiam vivam, sanctam, Deo placentem, devoverit, signum Dominicæ Crucis froncte sua sine in pectore præferat. Qui vero inde voti compos ingredi voluerit, inter scapulas retro ponat. Tales quippe bifaria operatione complebunt illud Domini præceptum, quod ipse jubet per Evangelium : Qui non bajulat crucem suam et venit post me, non est me dignus.

Baudric de Bourgueil

Audivimus, fratres dilectissimi, et audistis, quod sine profundis singultibus tractare nequaquam possumus, quantis calamitatibus, quantis incommoditatibus, quam diris contritionibus in Jerusalem et in Antiochia et in cæteris orientalis plagæ civitatibus Christiani nostri, fratres nostri, membra Christi flagellantur, opprimuntur, injuriantur germani fratres nostri, contubernales vestri, couterini vestri : nam et ejusdem Christi et ejusdem etiam Dei filii estis : et in ipsis suis domibus hæreditariis ab alienis dominis mancipantur, vel ex ipsis exploduntur, aut inter vos mendicant, aut quod gravius est, in ipsis suis patrimoniis venales exsulant et vapulant. Effunditur sanguis Christianus, Christi sanguine redemptus, et caro Christiana, Christi consanguinea, nefandis ineptiis et servitutibus nefariis mancipatur. Illis in urbibus ubique luctus, ubique miseriæ, ubique gemitus. Suspirio hæc dico : ecclesiæ in quibus olim divina celebrata sunt sacrificia, proh dolor ! ecce animalibus eorum sunt stabula. Nequam homines sanctas occupaverunt civitates. Turcæ spurci et immundi nostris fratribus dominantur. Antiochiæ beatus

Petrus præsedit episcopus : ecce in ipsa Ecclesia gentiles suas collocaverunt superstitiones, et religionem Christianam, quam potissimum coluisse debuerant, ab aula Deo dedicata turpiter eliminarunt.

Prædia sanctorum stipendiis dedita, et nobilium patrimonia sustentandis pauperibus contradita, paganæ tyrannidi subjiciuntur, eisque in proprios usus redactis domini crudeles abutuntur. Sacerdotium Dei humotenus conculcatum est, sanctuarium Dei per nefas ubique profanatum est : si qui adhuc ibi latitant Christiani, ubi audistis, exquiruntur tormentis. De sancta Jerusalem, fratres..... loqui dissimulavimus quod valde de ea loqui pertimescimus, quoniam ipsa civitas, in qua, prout omnes nostis, Jesus Christus pro nobis passus, peccatis nostris exigentibus, sub spurcitiam paganorum redacta, Deique servituti, ad ignominiam nostram dico, subducta est. Quod enim superest imperii nostri tantillum est, Christianorum qui ista promeruimus est dedecus. Cui servit nunc ecclesia beætæ Mariæ in qua ipsa pro corpore sepulta fuit in valle Josaphat? Sed quid templum Salomonis, imo Domini, prætermittimus, in quo simulacra sua barbaræ nationes contra jus et fas modo collocata venerantur? De sepulcro Dominico ideo reminisci supersedemus, quoniam oculis vestris vidistis quantæ abominationi traditum sit.

Inde violenter abstrahunt quas ibi pro cultu illius multoties intulistis oblationes. Ibi nimirum multas et innumeras religioni nostræ ingerunt irrisiones. Et tamen in illo loco (non ignara loquor) requievit Deus : ibi pro nobis mortuus est. Neque equidem ibi Deus hoc annuatim prætermittit facere miraculum, cum in diebus passionis suæ exstinctis omnibus et in sepulcro et in ecclesia circumcirca luminibus, jubare divino lampades exstinctæ reaccenduntur. Cujus pectus silicinum factum tantum miraculum non emolliat? Credite mihi, bestialis homo et insulsi capitis est, cujus cor virtus divina tam præsens ad fidem non verberat, et cum gentiles cum Christianis ita videant communiter, nec emendantur. Perterrentur equidem hi, nec convertuntur ad fidem : nec mirum, quoniam mentis obcæcatio illis dominatur. Quantis afflictionibus vos qui adestis, qui redistis, invaserunt, vos ipsi melius nostis, qui substantias vestras, qui sanguinem vestrum ibi Deo immolastis.

Hæc idcirco, fratres, diximus, ut vos ipsos sermonis nostri testes habeamus. Plures sunt et fratrum nostrorum miseriæ, et ecclesiarum Dei depopulationes, quæ sigillatim possemus referre ; sed instant lacrymæ ac gemitus, et instant suspiria et singultus. Ploremus, fratres, eia ploremus, et cum Psalmista medullitus plorantes ingemiscamus, nos miseri, nos infelices, quorum tempore Dei prophetia ista completa est: *Deus, venerunt gentes in hæreditatem tuam, polluerunt templum sanctum tuum; posuerunt Jerusalem in pomorum custodiam. Posuerunt morticina servorum tuorum escas volatilibus cœli, carnes sanctorum tuorum bestiis terræ. Effuderunt sanguinem ipsorum tanquam aquam in circuitu Jerusalem, et non erat qui speliret (Psal.* LXXVIII). Væ nobis, fratres, nos qui jam *facti sumus opprobrium vicinis nostris, subsannatio et illusio his qui in circuitu nostro sunt (Ibid.).* Condoleamus et compatiamur fratribus nostris, saltem in lacrymis. Nos abjectio plebis facti, et omnibus deteriores, immanissimam sanctissimæ terræ plangamus devastationem. Quam terram merito sanctam diximus, in qua non est etiam passus pedis quem non illustraverit et sanctificaverit vel corpus vel umbra Salvatoris, vel gloriosa præsentia sanctæ Dei Genitricis, vel amplectendus apostolorum commeatus, vel martyrum ebibendus sanguis effusus. Quam beati, o Stephane protomartyr, qui te laureaverunt lapides! Quam felices, o tunc Baptista Joannes, qui tibi ad Salvatorem baptizandum servierunt Jordanici latices! Filii Israel ab Ægyptiis educti, qui Rubri maris transitu vos præfiguraverunt, terram illam armis suis, Jesu duce, sibi vindicaverunt; Jebusæos et alios convenas inde expulerunt, et instar Jerusalem cœlestis Jerusalem terrenam excoluerunt.

Quod dicimus, fratres, audite et intelligite. Vos accincti cingulo militiæ magno supercilio fratres vestros dilaniatis, atque inter vos dissecamini. Non est hæc militia Christi quæ destruit ovile Redemptoris. Sancta Ecclesia ad suorum opitulationem sibi reservavit militiam (ut veritatem fateamur) cujus præcones esse debemus. Non tenetis vere viam per quam eatis ad salutem et vitam. Vos pupillorum oppressores, vos viduarum prædatores, vos homicidæ, vos sacrilegi, vos alieni juris direptores, vos pro effundendo sanguine Christiano exspectatis latrocinantium stipendia, et sicut vultures odorantur cadavera, sic longinquarum partium auspicamini et sectamini bella. Certe via ista pessima est, quoniam a Deo omnino remota est. Porro si vultis animabus vestris consuli, istius modi militiæ cingulum quantotius deponite, et ad defendendam orientalem Ecclesiam velocius concurrite. Hæc est enim de qua totius vestræ salutis emanaverunt gaudia, quæ distillavit in os vestrum divini lactis ubera, quæ nobis propinavit evangeliorum sacrosancta dogmata. Hæc ideo, fratres, dicimus, ut et manus homicidas a fraterna nece contineatis, et pro fidei domesticis vos externis nationibus opponatis, et sub Jesu Christo duce vestro acies

Christiana, acies invictissima, melius quam ipsi veteres Israelitæ pro vestra Jerusalem decertetis, et Turcos qui in ea sunt nefandiores quam Jebusæi impugnetis et expugnetis.

Pulchrum sit vobis in illa civitate mori pro Christo, in qua pro vobis Christus mortuus est. Cæterum si vos antea mori contigerit, id ipsum autumate mori in via, si tamen Christus in sua vos inveverit militia. Deus enim denarii retributor est prima et hora sexta. Horrendum est, fratres, horrendum est vos in Christianos rapacem manum extendere. In Sarracenos gladium vibrare singulare bonum est, quia et charitas est pro fratribus animas deponere. Ne vero de crastinis eventionibus solliciti sitis, sciatis quia timentibus Deum nihil deest, nec iis qui eum diligunt in veritate. Facultates etiam inimicorum nostrorum vestræ erunt, quoniam et illorum thesauros exspoliabitis, et vel victoriosi ad propria remeabitis, vel sanguine vestros purpurati perenne bravium adipiscemini. Tali imperatori militare debetis, cui panis deesse non potest, cui quæ rependat nulla desunt stipendia. Via brevis est, labor permodicus est, qui tamen immarcescibilem vobis rependat coronam. Jam nunc ergo auctoritate loquamur prophetica : *Accingere,* homo unusquisque, *gladio tuo super femur tuum potentissime (Psal.* XLIV). *Accingimini, accingimini,* inquam, *et estote filii potentes, quoniam melius est nobis mori in bello quam videre mala gentis nostræ et sanctorum (I Mach.,* III). Non vos demulceant illecebrosa blandimenta mulierum rerumque vestrarum, quin eatis ; nec vos deterreant perferendi labores, quatenus remaneatis.

Vos, fratres et coepiscopi, consacerdotes et cohæredes Christi, per Ecclesias vobis commissas idipsum annuntiate, et viam in Jerusalem toto ore universaliter prædicate. Confessi peccatorum suorum ignorantiam, securi de Christo celerem impetrent veniam. Vos autem qui ituri estis, habebitis nos pro vobis oratores, nos habeamus vos pro populo Dei pugnatores. Nostrum est orate, vestrum est contra Amalecitas pugnare. Nos extendemus cum Moyse manus indefessas orantes in cœlum ; vos exerite et vibrate intrepidi præliatores in Amalec gladium. Amen.

Guillaume de Tyr

Nostis, fratres dilectissimi, et vestram nosse id expedit charitatem, quomodo humani generis Reparator pro nostra omnium salute carnem assumens, et homo inter homines conversatus, terram promissionis, quam pridem patribus promiserat propria illustravit præsentia, et assumptæ dispensationis operibus, et crebra simul miraculorum exhibitione reddidit specialiter insignem; id enim et Veteris et Novi pene in omnibus syllabis docet series Testamenti. Quadam sane dilectionis præogativa certum est eam dilexisse, ita ut eam orbis partem, imo particulam, hæreditatem suam dignatus est appellare, cum ejus sit omnis terra et plenitudo ejus. Unde per Isaiam ait : *Hæreditas mea Israel (Isa.* xiv). Et item : *Vinea Domini sabaoth domus Israel est (Isa.* v). Et licet totam in partem præcipuam sibi dedicaverit ab initio, peculiarius tamen urbem sanctam sibi adoptavit in propriam, testante propheta qui ait : *Diligit Dominus portas Sion super omnia tabernacula Jacob (Psal.* lxxxvi). De qua gloriosa dicuntur, videlicet quod in ea docens, passus et resurgens Salvator, salutem operatus est in medio terræ. Ad hoc a sæculis est præelecta ut tantorum esset conscia et cella familiaris mysteriorum. Electa nimirum, quod ipse qui elegit testatur dicens: *Et de Jerusalem civitate quam elegi veniet vobis Salvator.*

Quam etsi, peccatis inhabitantium id exigentibus, justo judicio suo in manus impiorum sæpius tradi permiserit Dominus, et duræ jugum servitutis ad tempus eam sustinere passus sit, non tamen arbitrandum est quod eam quasi a se repudiatam abjecerit, cum scriptum sit : *Flagellat Dominus omnem filium quem recipit* (*Hebr.* xii) ; illi vero thesaurizat iram cui dicitur : *Recessit zelus meus a te, jam amplius non irascar tibi* (*Ezech.* xvi). Diligit ergo eam, nec intepuit erga eam dilectionis fervor cui dicit : *Eris corona gloriæ in manu Domini et diadema regni in manu Dei tui ; et non vocaberis amplius desolata, sed vocaberis voluntas mea quia complacuit Domino in te (Isa.* lxii).

Hæc igitur salutis nostræ cunabula, Domini patriam, religioni matrem, populus absque Deo, ancillæ filius Ægyptiæ, possidet violenter, et captivatis liberæ filiis extremas imponit conditiones, quibus versa vice merito servire tenebatur.

Sed quid scriptum est? *Ejice ancillam et filium ejus (Gen.* xxi). Sarracenorum enim gens impia et mundanarum sextatrix traditionum loca sancta, in quibus steterunt pedes Domini, jam a multis retro temporibus violenta premit tyrannide ; subactis fidelibus et in servitutem damnatis, ingressi sunt canes in sancta ; profanatum est sanctuarium, humiliatus est cultor Dei populus, angarias patitur indignas genus electum, servit in luto et in latere regale sacerdotium, princeps provinciarum facta est sub tributo civitas Dei. Cujus non liquefiat anima ? cujus non tabescant præcordia iis ad animum recurrentibus ? Quis hæc siccis occulis audire potest, fratres charissimi ? Templum Domini, de quo zelans Dominus vendentes ejecit et ementes ne domus Patris ejus fieret spelunca latronum, factum est sedes dæmoniorum. Id ipsum enim et Matthathiam sacerdotem magnum, sanctorum progenitorem Machabæorum, ad zelum acccendit commendabilem, sicut ipse testatur dicens: *Templum Domini quasi vir ignobilis, vasa gloriæ ejus abducta sunt captiva (I Mach.* II). Civitas Regis regum omnium, quæ aliis regulas intemeratæ tradidit fidei, gentium superstitionibus cogitur invita deservire. Sanctæ resurrectionis ecclesia, requies dormientis Domini, eorum sustinet imperia, fœdatur spurcitiis eorum qui resurrectionis non habebunt participium, sed stipula ignis æterni perennibus deputabuntur incendiis. Loca venerabilia divinis deputata mysteriis, quæ Dominum in carne susceperunt hospitem, signa viderunt, senserunt beneficia, quorum omnium in se plena fide prætendunt argumenta, facta sunt gregum præsepia, stabula jumentorum. Laudabilis populus, cui benedixit Dominus exercituum, sub angariarum et sordidarum præstationum pondere gemit fatigatus; rapiuntur eorum filii, matris Ecclesiæ chara pignora, ut gentium immunditiis deserviant, et nomen Domini vivi abnegent, vel ore blasphement sacrilego compelluntur: aut impia detestantes imperia cæduntur gladiis more bidentium, sanctis martyribus sociandi. Non est sacrilegis locorum differentia, non est personarum respectus. In sanctuariis occiduntur sacerdotes et levitæ, coguntur virgines fornicari, aut per tormenta perire, nec matronis ætas maturior suffragatur.

Væ nobis qui in hanc tam periculosi temporis descendimus miseriam, quam in spiritu prævidens electus a Domino David, rex fidelis, deplorat dicens: *Deus, venerunt gentes in hæreditatem tuam; polluerunt templum sanctum tuum (Psal.* LXXVIII). Et item: *Populum tuum humiliaverunt et hæreditatem tuam vexaverunt. Utquid, Domine, irasceris in finem, accendetur velut ignis ira tua (Psal.* XCIII)? *Ubi sunt misericordiæ tuæ antiquæ, Domine (Psal.* LXXXVII)? Verumne est quod dicitur: *Non obliviscetur misereri Deus, non continebit in ira sua misericordias suas? Recordare, Domine, quid acciderit nobis, intuere et vide opprobrium nostrum (Thren.* V). Væ nobis! *ut quid nati sumus videre corruptionem populi nostri et contritionem civitatis sanctæ et sedere illic, cum dantur in manibus inimicorum sancta (I Mach.* II).

Vos igitur, dilectissimi, armamini zelo Dei, accingimini unusquisque gladio suo super femur suum potentissime (*Psal.* XLIV). *Accingimini, et estote filii potentes: melius est enim nobis mori in bello quam videre mala gentis nostræ et sanctorum (I Mach.* III). Si quis zelum legis Dei habet, adjungat se nobis. Subveniamus fratribus nostris, *dirumpamus vincula eorum et projiciamus a nobis jugum ipsorum (Psal.* 11). Egredimini et Dominus erit vobiscum. Arma quæ cæde mutua illicite cruentastis, in hostes fidei et nominis Christiani convertite. Furta, incendia, rapinas, homicidia et cætera qualia qui agunt regnum Dei non possidebunt, hoc Deo beneplacito redimite obsequio, ut delictorum quibus Dominum ad iracundiam provocastis, celerem indulgentiam pro vobis obtineant hæc pietatis opera et deprecatio collata sanctorum. Monemus igitur et exhortamur in Domino, et in remissionem peccatorum injungimus, ut fratribus nostris et cœlestis regni cohæredibus (omnes enim invicem sumus membra, hæredes quidem Dei, cohæredes autem Christi [*Rom.* viii]) qui Hierosolymis et in finibus ejus habitant, afflictioni et laboribus compatientes, infidelium insolentiam qui sibi regna, principatus et potestates subjicere contendunt, debita compescatis animadversione, et illis totis viribus occurratis quibus est propositum nomen delere Christianum. Alioquin futurum est ut in proximo Ecclesia Dei jugum indebitæ præferens servitutis, fidei sentiat dispendium, prævalente gentilium superstitione. In quanta enim positi sint afflictione noverunt ex vobis nonnulli qui hæc quæ loquimur oculata conspexerunt fide, et præsens illorum per manum Petri viri venerabilis, qui præsens est, ad nos delata docet epistola. Nos autem de misericordia Dei et beatorum Petri et Pauli apostolorum auctoritate confisi, fidelibus Christianis quia contra eos arma susceperint, et onus sibi hujus peregrinationis assumpserint, immensas pro suis delictis pœnitentias relaxamus. Qui autem ibi in vera pœnitentia decesserint, et peccatorum indulgentiam et fructum æternæ mercedis se non dubitent habituros Interim vero eos qui ardore fidei ad expugnandos illos laborem istum assumpserint, sub Ecclesiæ defensione et beatorum Petri et Pauli protectione, tanquam veræ obedientiæ filios recipimus, et ab universis inquietationibus tam in rebus quam in personis statuimus manere securos. Si vero quispiam molestare eos ausu temerario præsumpserit, per episcopum loci excommunicatione feriatur et tandiu sententia ab omnibus observetur, donec et ablata reddantur et de illatis damnis congrue satisfaciat.

Episcopi vero et presbyteri, qui talibus fortiter non restiterint officii suspensione mulctentur, donec misericordiam sedis apostolicæ obstineant.

Guillaume de Malmesbury

Multa, fratres charissimi, diebus his vobis dicta recolitis, quædam in concilio nostro jussa, quædam inhibita. Inconditum e confusum scelerum chaos exigebat multorum dierum interstitium: velernus morbus volebat cauterium. Dum enim indulgenti fune clementiæ dimittimus lineam, multa modo apostolatus nostri offendit officium quæ præscinderet, nulla quibus parceret. Sed fuerit hactenus humanæ fragilitatis quod peccastis, quod illecebrarum involucris sopiti, cœlestem exasperastis misericordiam, suspensam parvipendendo iracundiam. Fuerit mundanæ temulentiæ quod, legitima non curantes matrimonia, alieni cubilis non pensastis injuriam. Fuerit aviditatis nimiæ quod fratres vestros, illo magno et eodem pretio emptos, ut quisque poterat illaqueantes, contumeliose pecuniis emunxistis. Nunc vobis inter ista peccatorum naufragia constitutis portus placidæ quietis aperitur, nisi negligatis: parvi laboris in Turcos compendio retribuetur vobis perpetuæ statio salutis. Comparate nunc labores quos in scelerum exercitio habuistis et eos quos in itinere quod præcipio habituri estis. Plures vel adulterii vel homicidii meditatio dat timores (nihil enim timidius nequitia, ut ait Salomon [*Sap.* xvii]), multos labores; quid enim laboriosius injustitia? *Qui autem ambulat simpliciter, ambulat confidenter* (*Prov.* x, 9). Horum laborum, horum timorum exitus erat peccatum. *Stipendium* autem *peccati mors* (*Rom.* vi, 23), *mors vero peccatorum pessima (Psal.* xxxiii, 22). Nunc a vobis par labor atque metus pretio meliore petuntur. Horum laborum erit causa charitas, si sic præcepto Dominico admoniti animas pro fratribus ponatis (*I Joan.* iii, 16); charitatis stipendium erit gratia Dei; Dei gratiam sequetur vita æterna. Ite ergo feliciter, ite confidenter ad inimicos Dei persequendos. Illi enim jam pridem (proh quantus Christianorum pudor!) Syriam, Armeniam, omnem postremo Asiam minorem (cujus provinciæ sunt Bithynia, Phrygia, Galatia, Lydia, Caria, Pamphylia, Isauria, Lycia, Cilicia) occuparunt; nunc Illyricum et omnes inferiores terras insolentes inquietant, usque ad mare quod *brachium Sancti Georgii* vocatur. Quid quod Dominicum monumentum, unicum fidei pignus, ditioni suæ vendicant, et ejus urbis introitum peregrinis nostris venditant, quæ solis Christianis patere deberet, si aliquod solitæ virtutis vestigium eis inesset. Hoc si solum esset, frontes nostras onerare sufficeret; jam vero quis ferat nisi multum iners, nisi Christianæ gloriæ invidus, quod non ex æquo divisimus orbem. Illi Asiam, tertiam mundi partem, ut hæreditarium nidum inhabitant, quæ a majoribus nostris æqua duabus residuis partibus et tractum longitudine, et provinciarum magnitudine non immerito æstimata est. Ibi olim devotionis nostræ rami pullularunt, ibi apostoli omnes, præter duos, mortes suas consecrarunt; ibi modo Christicolæ, si qui supersunt, pauperculo agricolatu transigentes inediam, nefandis illis vectigal pensitant, vel tacitis suspiriis vestræ libertatis desiderantes conscientiam, quia perdidere suam. Illi Africam, alteram orbis partem, ducentis jam annis et eo amplius armis possessam tenent, quod ideo Christiani honoris periculum pronuntio, quia fuerit terra illa olim præclarorum ingeniorum altrix, quæ divinis scriptis omnem vetustatis situm a se repellent, quandiu fuerit qui Latinas litteras legat. Norunt litterati quod loquor. Tertium mundi clima Europa restat, cujus quantulam partem inhabitamus Christiani, nam omnem illam barbariem quæ in remotis insulis glacialem frequentat Oceanum, quia more belluina victitat, Christianam quis dixerit? Hanc igitur nostri mundi portiunculam **Turci** et **Sarraceni** bello premunt, jamque a trecentis annis Hispania et Balearibus insulis subjugatis, quod reliquum est spe devorant, homines inertissimi, et qui cominus pugnandi fiduciam non habentes, fugax bellum diligunt. Nunquam enim Turcus pede conserto martem audet; sed pulsus loco longe tendit nervos et permittit vulnera ventis; et quia habet tela mortifero succo ebria, in hominem quem percutit non virtus sed virus mortem facit. Quidquid igitur agit, fortunæ, non fortitudini attribuerim, et quod pugnat fuga, veneno [*al.,* quod pugnat, fuga et veneno]. Constat profecto quod omnis natio quæ in ea plaga nascitur, nimio solis ardore siccata, amplius quidem sapit, sed minus habet sanguinis; ideoque vicinam pugnam fugiunt, quia parum sanguinis se habere norunt. Contra populus qui oritur in arctos pruinis, et remotus est a solis ardoribus, inconsultior quidem, sed largo et luxurianti superbus sanguine, promptissime pugnat. Vos estis gens in temperatioribus mundi provinciis oriunda, qui sitis et prodigi sanguinis ad mortis vulnerumque contemptum, et non careatis prudentia; namque modestiam servatis in castris et in dimicatione utimini consiliis. Itaque scientia et fortitudine prædiit aggredimini memorabile iter, totis sæculis prædicandi si fratres vestros periculo exueritis, præsentibus ex Dei nomine præcipio, absentibus mando. Ituri et Christianitatem propugnaturi, specimen crucis vestibus insigniant, ut intestinæ fidei foras amorem prætendant, habentes per Dei concessum et beati Petri privilegium omnium absolutionem criminum; et hac interim lætitia laborem itineris allevient, habituri post obitum felicis martyrii commercium.

Ponentes ergo ferias sceleribus, ut saltem in his regionibus liceat Christianis pacifice vincere, vadite, illam fortitudinem, prudentiam illam quam in civili conflictu habere consuestis, justiori effundentes prælio. Ite prædicabiles per orbem milites, ite et prosternite ignavas gentes. Eat famosa Francorum virtus cum appendiciis sibi gentibus solo sui nominis terrore totum orbem motura. Sed quid diutius vos immoror, ut fortitudinem gentilium verbis extenuem. I no proponite animis vestris deificam sententiam, *Angusta est via quæ ducit ad vitam (Matth.* vii, 14). Esto ergo ut sit semita itinerantium arcta, plena mortibus, suspecta periculis ; sed hæc eadem vos amissam ducet ad patriam, per multas enim tribulationes oportet vos ingredi in regnum Dei. Spectate ergo animo, si prensi fueritis cruces, spectate catenas, quæcumque denique possunt tormenta infligi; operimini pro fidei vestræ robore horrenda supplicia, ut si necesse fuerit, damno corporum agatis animarum remedium ; mortem ne timetis, viri fortissimi fortitudine et audacia præstantes ? nihil certe poterit comminisci in vos humana nequitia quo superna pensetur gloria. *Non enim sunt condignæ passiones hujus temporis ad futuram gloriam quæ revelabitur in nobis* (*Rom.* viii, 18). An nescitis quod vivere hominibus est calamitas, mori felicitas ? Hæc vobis doctrina, si recordamini, cum lacte matrum affusa est sacerdotum verbo, hanc majores vestri martyres prætenderunt exemplo. Mors enim a cœnulento carcere liberat animas ad proprium locum pro meritis evolaturas ; mors accelerat bonis patriam, mors præscidit reis malitiam ; per mortem ergo liberæ animæ vel oblectantur gaudiis, spe meliora præsumentes, vel fruuntur suppliciis, nihil pejus timentes. Dum autem vinculis corporum irretiuntur trahunt ad ipsis terrulenta contagia, et quod veraciter quis dicat, mortuæ sunt. Nec enim luteum cœlesti, nec divinum mortali pulchre cohæret. Plurimum quidem potest anima etiam nunc corpori juncta ; instrumentum enim suum vivificat, latenter id movens, et ultra mortalem naturam gestis producens. Verumtamen cum sarcina qua in terram trahitur absoluta, proprium locum receperit, beatam et undique liberam participat fortitudinem quomodocunque divinæ naturæ invisibilitati communicans. Gemino ergo functa officio, corpori vitam ministrat cum adest, causam vero mutationis, cum recedit. Videtis quam jucunde anima in dormiente corpore vigilet, et a sensibus seducta pro divina cognatione multa futura prævideat. Cur ergo mortem timetis, qui somni requiem, quæ instar mortis est, diligitis ? Res est nimirum dementiæ pro cupiditate brevis vitæ invidere sibi perpetuam. Quin potius, fratres charissimi, si ita contigerit, ponite pro fratribus animas vestras, vacuate ab impiis Dei sacrarium, extrudite latrones, inducite pios, nulla vos necessitudinis pietas contineat, quia prima hominis pietas in Deum. Nullum natalis soli charitas tricet, quia diversis respectibus Christiano totus est mundus exsilium et totus mundus patria, ita exsilium patria et patria exsilium. Nullum patrimoniorum amplitudo remoretur, quia ampliora sunt quæ promittuntur ; nec ea quæ inani spe miseris adulentur, vel ignavam mentem pigro rerum medicamine palpent, sed crebris exemplis exhibita, frequenti usu comprobata. Et hæc quidem sunt dulcia, sed caduca, et quæ cum temporibus suis centuplicatum pretium importent. Hæc edico, hæc mando, terminumque proximi veris affigo. Aderit Deus euntibus, ut eis bonus arrideat annus, cum copia frugum, tum serenitate temporum, Morituri cœli intrabunt triclinium, victuri videbunt sepulcrum Dominicum ; et quæ major felicitas, quam ut homo in terris agens videat loca illa in quibus cœlorum Dominus conversatus est humanitus. Felices qui ad hæc vocantur munia, ut illa nanciscantur munera ; fortunati qui ista meditantur prælia, ut illa consequantur præmia.

Anonyme

Gratias ago Deo maximas quod vos tanta animarum consensione atque alacritate arma pro Christo Redemptore vestro suscepturos esse ostenditis. Nos autem, ut studia vestra, quoad possumus, adjuvemus, misericordia Dei, et beatorum Petri ac Pauli auctoritate confisi, omnibus qui ad hoc bellum prodierint, omnia pro delictis suis piacula relaxamus, eosque sub Ecclesiæ tutelam ac beatorum Petri et Pauli clientelam tanquam veræ obedientiæ filios suscipimus, et ab omnibus vexationibus corporum fortunarumque tutos esse statuimus.

Foucher de Chartres

Dilectissimi fratres, apostolatus apice Dei permissu orbi terræ prælatus occasione necessaria supereminente, tanquam monitionis divinæ legatus, ad vos Dei servos has in partes condescendi Urbanus. Et quos dispensatores ministeriorum Dei æstimavi, tales et fideles, simulationis explosa eluvione, reperiri optavi. Quod si aliquid gibbosum vel tortuosum, modestia rationis justitiæ semota, contra legem Dei obsistat, præsente suffragamine divino, diligenter expedire satagam. Dominus enim supra familiam suam, ut ei pro tempore pabula modesto sapore condita ministretis, vos dispensatores constituit. Beati autem eritis, si fideles tandem dispensationis exactor vos invenerit. Pastores etiam nuncupamini : videte autem ne mercenarii more fungamini. Veri ergo pastores, et baculos semper in manibus habentes, estote ; nec dormitantes, gregem vobis commissum undique conservate. Nam si per incuriam vestram aut negligentiam ovem quamvis lupus abripuerit, mercedem nimirum vobis paratam apud Dominum nostrum amittetis : et delictorum flagris primitus asperrime cæsi, postmodum vero in custodiam funestæ conversationis truculenter subruemini. Vos vero justa sermonem evangelicum, *sal estis terræ;* quod si defeceritis, ambigitur quomodo saliatur. O quanta salitio ! vere necesse est vos plebem idiotam, et mundi lasciviæ supra modum inhiantem, sapientiæ sale corrigendo salire, ne delictis putrefacta, dum eam alloqui quandoque voluerit, Domino insalsa puteat. Nam si vermes, hoc est peccata, causa desidiæ procurationis vestræ, in ea repererit, illico vilipensam in præcipitium spurcitiarum eam subigi præcipiet. Et quia tantum perditum ei restaurare nequiveritis, vos judicio damnatos a familiaritate dilectionis suæ prorsus exterminabit. Sed hujusmodi salitorem oportet esse prudentem, provisorem, modestum, edoctum, pacificum, scrutatorem, pium, justum, æquum, mundum. Nam quomodo, indoctus doctos, immodestus modestos, immundus mundos efficere valebit ? Quod si pacem oderit, quomodo pacificabit ? Aut si quis habuerit manus suas sordidas, quomodo sordes alterius coinquinationis tergere poterit ? Lectum est etiam quod si cæcus cæcum duxerit, ambobus cavea patebit. Cæterum vos ipsos prius corrigite, ut irreprehensibiliter subditos queatis emandere. Siquidem amici Dei vultis esse, quæ sentitis ei placita libenter exercete. Res ecclesiasticas præcipue in suo jure constare facite, et ut Simoniaca hæresis nullatenus apud vos radicet, cavete ne vendentes aut ementes pariter flagris flagellati Dominicis, per angiportus ad exterminium confusionis miserabiliter propellantur. Ecclesiam suis ordinibus omnimode liberam ab omni sæculari potestate sustentate, decimasque Deo proprias de omnibus terræ cultibus fideliter dari facite ; nec vendantur, aut retineantur. Quod qui episcopum ceperit, omnino exlex habeatur. Quod qui monachos vel clericos, vel sanctimoniales, et eorum famulos ceperit aut exspoliaverit, vel peregrinos vel mercatores anathema sit. Raptores et domorum combustores, et eorum consentientes, ab Ecclesia extorres, anathemate feriantur. Summopere igitur considerandum est qua multandus sit pœna qui aliena diripit, si inferni damnatione percutitur qui propria non largitur. Sic enim diviti in Evangelio memorato contigit : qui non idcirco punitus est quod aliena abstulisset, sed quia rebus acceptis seipsum male dereliquit. His vero, ut dictum est, iniquitatibus, charissimi, mundum vidistis gravissime diu confusum fuisse, adeo ut nullus in aliquibus provinciarum vestrarum, sicut nobis a referentibus patefactum est, per imbecillitatem forsitan justificationis vestræ virtute per viam gradi audeat, quin vel die a prædonibus, vel nocte a latronibus, aut vi, aut ingenio maligno, in domo vel extra subripiatur. Quapropter treviam, sic vulgariter dictam, jamdudum a sanctis Patribus nostris determinatam, reformari oportet : quam firmissime unusquisque vestrum in episcopatu suo teneri faciat, monendo flagito. Quod si aliquis sive aviditate, sive superbia seductus, eam sponte infregerit, Dei auctoritate et hujus concilii decretorum sanctione anathematizetur.

Quoniam, o filii Dei, si pacem apud vos tenendam et Ecclesiæ jura fideliter conservanda sustentare, virilius solito Deo polliciti estis, exstat operæ pretium ut insuper ad quoddam aliud negotium Dei et vestrum emendatione Dominica nuper vegetati, probitatis vestræ valitudinem versetis. Necesse enim est quatenus cum fratribus vestris in orientali parte habitantibus, auxilio vestro jam sæpe proclamato indigis, accelerato itinere succurratis. Invaserunt enim eos, sicuti plerisque vestrum jam dictum est, usque mare Mediterraneum, ad illud scilicet quod *Brachium Sancti Georgii* vocant, Turci et Arabes, apud Romaniæ fines : et terras illorum Christianorum magis magisque occupando, lite bellica jam vice septuplicata victos superaverunt, multos occidendo vel captivando, ecclesiasque subvertendo, regnum quoque vastando. Quos quidem si sic aliquandiu quiete permiseritis, multos latius fideles Dei supergredientur. Qua de re supplici prece hortor, non ego, sed Dominus, ut cunctis cujuslibet ordinis tam peditibus quam equitibus, tam pauperibus quam divitibus, edicto frequenti vos, Christi præcones, suadeatis, ut ad id genus nequam e regionibus nostratibus exterminandum tempestive Christicolis opitulari satagant. Præsentibus dico, absentibus mando : Christus autem imperat. Cunctis autem illuc euntibus, si aut gradiendo, ant transfretando, sive contra paganos dimicando, vitam finierint, peccaminum remissio præsens aderit : quod ituris annuo, dono tanto investitus a Deo. O quantum dedecus, si gens tam spreta, degener, et dæmonibus ancilla, gentem cunctipotentis Dei fide præditam, et Christi nomine splendidam, sic superaverit ! O quanta improperia nobis ab ipso Domino imputabuntur, si eos non juveritis qui professione Christiana censentur, sicut et nos ! Procedant contra infideles ad pugnam jam incipi dignam, tropæo explendam, qui abusive privatum certamen contra fideles consuescebant distendere quondam. Nunc fiant milites, qui dudum exstiterunt raptores. Nunc rite contra barbaros pugnent, qui olim contra fratres et consanguineos dimicabant. Nunc æterna præmia nanciscantur, qui dudum pro solidis paucis mercenarii fuerunt. Pro honore duplici laborent, qui pro detrimento corporis et animæ se fatigabant. Quinimo hic tristes et pauperes, illic locupletes : hic inimici Domini, illic amici ejus erunt. Ituris autem mora non differat iter : sed propriis locatis, sumptibusque collectis, cessante bruma, verno subsequente, Domino prævio tramitem alacriter intrent.

Guibert de Nogent

Si inter Ecclesias toto orbe diffusas aliæ præ aliis reverentiam pro personis locisque merentur : pro personis, inquam, dum apostolicis sedibus privilegia majora traduntur; pro locis vero, dum regiis urbibus eadem quæ personis dignitas, uti est civitas Constantinopolitana, præbetur : illi potissimum Ecclesiæ deberemus, ex qua gratiam redemptionis et totius originem Christianitatis accepimus. Si enim verum constat quod a Domino dicitur, quia videlicet *Salus ex Judæis est* (*Joan.*, IV, 22) et Dominum Sabaoth semen nobis reliquisse constat, ne sicut Sodoma simus et Gomorrhæ similes fiamus (*Rom.* IV, 29), et semen nostrum Christus est, in quo salus et omnium gentium benedictio est, ipsa terra et civitas in qua habitavit et passus est, Scripturarum testimonio sancta vocatur. Si enim hæc terra, Dei hæreditas et templum sanctum, antequam ibi obambularet ac pateretur Dominus, in sacris et propheticis paginis legitur, quid sanctitatis, quid reverentiæ obtinuisse tunc creditur, cum Deus majestatis ibidem incorporatur, nutritur, adolescit, et corporali vegetatione hac illacque perambulat aut gestatur ? et, ut cuncta quæ longo verborum gyro narrari possunt, digna brevitate constringam, ubi Filii Dei sanguis, cœlo terraque sanctior, effusus est ; ubi corpus, paventibus elementis mortuum, in sepulcro quievit, quid putamus venerationis emeruit ? Si, ipso Domino nostro recens interfecto, et a Judæis adhuc civitate possessa, sancta civitas ab evangelista vocatur, cum dicitur : *Multa corpora sanctorum qui dormierant, surrexerunt, et venerunt in sanctam civitatem, et apparuerunt multis* (*Matth.* XXVII, 53) ; et a propheta Isaia dicitur : *Erit sepulcrum ejus gloriosum* (*Isa.* XI, 10), cum ipsa sanctitas, civitati semel Deo ipso sanctificatore per seipsum indita, nullo malo superveniente exinaniri valeat, et eodem modo indivisibiliter sepulcri gloria constet, summis studiis, fratres charissimi, vobis elaborandum est, ut sanctitas civitatis, ac sepulcri gloria, quæ gentilium frequentatione quantum in ipsis est crebro polluitur, si ad Auctorem illius sanctitatis et gloriæ aspiratis, si ea quæ in terra sunt vestigiorum ejus signa diligitis, si expetitis, Deo vos præeunte, Deo pro vobis præliante, munetur.

Si Machabæis olim ad maximam profuit pietatis laudem, quia pro cæremoniis et templo pugnarunt, et vobis, o milites Christiani, legitime conceditur ut armorum studio libertatem patriæ defendatis, si limina etiam apostolorum, vel sanctorum quorumlibet, tanto sudore petenda putatis, quid crucem, quid sanguinem, quid monumentum eruere, quid visitare, quid pro his eruendis animarum pretia impendere, detrectatis? Indebita hactenus bella gessistis, in mutuas cædes, vesana aliquoties tela solius cupiditatis aut superbiæ causa torsistis; ex quo perpetuos interitus, et certa damnationis exitia meruistis. Nunc vobis bella proponimus quæ in se habent gloriosum martyrii manus, quibus restat præsentis et æternæ laudis titulus. Ponamus modo in Jerusalem Christum neque mortuum, nec sepultum, nec ibidem vixisse aliquando. Certe, si hæc deessent omnia, solum illud, ad subveniendum terræ et civitati vos excitare debuerat, quia de Sion exierit lex, et verbum Domini de Jerusalem (*Isa.* II, 3); si enim ex Jerosolymitano, quidquid Christianæ prædicationis est fonte manavit, rivuli, quaquaversum toto terrarum orbe dispersi, catholicæ multitudinis corda retorqueant, ut solerter attendant quid fonti tam irriguo debeant. Si *ad locum unde exeunt. flumina revertuntur, ut iterum fluant,* juxta dictum Salomonis (*Eccle.* I, 7), gloriosum vobis videri debet, si ei loco repurgium possitis impendere, unde baptismatis purgamentum, et fidei documentum vos constitit accepisse.

Et est vobis præterea summa deliberatione pensandum, si ipsam matrem Ecclesiarum Ecclesiam, vobis eleborantibus, ad Christianitatis cultum reflorere, Deo per vos agente, contigerit, ne forte contra propinqua Antichristi tempora ad fidem partes Orientis aliquas restitui velit. Perspicuum namque est Antichristum non contra Judæos, non contra gentiles bella facturum, sed, juxta etymologiam sui nominis, Christianos pervasurum. Et, si Antichristus ibidem Christianum neminem secuti hodie vix aliquis habetur inveniat, non erit qui sibi refragetur, aut quem jure pervadat. Juxta enim Danielem, et Hieronymum Danielis interpretem, fixurus est in Oliveti monte tentoria, et Jerolosymis, *in Dei templo, tanquam sit Deus,* certum est, Apostolo dicente, quod *sedeat* (*II Thess.* II, 4), et juxta eumdem prophetam, tres reges (*Dan.* VII, 24), Ægypti videlicet, Africæ ac Æthiopiæ, aud dubium quin pro Christiana fide primos interficiat. Quod quidem nullatenus fieri poterit, nisi, ubi nunc paganismus est, Christianitas fiat. Si ergo piorum præliorum exercitio studeatis, ut sicut ab Jerosolymis Dei notitiæ seminarium accepistis, ita illic mutuate redhibitionem gratiæ restituatis, ut per vos nomen catholicum propagetur, quod Antichristi Antichristianorumque perfidiæ refragetur. Quis non conjicere potest quod Deus, qui universorum spem exuberantia virtutis exsuperat, per scintillam vestram tantæ paganitatis arundineta consumat, ut Ægyptum, Africam Æthiopiamque, quæ a nostræ credulitatis communione desciscunt intra hujus rudimenta legis includat, et homo peccator, filius perditionis aliquos rebelles inveniat?

Et ecce Evangelium clamat Jerusalem calcandam a gentibus, donec impleantur nationum tempora (*Luc*, xxi, 24). Bifariam intelligi possunt tempora nationum, aut quia Christianis dominatæ sunt ad placitum, et pro suis libidinibus turpitudinum omnium volutabra sectatæ sunt, et in cunctis his nullum obicem habuerunt, tempus enim suum habere dicuntur quibus ad votum cuncta suppetunt, ut est illud: *Tempus meum nondum advenit; tempus autem vestrum semper paratum est* (*Joan.* vii, 6), unde et voluptuosis solet dici: *Vos habetis tempus vestrum:* aut rursus, tempora nationum sunt plenitudines gentium, quæ antequam Israel salvus fiat, subintraturæ sunt; hæc tempora, fratres charissimi, modo forsitan implebuntur, dum per vos, Deo cooperante, paganorum potentiæ repellentur, et fine sæculi jam propinquo, et si gentes desinent converti ad Dominum, quia, juxta Apostolum, *oportet fieri a fide discessionem* (*II Thess.* ii, 3). Primum tamen necesse est, juxta prophetas, ante adventum Antichristi, in illis partibus, aut per vos, aut per quos Deo placuerit, renovari Christianitatis imperium, ut omnium malorum caput, qui ibidem regni thronum habiturus est, fidei aliquid contra quod pugnet reperiat nutrimentum.

Cogitate itaque apud vos quod vos Omnipotens ad hoc fortasse provideat, quatenus Jerusalem per vos a tanta conculcatione restituat. Rogo, perpendite quibus cordibus gaudia illa poterunt concipi, cum sanctam civitatem vestro adminiculo viderimus suscitari, et prophetica nostris temporibus, imo oracula divina, compleri. Moveat memoriam vestram quod voce ipsius Domini ad Ecclesiam dicitur: *Ab Oriente adducam semen tuum, et ab Occidente congregabo te* (*Isa.* xliii, 5). Semen nostrum Deus adduxit ab Oriente, quia duplici modo orientalis illa provincia edidit primitiva incrementa nobis Ecclesiæ. Sed ac Occidente eam congregat, dum per eos qui ultimi, fidei documenta cœperunt, Occidentales scilicet (quod per vos, præstante Deo, fieri posse putamus), Jerosolymitana damna restaurat.

Si Scripturarum vos non excitant dicta, nec nostra vestros animos penetrant monita, excitet saltem vos, eorum qui sancta loca adire desiderant magna miseria. Perpendite eos qui peregrinantur, et per Mediterranea illuc vadunt, siquidem opulentiores sunt, quantis redhibitionibus, quantis violentiis subjacent, dum pene per singula milliaria pensiones coguntur, et tributa dependere, per quasque civitatis portas, per ecclesiarum et templorum ingressus redemptiones exsolvere ; ad quasque de locis ad loca demigrationes, inflicta qualibet accusatione, ad redemptionem compellere ? dare vero munera detrictantes, quomodo gentilium præfecti consueverint, verberibus truculenter urgere ? Quid de his dicturi sumus, qui nihil prorsus habentes nudæ fiducia paupertatis, dum nil præter corpora videntur habere quod perdant, iter illud arripiunt ? Dum ab eis pecunia, quæ non est, suppliciis intolerandis exigitur, dum callos talorum ne forte quidpiam ibi insuerint, dissecando ac revellendo rimantur, crudelitas nefandorum ad hoc usque perducitur ut aurum vel argentum miseros absorbuisse putantes, aut data in potum scamonia, usque ad vomitum, vel etiam eruptionem eos vitalium urgent, vel ferro, quod dici nefas est, discissis ventribus, intestinorum querumcunque involucra distendentes, quidquid habet natura secreti, horribili concisione aperiunt. Recolite, precor, eorum millia qui detestabiliter perierunt, et pro sanctis locis agite, unde vobis pietatis rudimenta venerunt ; ante vos, in sua bella mittendos, Christum fore signiferum indubitanter credite, et præcursorem individuum.

Pierre Tudebode

Fratres, oportet nos multa pati pro nomine Christi, videlicet miserias paupertatum, persecutionum, egestatum, infirmitatum, nuditatis, famis et sitis, et alias hujusmodi, sicut idem dominus suis ait, dicens : *Oportet vos pati pro nomine meo ;* et : *Nolite erubescere loqui ante facies hominum ; ego vero dabo vobis os et sapientiam,* ad deinceps subsequetur vos larga retributio,

Anonyme

Existimastis forte, qui hic loci ad nos acciti convenistis, veri Christiani, solam fuisse rei ecclesiasticæ ad normam fidei religionis componendæ causam, quæ me ab Urbe venire compulerit ; fuit equidem in eo aliquid causæ. sed alia urgentior, et qua major ulla dici non possit, nec excogitari, nos traxit. Paucos ante annos, gens a Perside Agarena, quam corrupte Sarracenam dicitis, sanctam civitatem Hierusalem, sanctamque terram invadens, cepit, diripuit, incendit, sacrosanctum Domini sepulcrum (quod sine lacrymis dicere nequimus) profanatum, fœdata etiam ecclesiæ sacella, templaque ritus nostri aut solo æquata sunt, aut in profanos usus commutata. Abacti inde Christiani, pars fragilis, et cruciatuum impatiens saluti abrenuntiavit, circumciso præputio facta est Sarracena, pars, in fide constans, per varios mortis modos lacerati laniatique, ut felix fuerit, quem carnifex petitum gladio obtruncavit. Mulieres Christianæ, in urbibus oppidisque frequentissimæ, quas ex vestris quorumdam, qui astatis, urbibus et oppidis devotio ad sancta inspicienda et adoranda loca per tot terras traxerat, omnia passæ sunt quæ dictu obscœna crudelis Christi hostis, non ad suam magis explendam libidinem, quod ad Christianorum dedecus excogitare potuit. Et, si Christiani, imo si veri estis, nec æquo audire animo potestis, nec patienter tolerare. In quæ omnia, ut illis pro dignitate nominis Christiani providere velitis, majorum exempla, maximum, quod imminet negligentibus, periculum, et præmiorum spes, vos non ducere magis quam trahere debebunt. Etenim subjectas quondam Romanorum imperio civitates, et terram sanctam a Turcis Sarracenisque nostris hostibus possideri, neminem esse vestrum qui ignoret certum habemus. Quas vero Europæ provincias, quas urbes iidem premant, occupent, lacerentque infideles ; si omnes simul ignoratis, unusquisque in sua provincia novit, nisi forte vos, Galli remotiores, hæc non sentitis, qui Hispanorum Aquitanorumque, ab ea gente oppressorum, dum et servitutem rapiuntur, in Africam abducuntur, clamores ejulatusque singulos per dies audire debetis. Sed nunquid vos, Germani, Saxones, Poloni, Bohemi, Hungari, etsi Turcas et Sarracenos intra viscera sævire vestra nondum sentitis, quam a vobis distent, vel fretis vel fluminibus ignoratis ? Italiam nunc alloquor, quam multos ante annos Sarraceni dimidiam pene occuparunt, in eamque adeo penetrarunt ut Christianorum caput, Petri sedem Romam, martyrum sanguine adhuc madentem, invasam obsederint, captasque apostolorum Petri et Pauli basilicas inquinaverint. Venetos hic video, Dalmatas, et alios sinus Adriatici accolas, qui, dum perpetua cum Sarracenis prælia, ut se tueantur, exercent, quod est Italiæ reliquum defensant. Quid multis? fuis hactenus in extremis ad septentrionem partibus Europæ Constantinopolitanum imperium obex et tanquam murus, qui Turcas atque Sarracenos continuit et prohibuit, ne Hungaros, Polonos, Bohemos, ipsosque Alemannos primo, deinde cæteros obruerent Christianos. Pulsus vero ante paucos annos Asia imperator, de retinendis Constantinopolitanis Europæ religionibus laborat. Si nunc ea respicitis consideratisque sola quæ ante oculos sunt, si irruituro brevi Turcæ et Sarraceno obsistere non pergitis, qui sacrum Domini sepulcrum, sanam Jesu Christi terram pedibus conculcatam a spurcissima gente tot annos inquinari neglexistis, eamdem in vestrum caput irruere brevi sentietis, matronas a complexu vestro, vestras virgines, ab earum sinu, pueros et adolescentes vestros in servitutem vobiscum rapi dolentes mœstique videbitis. Melius et majori cum gloria nostri progenitores inchoatam Romæ et in Italia et per Europam dignitatem, ad totius orbis monarchiam extulerunt, per cujus omnes provincias et regiones nomen floruit Christianum quod nostris temporibus ad parvum orbis angulum coangustari, et quotidie de excidio periclitari videmus. Sed propinquiora attingamus, Carolus iste, cognomento magnus vester, Germani, pene avita origine: Vester, Franci, rex vestrum ingens decus, Hispaniæ, Aquitaniæ et ipsis Franciæ finibus incumbentes Sarracenos infinita mortalium examina deturbavit. Carolus Sarracenos Italia (ut fama vos vulgatis) terra sancta Hierosolimisque expulit. Et quo audebitis pacto post hæc dicere, solam esse vel primariam gentem Franciam, quam vere Christianam appellare liceat, si in ea quæ vobis adest, opulentia, Sarracenos et Turcas, post captum inquinatumque Domini sacrum sepulcrum, populi etiam Christiani reliquias capi opprimique per ignaviam permiseritis? Expergiscimini, obtestamur, et per viscera misericordiæ Dei nostri oramus, viri fortes orbi Christiano exemplum incitamentumque futuri, arma cupite, turmas, cohortes, legiones educite, tam multos habituri sequaces, quam id ardenti animo facere ostendetis. Aderit vobis omnipotens Deus, angelos suos ante faciem vestram, qui dirigant gressus vestros, cœlo dimittet. Capite igitur et arripite arma, Christiani, Dominicum sepulcrum liberaturi, in quo omnes æternam vobis comparabitis gloriam, tum etiam rerum sæculi incomparabiles divitias parabilis. Nos denique de misericordia Dei, beatorum Petri et Pauli auctoritate confisi, fidelibus Christianis, qui contra paganos venerabilia loca hujusmodi detinentes arma susceperint, cunctas sibi pro delictis suis pœnitentias relaxamus. Interim vero, eos qui ardore fidei laborem istum assumpserint, sub Ecclesiæ Romanæ protectione, tanquam veræ obedientiæ filios suscipimus, et ab universis inquietationibus tam in persona quam in rebus statuimus manere securos.

V

TEXTE DE LA LETTRE DU PAPE URBAIN II
A L'EMPEREUR DE CONSTANTINOPLE

Urbanus secundus, Romanus Pontifex, Alexio, Constantinopolitano imperatori, etc.

Cum statutum fuisset ad Clarummonten Arverniæ ut communibus votis bellum adversus Sarracenos gereretur, tanta hominum multitudo cruce signata est, ut ad trecenta hominum millia censa fuerint. Ducum autem fortissimorum tantus ardor, ut de recuperanda Hierosolyma multum sperare debeamus. Primus omnium Petrus eremita innumerabilibus se ducem præbuit, cui Godefredus, Eustachius et Balduinus fratres, Bolionii comites, se addiderunt, majores etiam copias paraverunt. Hinc Podiensis episcopus, belli dux, et Raimundus sancti Ægidii comes, inde Hugo Magnus, Philipi Francorum regis frater, et Robertus Northmaniæ, et alter Robertus Flandriæ, et Stephanus Carnuti comites. Quid dicam de Boamundo ipso qui ingenti animi magnanimitate iis se comitem adjunxit cum septem millibus delectæ juventutis Italicæ, relicta fratri rerum omnium cura, quo cum diu bello contenderat? Ad hos belli maximos apparatus unum illud imprimis est necessarium, ut tuo præsidio commeatuque tantæ copiæ juventur. Quare ab te peto majorem in modum, ut quibuscumque rebus poteris justissimo bello gloriosoque faveas. Illud autem, tametsi non dubitem abs te curatum iri, volui tamen te per litteras nostras scire id mihi et universæ christianæ reipublicæ jucundissimum fore. Vale. Romæ, etc.

VI

BULLE DU PAPE URBAIN II

Consacrant les privilèges de l'Eglise d'Auvergne, de l'Evêque et de ses successeurs

[18 avril 1097].

Urbanus episcopus, servus servorum Dei, dilecto fratri, Guillelmo, Arvernensi episcopo, ejusque successoribus canonice promovendis in perpetuum.

Sicut injuste poscentium votis nullus est tribuendus effectus, si legitima desiderantium non est differenda petitio. Tuis igitur, frater in Christo carissime, precibus annuentes, ad perpetuam sancte Arvernensis Ecclesie pacem ac stabilitatem presentis decreti auctoritate sancimus, ut universi parochie fines, sicut a tuis antecessoribus usque hodie possessi sunt, ita omnino integre tam tibi quam tuis successoribus in perpetuum conserventur.

Omnem etiam vestre Ecclesie dignitatem per predecessorum nostrorum privilegia vel authentica scripta concessam nos quoque presentis privilegii auctoritate concedimus et firmamus, ut et in Bituricensis archiepiscopi consecratione, PRIOREM LOCUM obtineas et in omnibus parochie Arvernensis congregationibus, salvis, si que sunt, Sedis Apostolice privilegiis, citra cujuslibet refragationem pontificali jure fungaris. Ipsam sane Ecclesiam cum universis appenditiis suis, clericos et clericorum res libertati perpetue manere decernimus, statuentes ut nulli omnino hominum liceat eamdem Ecclesiam temere perturbare, vel ejus possessiones auferre, minuere, vel temerariis vexationibus fatigare.

Quecumque autem bona juste hodie possidet, sive in futurum juste atque canonice poterit adipisci, firma tibi tuisque successoribus et illibata permaneant. Interdicimus etiam ne, post tuum aut successorum tuorum obitum, quocumque tempore fuerint, invadere aliquis aut distrahere audeat, sed omnia sub clericorum cura et diligenti provisione serventur, nec cuiquam omnino liceat in eamdem Ecclesiam personam quamlibet ingerere, sed libera clericis facultas sit, secundum Deum, concordi et canonica electione sibi antistitem providere, semota prorsus laicalis potestatis oppressione vel invasione. Te autem pro ampliori familiaritatis preterite caritate tanquam specialem Sedis Apostolice filium decernimus ejus semper gremio affectuosius confovendum. Si quis igitur in crastinum archiepiscopus aut episcopus, imperator, rex, princeps, aut dux comes, vicecomes, judex et ecclesiastica quelibet secularisve persona, hanc nostre constitutionis paginam sciens, contra eam temere venire tentaverit, secundo tertiove commonita, si non satisfactione congrua emendaverit, potestatis honorisque sui dignitate careat, reamque se divino judicio existere de perpetrata iniquitate cognoscat, et a sacritissimo corpore ac sanguine Dei et Domini Redemptoris nostri Jesu Christi aliena fiat, atque in extremo examine districte ultioni subjaceat. Cunctis autem eidem Ecclesie justa servantibus sit pax Domini nostri Jesu Christi, quatenus et hic fructum bone actionis percipiant, et apud districtum judicem premia eterne pacis inveniant. Amen. Amen. Amen. Scriptum per manum Petri, scriniarii sacri palatii.

(Loc. sigilli)

Datum Laterani per manum Joannis, sancte Romane Ecclesie diaconi cardinalis, XIIII kalendas Maii, indictione V, anno dominice Incarnationis MXCVII°, pontificatus autem domini pape Urbani secundi X.

(La minute provenant du fonds de la Cathédrale, est aux archives du Puy-de-Dôme, côte 4, sac A, armoire 2. Ecrite sur parchemin en caractères monogrammés et revêtue du sceau de plomb, elle constitue un curieux spécimen paléographique de l'époque romane.)

Urbain II prêchant la Croisade à Clermont

Pierre l'Ermite d'après une estampe du xvıᵉ siècle

Portrait et armes d'Urbain II, d'après un Bullaire du xviie siècle

Pierre l'Ermite prêchant la Croisade

Godefroy de Bouillon

Les Croisés en vue de Jérusalem

Siège de Jérusalem

TABLE DES MATIÈRES

Introduction et Indication des sources. 1

Chapitre I. — Le monde chrétien et le monde musulman à la fin du xie siècle 7

Chapitre. II. — Les pèlerinages au tombeau du Christ, depuis Constantin jusqu'au xie siècle 18

Chapitre III. — Les précurseurs de la Croisade : Sylvestre II, Grégoire VII, Victor III 26

Chapitre IV. — Le promoteur de la Croisade : Urbain II. — Pierre l'Ermite : sa mission 32

Chapitre V. — Préliminaires du Concile. — Synode de Plaisance. — Entrée d'Urbain II en France. — Itinéraire du Pape. — Vézelay et le Puy choisis d'abord pour le siège de l'assemblée conciliaire. — Indiction du Concile à Clermont. — Voyages et travaux du Pape avant l'ouverture des séances. 45

Chapitre VI. — Etat du diocèse et de la province d'Auvergne au xie siècle. — Origines et topographie de Clermont. — L'évêque Durand. — Préparatifs en vue de la tenue du Concile 63

Chapitre VII. — Affluence considérable de personnages se rendant à Clermont. — Arrivée du Pape. — Maladie, mort et funérailles de l'évêque Durand. 84

Chapitre VIII. — Ouverture du Concile. — Lieu où il se tint. — Nombre des personnages ecclésiastiques présents aux sessions. — Noms et qualités des principaux d'entre eux. 92

Chapitre IX. — Le Concile : sa durée ; ordre et objet de ses séances. 105

Chapitre X. — Dixième et dernière session. — La Croisade. — Election d'un chef spirituel et d'un chef militaire. 121

Chapitre XI. — Séjour et itinéraire du Pape en France, jusqu'à son retour en Italie. 137

Chapitre XII. — Ebranlement général provoqué par la Croisade. — Les corps expéditionnaires, leurs nationalités, leurs chefs, total des contingents. — Art de la guerre au xie siècle. — Les historiens modernes : contrôle incessant auquel il faut soumettre leurs assertions 145

Chapitre XIII. — Pierre l'Ermite : sa marche à travers la Germanie, à la tête d'un corps d'armée ; son arrivée à Constantinople. — Etrange contradiction des récits originaux à l'égard des faits d'arme de l'Ermite. — Les faux croisés 165

Chapitre XIV. — Départ et arrivée à Constantinople des armées de Godefroy de Bouillon, de Hugues de Vermandois, de Raymond de Toulouse et de Bohémond 184

Chapitre XV. — Les croisés en Asie. — Siège et prise de Nicée. — Bataille de Dorylée. — Prise d'Edesse. — Siège et prise d'Antioche. — Mort d'Adhémar de Monteil 199

Chapitre XVI. — Marche sur Jérusalem. — Siège et prise de la Ville sainte. — Bataille d'Ascalon. — Organisation du royaume de Jérusalem. — Mort d'Urbain II. — Retour de Pierre l'Ermite en Europe. — Fin de la Croisade 218

Chapitre XVII. — Résultats des Croisades 232

Appendice. — Lettre de l'empereur de Constantinople aux princes d'Europe. — Lettre de convocation au concile de Clermont. — Discours présumé de Pierre l'Ermite à Clermont. — Discours prêtés à Urbain II, au concile de Clermont. — Lettre du pape Urbain II à l'empereur de Constantinople. — Bulle d'Urbain II consacrant les privilèges de l'église d'Auvergne. 245

Clermont-Ferrand, imprimerie Bellet. — 4677.

CLERMONT-FERRAND, IMPRIMERIE L. BELLET

www.ingramcontent.com/pod-product-compliance
Lightning Source LLC
Chambersburg PA
CBHW071126160426
43196CB00011B/1816